인간의 품성

우리는 얼마나 선량한가?

인간의 품성

우리는 얼마나 선량한가?

CHRISTIAN B. MILLER 지음

김태훈 옮김

THE CHARACTER GAP HOW GOOD ARE WE?

글로벌콘텐츠

"디트리히 본회퍼Dietrich Bonhoeffer는 우리가 다른 사람들을 멸시하는 그 어떤 것도 우리와 전혀 무관하지 않다고 가르쳤다. 크리스찬 밀러 Christian Miller는 덕에 이르는 길은 우리 자신의 미덕에 대한 겸손과 함께 다른 사람들도 그들 자신의 결점과 고군분투하고 있다는 것을 받아들이는 데 있다고 일러준다. 이 책은 우리 사회가 좀 더 개방적이고 용서하는 길로 나아갈 수 있도록 하는 데 있어서 매우 귀중하다."

– E. J. 디오네 주니어E. J. Dionne Jr.,
조지타운 대학교 민주주의와 문화 재단의 브루킹스 연구소
선임 연구원이자 대학교수

"품성의 주제는 영원하고도 시의적절하다. 유난히 명쾌하고 개인적인 이 이야기에서, 크리스찬 밀러는 품성의 도덕적 측면에 대한 강조와 더불어 그의 계발에 도움이 되는 실용적인 권고들을 제시하며 관심 있는 독자들을 현대 품성학으로 안내하고 있다."

– 안젤라 덕워스Angela Duckworth,
펜실베이니아 대학교의 크리스토퍼 H. 브라운Christopher H. Browne
심리학 석좌 교수이자
『그릿: 설득의 힘과 열정Grit: The Power of Passion and Perseverance』의 저자

"크리스찬 밀러는 이 책이 자기계발서는 아니라고 말한다. 물론, 이 책이 기적적으로 더 나은 사람이 되게 하는 일련의 팁이나 묘책들을 소개하고 있는 것은 아니다. 그러나 만약 도덕적인 삶에서 정직, 현실적인 자기 인식 그리고 통찰력 있는 공감이 아주 중요하다면, 이 책은 많은 도움이 될 것이다. 바람직한 품성에 이르는 길을 여행하는 데 진지한 관심을 갖고 있는 사람이라면 그 여행에 반드시 이 책을 지참해야 할 것이다."

－ 제임스 K. A. 스미스James K. A. Smith,
칼빈 대학의 철학 교수이자
『당신은 곧 당신이 사랑하는 바이다: 습관의 영적 힘
You Are What You Love: The Spiritual Power of Habit』의 저자

"『인간의 품성*The Character Gap*』은 연구로 알려진 풍부한 정보와 깊은 통찰이 들어있고, 품성을 깊이 이해한 사람이 쓴 책이다. 인간의 삶에서 품성이 왜 중요한가에 대한 참신한 설명을 찾고 있는 사람이라면 반드시 읽어야 할 책이다."

－ 제임스 아서James Arthur,
버밍엄 대학교의 품성과 미덕을 위한 쥬빌리 센터 책임자

　　내가 쓴 책이 어느 날 한국어로 번역되어 출간될 줄은 정말 생각도 하지 못했다. 사실 내 책은 변변찮다. 그런데도 이 프로젝트에 헌신적으로 참여하여 한국어로 번역하고, 꾸준한 인내심으로 출판을 주도해 준 김태훈 교수에게 무한한 고마움을 느낀다. 그는 이 모든 과정에서 남다른 성실성을 보여주었다.

　　나는 '품성'과 '미덕'이란 말이 한국 사회에서 사람들 사이에 얼마나 자주 회자되는지 잘 알지 못한다. 이곳 미국에서 '품성'과 '미덕'은 이제 수십 년 전에 많은 사람의 관심 속에 사용되던 그러한 일상의 용어가 아니다. 그러나 내 생각에 그런 일반적인 말은 우리가 이야기하고 있는 어떤 특정한 특질과 비교해 볼 때, 중요성이 떨어진다. 요즘 우리는 '품성'에 대해 많이 이야기하지 않지만, 정직, 연민, 용기, 정의에 대해서는 대부분의 사람이 관심을 갖는다.

　　정직을 예로 들어보면, 적어도 내가 알기로 거의 모든 사람은 정직이 미덕인지, 왜 중요한지, 우리 자신과 다른 사람들에게서 정직의 미덕을 계발해야 하는지에 대해 이의를 달지 않는다. 한국에서도 마찬가지일 것이다. 그런데 불행하게도, 정직한 행동과 부정직한 행동에 관한 경험 연구들은 매우 혼란스러운 양상을 보여준다. 많은 연구에서, 참여자들은 그렇게 할 수 있는 적절한 기회가 있음에도 불구하고 거짓말을 하거나, 부정행위를 저지르거나, 훔치지 않는다. 그러나 만약 여러분이 그 상황의 어떤 측면을 변화시키면, 연구에 참여하는 사람들은 흔히 정직과는 전혀 다른 행동을 보일 것이다. 보고에 따르면, 사람들은 좀 더 유리한 결과를 얻기 위해 시험에서 자신이 얻은 실제 정답보다 더 많은 문항의 답을 정답으로 처리하거나 주사위를 굴린 결과를 자신에게 유리하게 변경하였다. 적어도 이런 연구가 시행된 세계 각지 사람 대부분은 정직의 미덕이 부족해 보인다. 어쩌면 한국은 사정이 다를지도 모른다. 이는 충분한 경험적 조사 연구 없이는 말하기가 어렵다.

그러나 우리가 좀 더 분명하게 말할 수 있는 것은, 우리의 도덕적 품성은 어떤 면에서든 개선될 수 있다는 것이다. 우리는 정직, 연민, 용기, 그 밖의 여러 미덕을 계발할 수 있다. 아울러, 그렇게 하는 것은 매우 중요하다. 나는 한국 독자들이 품성이 무엇이며, 도대체 왜 중요한지, 우리 중 얼마나 많은 사람이 실제로 선한 품성과 거리가 있는지, 그리고 이를 계발하기 위해 우리가 무엇을 할 수 있는지 등을 생각하는 데 이 책이 작은 도움이 되길 바란다.

크리스찬 B. 밀러

추수감사절 이후 찾아오는 블랙 프라이데이는 우리에게 서 최악의 품성을 유발할 수 있는데, 2012년 역시 예외는 아니었다. 그 장면은 웨스트버지니아의 사우스 찰스턴에 있는 한 지역 유통매장인 타겟Target에서 막 자정이 지난 시간에 일어났다. 61세의 월터 밴스 Walter Vance는 그 지역에서 출생하여 줄곧 살아왔고 친구들로부터 너그 럽고 친절한 사람으로 칭송받던 약사로, 그날의 쇼핑객들 중 한 사람이 었다. 그는 크리스마스 장식품 몇 가지를 새로 사기 위해 쇼핑몰 안에 서 분주히 움직이고 있었다. 그의 동료는 "그가 이번 크리스마스에 매 우 들떠있었으며, 모든 사람이 그가 그렇게 좋아했던 그 휴일을 즐기 기를 바랐다."[1]라고 말했다.

그러나 수 년 동안 심장 질환을 앓아왔던 밴스는 갑자기 바닥에 쓰 러졌다.

여러분이 쇼핑몰에서 쇼핑을 하고 있던 도중에 사람들로 붐비는 통 로에서 곤경에 처한 사람을 우연히 맞닥뜨렸다고 가정해 보자. 여러분 은 어떻게 할 것인가? 물론, 어떻게 해서든 그를 도와야 한다고 생각할 것이다. 모든 사람이 그렇게 하고자 하지 않을까?

글쎄, 쇼핑객들 중 많은 사람은 아무런 조치도 취하지 않았던 것으로 알려지고 있다. 그들은 쓰러져 있는 밴스의 곁을 아무 일 없는 것처럼 돌아다녔다. 심지어 어떤 사람들은 그의 몸을 밟고 지나가기도 하였다! 나중에서야 몇 명의 간호사들이 심폐소생술을 시도하였다. 그러나 때는 이미 늦었다. 월터 밴스는 그날 밤 병원에서 숨졌다.

우리는 곧장 그 사람들은 분명히 끔찍하고, 잔인하며, 무정한 사람들이라고, 사회의 쓰레기들이라고, 악질 중의 악질이라고 생각할지 모른다. 우리 자신이나 우리가 알고 있는 사람들과 달리, 쇼핑객들은 그 예외로서 '나쁜 사람들'로 치부되기 쉽다.

그러나 우리는 신중해야 할 필요가 있다. 왜냐하면, 우리가 이 책에서 보게 될 것이지만, 우리 중 많은 사람은 만약 비슷한 상황에 처했더라면 똑같은 행동을 했을 것이라고 생각할 만한 타당한 이유가 있기 때문이다. 우리는 어떤 사람의 명백하고 위급한 곤경을 무시할 수 있는 품성을 지니고 있다.

밴스의 동료는 "사람들에게 과연 선한 사마리아인의 측면이 있는가?", "사람이 쓰러져 있는데 어떻게 모른 척 할 수 있단 말인가?"[2]라며 원망적인 물음을 던졌다.

이런 물음들은 매우 중요하다. 이 책은 그에 대해 답을 시작할 것이다.

이 책의 목적

나는 우리 대부분이 우리 자신, 친구, 그리고 가족을 착한 사람이라고 생각하는 경향이 있는 것은 아닌가 하고 생각한다. 우리는 비록 예수와 같은 성인은 아닐지라도 그렇다고 도덕적으로 타락한 사람 또한 아니다. 우리는 정직하고, 친절하고, 신뢰할 만하며, 나름대로 꽤 도덕적인 사람들이다.

이 책의 핵심 주제 가운데 하나는 우리의 품성에 관한 그러한 생각이 매우 잘못되었다는 것이다. 사실, 수백여 편의 심리학 연구 결과들은 우리 자신과 다른 사람들에 대한 이런 방식의 생각에 의문을 제기하고 있다. 블랙 프라이데이에 타겟에 있던 그런 특별한 쇼핑객들처럼, 우리는 우리로 하여금 선한 사람이 될 수 없게 하는 심각한 품성적 결함들을 안고 있다. 사실 우리는 이런 많은 결함이 자주 우리의 의식의 레이더에 잡히지만 그것들이 존재한다는 것을 인정하려 들지 않는다.

그럼, 이것은 우리가 잔인하거나 가증스러운 그저 끔찍한 인간에 불과하다는 것을 의미하는가? 맞다, 우리 가운데 어떤 사람들은 그런 사람들이라고 할 수 있으며, 바라건대 가장 위험한 사람들은 특정 장소에 갇혀있을 것이다. 또한 동시에 나는 이 책에서 대부분의 우리는 도덕적으로 그렇게 가증스러운 사람이 **아니라는** 것을 말하고자 한다.

대체 여기서 무슨 말을 하고 있는 것인가? 우리 대부분은 선한 사람이 아니지만, 우리는 또한 나쁜 사람도 아니라는 것인가?

― 인간의 품성

바로 그거다.

우리의 품성을 시험해 보면 볼수록, 우리는 품성에 그러한 요소들이 섞여 있다는 것을 확실히 알게 된다.

한편으로는, 우리 대부분은 세상에 굉장한 선을 베풀 수 있는 역량을 갖고 있으며, 때때로 우리는 실제로 그런 행동을 한다. 우리에게 이익이 되긴 하지만 도덕적으로는 나쁜 일(돈을 훔치거나, 이력을 속이거나, 배우자 몰래 부정을 저지르기 등)을 할 수 있는 기회 또한 여러 번 찾아온다. 그러나 우리는 들킬 위험이 없다고 하더라도 그런 행동을 하지 않는다. 그것은 우리의 명예다.

다른 한편으로는, 우리 대부분은 세상에 엄청난 악을 행할 역량 또한 지니고 있으며, 불행하게도 우리는 때때로 그런 일을 저지르기도 한다. 우리가 다른 사람을 도와줄 수 있는 기회가 있을 때조차도, 우리는 간혹 모른 채 지나쳐 버린다(혹은 앞에서 보았던 경우처럼, 쓰러져 있는 사람을 밟고 지나가기도 한다). 그것은 우리의 불명예다.

우리의 마음은 도덕적으로 순수하지만은 않지만, 그렇다고 도덕적으로 타락된 것도 아니다. 그보다는 오히려, 우리의 마음은 선과 악이 마구 뒤섞여 있는 혼합체이다.

이런 것들이 이 책의 중심을 이루고 있는 핵심 주제이다. 그런 내용들은 "현재 우리의 품성은 실제 어떤 모습인가?"라는 제목 아래 제2부에서 상세히 탐구된다. 거기에서 나는 언제, 왜 우리가 남을 도와주고, 해를 끼치고, 거짓말하며, 속이는지에 관한 많은 심리 연구 결과들을 정리한다. 이런 논의는 7장인 "종합적 논의"에서 결론에 이르는데, 우리는 그 장에서 우리 대부분이 지니고 있는 전체적인 품성의 실체를 볼 수 있을 것이다.

이것은 어떤 의미를 지니고 있는가? 우리가 인간의 품성을 올바로 이해하는 것이 왜 중요한가? 그리고 무엇보다 '선한 품성'이란 것은 대체 무엇을 의미하는가? '선하다' 혹은 '악하다'라는 말을 먼저 정의하지 않고 어떻게 우리가 '선한 품성을 가졌다' 혹은 '악한 품성을 가졌다'라고 말할 수 있는가?

제1부 "품성이란 무엇인가 그리고 그것이 중요한 까닭은 무엇인가?"는 이런 의문들을 다룬다. 1장에서는 선하거나 미덕을 갖춘 품성을 지니기 위해 필요한 것은 무엇인지를 논의한다. 2장에서는 그런 품성을 계발하는 데 관심을 갖는 것이 왜 그렇게 중요한지를 고찰한다. 결국 제1부는 선량한 품성을 계발하는 것이 참으로 중요하다는 것을 말한다.

제2부는 우리 대부분이 선한 품성(혹은 나쁜 품성 또한)을 지니고 있지 않다고 말한다. 그런고로 제2부의 말미에서, 우리는 (1) 우리의 실제적인 모습과 (2) 우리가 마땅히 되어야 하는 선한 사람 사이의 심각한 **품성의 괴리**를 제대로 인식할 수 있다. 따라서 다음과 같은 긴급한 문제들이 등장한다. 우리는 어떻게 보다 나은 사람이 될 수 있는가? 점차 시간이 흐르면서 우리의 자녀, 친구, 우리 자신이 지금보다 더 도덕적인 사람이 될 수 있는 방법이 있는가? 다시 말해서, 우리가 품성의 괴리를 **극복**할 수 있는 방법이 있는가?

이 지점에서 최종적인 주제가 등장한다. 선한 품성을 계발하는 일은 이를 방해하는 장애물들이 많기 때문에 매우 어렵다. 쉬운 해결책, 묘

책, 혹은 마법은 결코 존재하지 않는다. 그러나 희망이 전혀 없는 것은 아니다. 그래서 우리는 포기해서는 안 된다. 실제로, 제3부 "우리는 어떻게 우리의 품성을 계발할 수 있는가?"에서는 바로 그런 일을 하는 데 있어서 유망해 보이는 몇 가지 전략을 제시한다. 그러나 나는 이 책에서 여러분이 따라야 할 상세한 단계별 절차를 제공하지 않는다는 것을 분명히 말하고자 한다. 이 책은 품성 교육을 위한 자기계발서는 아니다.

제3부에서 제시된 대부분의 전략은 종교와 무관하다. 그러나 나는 마지막에 종교적 접근 또한 고려되어야 한다고 주장하면서 이 책을 마무리한다. 최소한 일부 사람의 경우에 선량한 품성을 계발하는 보다 유망한 길은 인간으로서 자신의 노력과 함께 신의 도움을 받는 것일 수 있다.

나의 학문적 배경과
품성 프로젝트

나는 이런 주제들에 대해 모든 답을 갖고 있지는 않다. 다만, 논의하기에 흥미롭고 중요한 것이길 바라는 몇 가지 견해를 갖고 있을 뿐이다.

나는 웨이크 포레스트 대학교의 철학 교수로서 지난 10여 년 동안 품성을 내 연구의 중요한 일부로 고찰해 오고 있다. 그 과정에서 나는 이 분야에서 실제적인 진전을 이루려면 고도의 학제적 접근이 필요하다는 것을 확신하게 되었다. 우리가 선량하거나 고결한 품성이란 어떤 것인지를 이해하기 위해서는 철학과 종교의 도움이 필요하고, 오늘날 사람들이 일상의 도덕적 삶에서 실제적으로 어떻게 생각하고 행동하는지를 알기 위해서는 경제학의 도움 또한 필요하다. 아울러 우리는 품성에 대한 다양한 통찰력을 얻기 위해서는 문학, 역사, 인류학뿐만 아니라 다른 많은 학문의 도움을 받을 필요가 있다.

나는 심리학자, 신학자, 그리고 철학자와 한 팀을 이뤄 마음속에 이러한 학제적인 초점을 간직하면서 품성탐구에 접근하고자 하였다. 우리는 존 템플턴 재단John Templeton Foundation의 지원을 받아 2009년에 웨이크 포레스트 대학교에서 비로소 품성 프로젝트를 착수할 수 있었다(www.thecharacterproject.com). 이 흥미진진한 프로젝트는 두 가지에 초점을 두었다. 하나는 품성에 관한 최첨단 프로젝트를 수행하는 전 세계의 연구자들에게 자금을 지원하는 것이었다. 예컨대, 우리는 가상현실 기법을 활용하여 품성을 연구하는 바르셀로나의 한 심리학자를 후원하였다. 우리는 또한 공학기술을 활용하여 타인의 고통에 대한 우리의 공감을 증가시킬 수 있는 방안을 마련하고자 하는 미시간 대학교의 프로젝트를 지원하였다. 나는 이 책의 도처에서 이들 프로젝트로 밝혀진 여러 결과를 독자들을 위해 처음으로 소개할 것이다.

또한 품성 프로젝트는 내부적으로 웨이크 포레스트 대학교에 초점을 맞추었다. 우리는 학자들이 보통 하는 일상의 일 — 주요 학회 회의를 개최하고, 논문을 작성하고, 우리의 과업에 관하여 서로 토론하고, 전문가들 모임에서 강연하며, 우리의 결과물을 책으로 발간하는 등 — 을 많이 하였다. 우리는 두 개의 주요 웹사이트 — 하나는 품성에 관한 학문적 연구를 하는 학자들을 위한 것(www.thestudyofcharacter.com), 또 하나는 품성에 관하여 더 자세히 알아볼 수 있는 자료를 갖춘 일반 독자를 위한 것(www.thecharacterportal.com) — 를 개설하였다. 거기에서 여러분은 이 흥미로운 분야를 좀 더 깊이 탐구할 수 있는 여러 링크, 비디오, 그리고 다른 자료들을 찾아볼 수 있을 것이다.

그 과정에서 나는 『도덕적 품성: 하나의 경험적 이론Moral Character: An Empirical Theory』(2013)과 『품성과 도덕 심리학Character and Moral Psychology』 (2014)이란 제목의 품성에 관한 학술 연구물 두 편을 발표할 수 있었다. 이 책들은 앞으로 읽게 될 지면들에 제시된 몇 가지 견해들과 관련하여 보다 상세한 논의를 담고 있다. 특히, 3장에서 7장까지는 그 책들에서 전개되고 있는 훨씬 더 길고 보다 복잡한 논의를 요약하고 있다.

나는 그런 논의가 학구적인 철학 서적들에 묻혀버리는 것을 원치 않았다. 나는 내가 도달하였던 품성에 관한 결론이 참으로 중요하다는 생각을 하게 되었다. 만약 내가 옳다면, 우리는 다른 사람들의 품성(그리고 우리 자신 또한)에 관하여 오랫동안 잘못 생각하고 있다.

이것은 우리로 하여금 온갖 잘못된 판단과 예측으로 나아가게 할 수 있으며, 그것은 엄청난 결과를 초래할 수 있다. 혹은 우리가 앞으로 보게 되겠지만, 정말로 고무적이기도 하다. 그래서 나는 내가 생각한 것을 공유하고, 우리가 보다 더 나은 효과를 얻을 수 있는 방법에 관하여 함께 고민해 보는 기회를 갖고자 이 책을 쓰기로 결심하였다.

그러나 웨이크 포레스트 대학교와 그 밖의 여러 곳에 있는 연구자들
이 연구를 계속하고 있음에도 불구하고, 우리의 품성에 관한 많은 부분
은 여전히 수수께끼로 남아있다. 다음 페이지부터, 그동안 내가 했던
여정을 함께 걸어가 보자.

---

1 http://usnews.msnbc.msn.com/_news/2011/11/26/9035999-report-shoppers
   -unfazed-as-man-dies-at-target. (검색: 2012.2.15.)
2 위의 사이트.

감사의 말

나는 다음의 자료들을 사용할 수 있도록 허락해 준 여러 출판 관계자들에게 감사드린다.

1장의 단테의 연옥도Richard Lansing (Ed.), *The Dante Encyclopedia*, New York: Routledge, p. xxv는 저작권 청산 센터Copyright Clearance Center로부터 승인을 받았다.

1장의 손 그림은 픽사베이pixabay에서 가져왔다(https://pixabay.com/en/checkbook-coupon-f ill-check-688352/).

사상 버블 그림은 clker에서 가져왔다. 무료 공유 이미지이다(검색: 2017.1.28, http://www.clker.com/clipart-cartoon-thought-bubble.html.).

2장의 시작 부분과 마지막 부분은 내 논문 "Answering 'Why Be Good?' for a Three Year Old"를 각색한 것이다.

저작권은 저자에게 있다(http://www.slate.com/bigideas/why-be-good/essays-and-opinions).

4장의 가상현실 학습자 그림은 바르셀로나 대학교의 데이비드 갈라도-푸골David Gallardo-Pujol로부터 사용 허락을 받았다.

3장에서부터 5장과 7장에서 2013년에 출간된 나의 저서 『도덕적 품

성: 하나의 경험적 이론Moral Character: An Empirical Theory』의 일부 내용에 대한 개정 사용은 옥스퍼드 대학교 출판사로부터 허락을 받았다.

6장에서 2014년에 출간된 나의 저서『품성과 도덕심리학Character and Moral Psychology』의 일부 내용에 대한 개정 사용은 옥스퍼드 대학교 출판 사로부터 허락을 받았다.

8장과 9장에서 나의 논문 "Virtue Cultivation in Light of Situationism"[Julia Annas, Darcia Narvaez, Nancy Snow(eds.), Developing the Virtues, Oxford: Oxford University Press]의 일부 내용에 대한 개정 사정은 옥스퍼드 대학교 출판사로부터 허락을 받았다.

10장에서 나의 논문 "Atheism and Theistic Belief"[Jonathan Kvanvig(ed.), Oxford Studies in Philosophy of Religion, Oxford: Oxford University Press]의 일부 내용에 대한 개정 사용은 옥스퍼드 대학교 출판사로부터 허락을 받았다.

나는 무엇보다 이 프로젝트를 신뢰해 준 피터 올린Peter Ohlin과 월터 시노트 암스트롱Walter Sinnott-Armstrong, 그리고 그들의 모든 지원에 진심으로 감사드린다. 이 책의 기반을 이루고 있는 나의 연구는 웨이크포레스트 대학교의 품성 프로젝트로부터 승인을 받은 자금 지원으로 이루어졌다. 템플턴 세계 자선기금과 템플턴 종교 믿음 재단의 '품성 계발 프로젝트the Developing Character Project'와 '등대 프로젝트the Beacon Project'에 대한 후속적인 지원 덕분으로, 나는 이 책의 작업을 완성할 수 있었다. 나는 이들 재단의 후원에 대해 진심으로 감사드리며, 특히 마이클 머레이Michael Murray, 존 처칠John Churchill, 알렉스 아놀드Alex

Arnold, 그리고 크리스 스튜어트Chris Stewart에게 고마운 마음을 전한다. 여기에 제시된 의견은 어디까지나 나의 견해이며 템플턴 재단의 관점을 꼭 반영한 것은 아니다.

피터 올린, 월터 시노트 암스트롱, 제시 리 밀러Jessie Lee Miller, 에드윈 포인덱스터Edwin Poindexter의 논평은 이 책의 원고를 전체적으로 개선하는 데 많은 도움을 주었으며, 이 점에 대해서는 특히 조이어스 밀러Joyous Miller에게 감사드린다. 앨런 윌슨Alan Wilson, 브랜든 웜케Brandon Warmke, 라이언 웨스트Ryan West, 네이트 킹Nate King, 조나단 디턴Jonathan Deaton, 그리고 조르지오 하이아트Giorgio Hiatt의 논평들은 특정한 장들에 결정적인 도움을 주었다. 색인 작업에 탁월성을 보여준 제이슨 볼드윈Jason Bladwin에게 감사드린다.

개인적으로, 나는 부모님인 찰스Charles와 조이어스 밀러Joyous Miller, 장모님인 아일린 스미스Eileen Smith의 도움이 없었다면 결코 이 책을 내놓을 수 없었을 것이다. 무엇보다, 나는 우리 가족들에게 많은 희생을 베풀고 있는 나의 아내 제시 리 밀러Jessie Lee Miller에게 감사하다는 말을 하고 싶다. 이 책을 저술하는 기간에 나의 세 번째 아이인 릴리언 조이어스 밀러Lillian Joyous Miller가 태어났다. 5세 미만의 자녀를 셋이나 갖는다는 것은 믿기 힘든 경험이었다. 우리의 품성에 관한 실제 시험은 말할 것도 없다. 내가 이 책에서 품성의 괴리에 관하여 말한 바는 다른 누구보다도 곧 나에 대한 것이라는 확신을 갖게 해주었다.

역자는 대학에서 사반세기가 넘는 기간 동안 도덕 교육을 연구하고 강의하고 있다. 나름대로 여러 편의 논문과 저서, 역서를 발간하기도 하였다. 그런 일련의 과정 속에는 인간의 품성과 관련한 역자의 고민이 점철되어 있다. 지금까지 역자는 인간을 적절한 교육을 받으면 자신의 품성을 좀 더 나은 방향으로 개선해 나갈 수 있는 존재로 인식하고 있었다. 그러나 시간이 흐를수록 역자의 가슴 한쪽에는 오히려 회의감이나 무력감이 쌓여갔다. 눈을 들어 멀리 내다볼 것도 없이, 윤리적 담론을 벌이는 주변의 여러 지인이 실제로는 자신의 말이나 주장과는 거리가 먼 행동을 하는 경우를 자주 목도하였고, 하고 있기 때문이다. 역자 역시 그 예외가 아님을 숨길 수 없다.

역자는 작년에 안식년을 맞아 몇 달 동안 영국에 사는 아들 내외의 집에 머무를 기회가 있었다. 그때 우연히 영국인 며느리의 소개로 이 책을 접하게 되었다. 특별히 대단한 윤리적 문제를 다루고 있는 것도 아니고, 인구에 회자되는 위대한 도덕가들의 사상을 소개하는 것도 아니며, 그렇다고 무슨 새로운 품성 교육방법론을 제시하는 것도 아닌데, 역자는 이상하게 이 책을 손에서 놓지 않고 있는 자신을 발견할 수 있었다. 곰곰이 생각해 보니, 그 까닭은 이 책이 '모든 사람은 누구나 비도덕적인 행동을 할 수 있다'라는 사실을 수많은 심리 실험 결과로 확인하는 데 있었다. 그래서 이 책은 교육을 통한 인간의 품성 계발에 대해 점차 열정이 식어가던 역자에게 은연중 충격으로 다가왔다.

우리는 흔히 신문이나 방송 뉴스의 머리를 장식하고 있는 유력 인사들의 비행을 접하면 그들의 행태를 비난하며 혀를 차곤 한다. 마치 그런 비행이 나와는 무관한 그들만의 일인 것처럼 치부한다. 물론, 모든 사람의 칭송을 받아도 부끄럼이 없는 사람도 있겠지만, 대부분 사람은 "너희 중에 죄 없는 자가 먼저 돌로 치라"는 예수의 외침으로부터 그리 자유롭지 못할 것이다. 우리도 언제든지, 얼마든지 그런 행동을 할 수 있다는 사실을 자신의 의식에서 인정하려 들지 않는다. 이 책은 그러한 우리의 타성을 조용히 일깨워준다. 역자는 이 책을 통해 자신의 품성 계발은 하루하루 끊임없는 자아 성찰이 관건임을 새삼 깨달았다. 교육을 통한 외부의 개입은 어디까지나 내면의 성찰을 자극하는 수단으로, 그 한계가 분명하다는 불편한 진실을 곱씹을 수 있었다. 그래서 우리나라에 혹여 역자와 같은 생각을 하는 사람들이 있다면, 이 책이 인간의 품성을 바라보는 시각을 더 확장할 기회가 될 수 있을 것으로 판단되어 번역을 결심하게 되었다.

이 책은 웨이크 포레스트 대학교Wake Forest University에서 철학을 강의하고 있는 크리스찬 B. 밀러Christian. B. Miller 교수가 존 템플턴 재단John Templeton Foundation의 지원을 받아 다양한 학문적 배경을 가진 학자들과 팀을 구성하여 주도했던 품성 계발 프로젝트의 연구 결과를 종합한 것이다. 그래서 이 책에는 품성과 관련한 철학적, 심리학적, 경제학적, 신학적, 교육학적 시각과 접근 방식들이 융합되어 있다. 저자인 밀러 교수는 철학자임에도 불구하고 사변적이고 추상적인 논의를 접어둔 채 사람이라면 누구나 남에게 해를 끼치고, 거짓말하고, 부정행위를 하는 등 비도덕적인 행동을 할 수 있는 심리적 존재임을 다양한 심리 실험 결과를 통해 보여준다. 그리고 그런 토대 위에서 품성을 계발할 수 있는 여러 가지 현실적인 방법에 대해 말한다. 책을 마무리하는 지점에 이르러, 밀러 교수는 인간으로서 할 수 있는 노력과 함께 인간을 초월하는 존재의 도움을 통한 접근에도 관심을 기울일 것을 권장함으로써 인간적 겸손의 미덕을 잃지 않는다.

아무쪼록 역자는 이 책이 '사람들은 도대체 왜 그런 행동을 할까?', 심지어 '그런 행동이 옳지 않다는 것을 알면서도 왜 그럴까?', '어떻게 하면 자신이나 자녀들 혹은 학생들이 더 나은 품성을 지닌 사람으로 성장할 수 있을까?' 하고 고민하는 독자들에게 뭔가 실질적인 도움이 될 수 있기를 바란다. 끝으로, 이 책을 소개해 준 역자의 며느리 롤리 L. Kim, 그리고 번역서를 출간하는 데 물심양면으로 많은 지원을 아끼지 않은 크리스찬 B. 밀러 교수, 존 템플턴 재단, 웨이크 포레스트 대학교 측에 내 마음의 깊은 곳으로부터 감사를 전한다. 아울러 어려운 여건 속에서도 선뜻 출판을 결정해 주었을 뿐만 아니라 저자와 옥스퍼드 출판사에 수차례 연락하여 번역 출판 계약을 독려해 주었던 ㈜글로벌콘텐츠출판그룹 홍정표 사장님과 김미미 이사님께 진심으로 고맙다는 인

— 인간의 품성

사를 드린다. 또한, 투박한 번역문을 읽기 쉽게 다듬는 일에 편집자가 쏟을 수 있는 성실함의 정도가 어느 수준에까지 이를 수 있는지를 실증적으로 보여준 편집부 하선연 에디터에게 깊은 사의를 보낸다.

개포동 집에서 역자 씀.

나의 사랑스런 아들, 윌리엄 크리스찬 밀러에게

목차

제1부 품성이란 무엇인가 그리고 그것이 중요한 까닭은 무엇인가?

제2부 현재 우리의 품성은 실제 어떤 모습인가?

제3부 우리는 어떻게 우리의 품성을 계발할 수 있는가?

THE CHARACTER GAP

품성이란 무엇인가
그리고 그것이 중요한 까닭은 무엇인가?

1장

우리는 무엇을 이야기하고 있는가?

수 년 전에 나는 한 리셉션에서 누군가와 다음과 같은 대화를 나눈 적이 있다.

"당신은 교수로서 어떤 연구를 하십니까?"라고 그녀가 물었다.
"저는 품성character을 연구하고 있습니다."

이에 그녀는 나더러 자료를 수집하러 여러 드라마 제작사들을 찾아다녔는지 물었다. 나는 그녀의 그런 반응에 어리둥절했고, 혼란스러웠다. … 그런데 그때 불현듯 깨달았다. 우리는 서로 전적으로 다른 이야기를 하고 있었던 것이다. 그녀는 나의 연구가 햄릿이나 오페라의 유령과 같은 등장인물들과 관련이 있다고 생각하고 있었다.

나는 "글쎄요."라고 대답하였다.

'품성'이라고 불리는
이것은 무엇인가?

전 세계에서 여러분과 가장 친한 친구를 떠올려 보라. 여러분은 그 사람이 어떤 사람인지 분명하게 알고 있는가? 이제 여러분 스스로에게 물어보라. 여러분은 왜 그 친구를 가장 좋아하는가? 분명히 여러분 대부분은 다음과 같이 말할 것이다.

그는 내가 어려울 때 항상 내 곁에 있다.

나는 그녀를 신뢰할 수 있다.

그는 나를 실망시키지 않는다.

그녀는 정말 친절하다.

우리는 이런 대답들로부터 우리가 흔히 친구들에게 관심을 두는 이유는 그들의 품성 때문이라는 것을 알 수 있다. 위의 예시들에서 보면, 갑자기 마음에 떠오르는 것은 그들의 듬직함, 신뢰성, 충절, 친절함이다. 그리고 꼭 우리와 가까운 친구들이 아니라 하더라도 ─ 어떤 정치인이든 혹은 우리의 자녀이든, 어떤 할리우드의 유명인사든 우리의 부모든 간에 ─ 우리는 사람들의 **도덕적 품성** 혹은 **도덕적 품성 특질**을 강조하는 경향이 있다.[1]

품성 특질은 사람들의 머리 색깔과는 다르다. 혹은 그들의 유머 감각, 지능, 경제적 부, 대중적 인기와도 다르다. 품성 특질은 어떤 사람의 도덕심을 실제적으로 보여주는 전부이다.

이 도덕심이라는 것은 중요하다. 이오시프 스탈린Joseph Stalin은 잔인하고, 비정하고, 무감각하며, 야만적이고, 무자비하였다. 이러한 품성 특질은 그의 도덕심을 형성하고 있던 일부로, 소련의 지도자로서 너무나 끔찍한 행동을 하게 하였다. 어떤 사람들은 그가 어림잡아 2천 만 명 혹은 그 이상의 사람들의 죽음에 책임이 있다고 주장한다.[2]

반면에, 마더 테레사Mother Teresa는 45년 동안 인도에서 지독하게 가난하고, 병들고, 고아가 된 수천 명의 사람들을 위해 봉사하였다. 그녀는 다정하고, 인정이 있고, 친절하며, 사심이 없고, 너그러웠다. 그러한 품성 특질은 그녀가 가진 도덕심의 일부였으며, 그녀로 하여금 성자와 같이 행동하도록 하였다.

우리는 어느 쪽에 속하는가? 우리는 마더 테레사(지금은 캘커타의 성인 마더 테레사)와 같은 사람과 스탈린과 같은 사람을 양극으로 하는 띠에서 어느 쪽에 더 가까운가? 그래, 어느 쪽이든 좋다. 이 주제는 이 책의 제2부에서 다루어질 것이다. 지금 이 시점에서의 주제는 우리가 각자 자신의 품성을 이루는 다양한 도덕적 품성 특질을 갖고 있다는 것이며, 그러한 특질은 중요하다는 것이다. 그런 특질 가운데 어떤 것은 진실을 말하는 것과 관련이 있고, 어떤 것은 곤경에 처한 사람들을 도와주는 일, 어떤 것은 약속을 지키는 일, 또 어떤 것은 부정행위를 저지르지 않는 일 등등과 관련이 있다.

그런데 어떤 사람이 지니고 있을 '품성'은 꼭 도덕적 특질로만 구성되어 있는 것이 아니라 그보다 더 넓은 범위의 특질을 포함하는 것으로 알려져 있다. **호기심**을 생각해 보자. 어떤 사람은 호기심이 매우 많지만, 도덕적으로는 아주 못된 사람일 수 있다. 이는 다른 품성 특질, 예컨대 영리하거나 마음이 열리거나 끈질기거나 경쟁적인 것과 같은 경우에서도 마찬가지다. 만약 여러분이 말하기를 좋아하거나 혹은 내성적이거나 활달한 것과 같은 성격 특성이 어떤 사람의 품성의 일부라고 생각한다면, 그런 특성 또한 목록에 추가해야 할 것이다.

아래 그림 1.1을 보면, 좀 더 이해하기 쉽다. 나는 이 책에서 도덕적 품성 특질에 초점을 맞추고 있다는 것을 분명히 하고자 한다. 그것만으로도 우리는 해야 할 일이 넘친다.3

수 세기 동안, 도덕적 품성 특질은 초기 고대 그리스 철학자들인 플라톤과 아리스토텔레스의 입장에 따라 두 유형의 집단으로 이루어진 것으로 이해되고 있다. 하나는 **도덕적 미덕**이요, 또 하나는 **도덕적 악덕**이다. 우리가 완전한 도덕적 품성을 갖추기 위해서는 어떤 악덕도 없이 오직 도덕적 미덕만을 갖추어야 한다는 생각이었다. 물론, 말이야 쉽다.

그림 1.1 도덕적 품성 특질과 그 외 다른 특질

비록 학자들이 도덕적 미덕과 악덕에 대한 오직 하나의 목록에 동의하긴 어렵겠지만, 우리는 본보기로서 사용하는 상당히 유명한 목록을 가지고 있다. 아리스토텔레스의 목록에는 용기, 절제, 관후, 장엄, 그리

고 정의가 담겨있다.4 바울Paul은 갈라티아 사람들에게 보낸 편지에 "성령의 열매는 사랑, 기쁨, 평화, 인내, 친절, 선함, 충실함, 온유함, 자제력입니다."5라고 썼다. 플라톤까지 거슬러 올라갈 경우, 정의, 용기, 지혜, 절제가 핵심 미덕으로 여겨졌다.

14세기에 이르러, 단테 알리기에리Dante Alighieri는 내가 서양 문학의 최고봉으로 간주하는 『신곡』을 썼다. 제2권 연옥편에서, 단테는 7개의 비탈로 이루어진 산의 형태에 각각의 비탈마다 그가 생각하는 악덕을 생생하게 묘사하였다. 우리는 그림 1.2에서 단테가 마음속에 그렸던 바를 볼 수 있다.

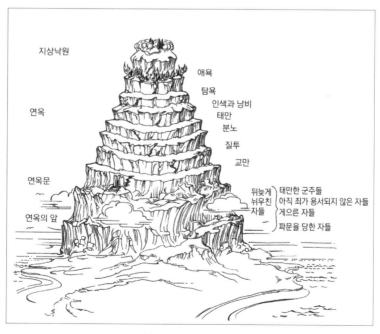

그림 1.2 단테의 연옥산

— 인간의 품성

단테가 여기에 제시하였던 악덕은 교만, 질투, 분노, 태만, 인색과 낭비, 탐욕, 애욕이다. 죄인이 천국에 이르기 위해서는, 먼저 연옥산을 올라야 한다. 이것은 각 비탈 위에서 그 죄인이 과거에 저지른 죄악을 속죄하고 자신의 품성을 개선하기 위해 그에 합당한 처벌을 받는 고통을 수반한다. 그 죄인은 비탈을 하나씩 따라 오르면서 그의 악덕을 덜어내며 마침내는 그와 반대되는 겸손, 친절, 인내, 근면, 자비, 절제, 순결의 미덕을 발달시킨다.6

품성에 관한 동서양의 사상적 전통에 따라, 여러 다른 사람도 그들 나름대로의 미덕과 악덕의 목록을 갖추고 있다. 우리가 여기에서 그런 것을 모두 검토하거나 어떤 목록이 옳은 것인지 구분하려고 애쓸 필요는 없다. 왜냐하면 약간의 견해 차이가 있긴 하지만, 오늘날 대부분의 미덕과 악덕에 대하여 광범위한 의견 일치가 있기 때문이다. 예컨대, 품성에 관하여 글을 쓰는 사람 대부분이 정직은 미덕이고, 부정직은 악덕이며, 용기는 미덕이고 비겁은 악덕이라는 데 동의하고 있다. 미덕으로 광범위하게 인정받는 다른 예로는 연민, 친절, 성실, 자제, 지혜, 감사, 관대, 인내 등이 있다. 이 책에서 나는 그와 같이 상대적으로 논쟁이 덜 일어날 수 있는 미덕과 악덕의 본보기에 초점을 맞추고자 한다.7

요약하면, 여러분의 품성은 여러분이 누구이며 어떻게 행동하는가에 있어서 결정적으로 중요한 자신의 독특한 특성 혹은 특질의 더미로 이루어져 있다. 그것은 도덕적 품성 특질과 도덕과 무관한 특질로 구분될 수 있다. 우리의 초점은 바로 그 도덕적 범주에 있다. 이런 특질은 도덕적 미덕과 악덕으로 구성되어 있다고 전해진다. 그림 1.3은 이 모든 것을 종합하고 있다.

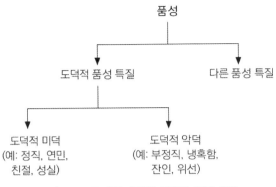

그림 1.3 두 가지 유형의 도덕적 품성 특질

미덕에 관하여

우리가 도덕적 품성을 더 잘 이해하기 위해서는 우선 먼저 미덕을 검토해 볼 필요가 있다. 미덕이란 무엇인가? 다시 한번 여러분의 가장 친한 친구를 생각하고 그 친구의 품성이 정직의 미덕을 내포하고 있다고 가정해 보자. 여러분은 어째서 그 친구가 정직하다고 생각하는가? 혹은 여러분이 가장 좋아하는 슈퍼히어로를 선택한 후, 나의 경우는 배트맨인데, 무엇이 그로 하여금 그런 영웅이 되게 하는지 생각해 보라. 아니면 연민의 정이 넘치는 사람들의 본보기를 생각해 보라. 아마도 예수, 마더 테레사, 혹은 간디가 떠오를 것이다. 그들이 다른 사람들을 돕는 데 있어 공통적으로 지니고 있는 것은 무엇인가?

잠시 연민의 귀감들에 더 집중해 보자. 연민 어린 사람에 관한 한 가지 사실은, 보통 그 사람은 곤경에 처한 사람들을 도와준다는 것이다.

— 인간의 품성

아마도 그 사람은 자선단체에 기부를 하거나 병원에 입원해 있는 아픈 친구를 방문할 것이다. 이를 실제적으로 검토하기 위해 한 가지 사례를 상상해 보자. 어느 날 베쓰Beth는 인터넷을 돌아다니다가 난민 재정착과 관련한 자신의 고향 소식을 보고 자신이 지역 공동체와 함께 어떻게 도울 수 있는지를 생각한다. 그녀는 관심이 유발되어 재빨리 옷가지들과 가정용품들을 챙기기로 결정한다. 며칠 후, 그녀는 자동차 한 대에 기부 물품을 가득 싣고 난민들에게 물품을 분배하는 지역 집결지에 도착한다.

자, 여기 질문이 하나 있다. 이것이 우리가 베쓰에 관하여 알고 있는 전부라고 가정해 보자. 그녀의 행위는 그 자체로 그녀가 연민의 정을 지니고 있다는 결론을 내리기에 충분한가? 그것은 타당한 1차 증거처럼 보인다. 그러나 우리는 그것이 충분한 증거가 아니라는 데 동의할 수 있을 것이다. 다시 말해서, 우리가 어떤 미덕을 지닌다는 것은 단순히 한 가지의 선한 행위를 하는 것 이상의 무언가가 있다는 것이다.

이를 설명하려면 몇 마디가 더 필요하다. 베쓰가 집결지에 도착하여 매우 교만한 태도로 행동한다고 가정해 보자. 그녀는 자신이 가져온 많은 양의 기부 물품을 뽐내며 난민 가족들에게 거만하게 나눠준다. 그녀는 심지어 '난민들을 돕는' 모습을 셀카에 담기 위해 포즈를 취하고 그 사진들을 소셜 미디어에 올린다.

이를 보면, 명백히 그녀는 연민이 있는 그런 사람으로 보이지 않는다! 그럼 애초의 이 이야기에 무엇이 빠져 있는가? 그 대답은 덕이 있는 사람은 선한 행위를 할뿐만 아니라, 그 경우에 적절한 방식으로 행동을 한다는 것이다. 이것은 베쓰가 다른 사람들을 대할 때 겸손의 자세를 취하고 그 가족들에게 자신이 가져온 기부 물품들이 필요한지를 정중하게 물어야 한다는 것을 의미할 수 있다.

좋다, 그럼 우리가 이야기를 수정하여 베쓰가 그렇게 행동했다고 가정해 보자. 그렇다면 그것으로 베쓰가 연민이 있는 사람으로 인정받기에 충분한가? 한 번 더, 나는 그렇지 않을 것이라는 데 우리가 동의할 수 있다고 생각한다. 왜냐하면 내가 편의대로 빼놓은 베쓰에 관한 또 다른 사실이 있기 때문이다. 기꺼이 돕는 이런 행위를 한 차례 하긴 했지만, 그 이전과 이후의 수개월 동안 그녀는 다른 사람들의 어려움을 무시해 왔던 것으로 알려졌다. 학급 친구가 종이 더미를 바닥에 떨어뜨리자, 그녀는 흩어진 종이들을 쳐다보며 깔깔대고 웃었다. 그녀는 중요한 시험을 앞둔 남동생이 도움을 요청하자 코웃음을 쳤다. 그녀는 친구가 운동장에서 괴롭힘을 당하고 있는 모습을 보고도 못 본 척하고 지나쳤다 등등 그런 일이 계속 반복된다.

베쓰는 결코 연민 어린 사람의 좋은 본보기로 보이지 않는다. 무엇이 빠져 있는가? 분명히 덕이 있는 사람은 **매우 다양한** 상황에서 그에 적절하게 행동한다. 베쓰가 연민 어린 사람으로 불리기 위해서는 어떤 유의미한 곤경이 발생할 때, 그것이 일터이든, 집이든, 학교이든, 쇼핑몰이든, 식료품점이든, 기타 등등 어디에서 일어나든 상관없이, (그 사람은 늘 그렇게 행동할 것이라고) **신뢰할 수 있는** 사람이어야 한다.

물론, 만약 베쓰가 **항상** 다른 사람들을 도와주고 있다면, 그녀는 자기 자신의 생활을 해나가기가 어려울 수 있을 것이다. 정말로 어려운 일들이 매일 많이 일어나고 그것을 도와야 할 기회 또한 너무 많다. 집 없고 배고픈 사람들, 혹은 자연재해로 피해를 입은 사람들을 생각해 보라. 연민 어린 사람은 어떤 사람들이 도움이 필요할 때마다 항상 기꺼이 그들을 도와야 한다고 생각하지는 **않는다**(만약 그렇다면, 그녀의 돈은 하루에 모두 다 소진될 것이며 그녀 또한 완전히 빈털터리가 될 것이다!). 그보다는, 그녀의 생활이 다양한 상황에서 적절한 방식으로 다른 사람들을 도와주는 **전형**을 보여주는 것이라고 생각한다.

그래서 우리의 이야기를 다시 한번 수정하여 그 한 달 동안 베쓰가 그런 도움의 귀감을 보여주었다고 가정해 보자. 분명히 **이제** 우리는 베쓰가 연민 어린 사람으로서 자격을 충분히 갖추었다고 말할 만하다. 그렇지 않은가? 미안하지만 우리는 그렇게 말할 수 없다. 난민 가족들을 위한 물품을 수집하는 경우로 돌아가 보자. 그녀는 친절한 말투로 물품을 나눠주는 등 사려 깊게 행동하지만, 그 이유가 단지 수업 과제로 칭찬받기 위해서라고 가정해 보자. 혹은 그녀가 대학에 지원할 때 이를 활용할 수 있기 때문이라고 가정해 보자. 아니면 그녀가 아침에 잘못했던 어떤 일에 대한 죄책감을 완화시킬 수 있기 때문이라고 가정해 보자. 그러면, 그녀의 **행위**가 칭찬할 만하다고 하더라도, 그녀의 **동기**는 절대 그렇지 않다. 그것은 순전히 자기 잇속만 차리는 이기적인 행동이다.

이를 좀 더 분명히 하는 차원에서, **여러분**이 난민의 입장에 처해 있다고 상상해 보자. 여러분은 수년 동안 끔찍한 조건에서 생활하였으며, 여러분의 나라에서 간신히 도망쳐 나옴으로써 더 이상의 박해를 피하는 데 성공하였다. 이제 여러분은 새로운 나라, 문화, 언어의 문제를 헤쳐 나가야 한다. 이때, 여러분이 새로운 집에서 살기 위해 필요한 것들을 아낌없이 제공해 주는, 겉으로 보기엔 아주 선한 한 여성이 나타난다. 처음에 여러분은 그녀의 품성에 대해 매우 호의적인 인상을 받는다. 그녀는 여러분의 상황에 진심으로 관심을 갖는 연민 어린 사람처럼 보인다. 그런데 여러분이 그녀에게 왜 자신을 도와주는지를 묻는다. 그러자 그녀는 자기도 모르게 "아, 나는 단지 나의 대학 원서를 돋보이게 하고 싶어서요."라고 말한다. 아마 그때 여러분은 매우 당황스러울 것이다. 어쩌면 잠시 할 말을 잃을지도 모르겠다. 나 같으면, 기분이 상해서 화를 냈을 것이다.

그렇다 하더라도 옷가지와 부엌 도구들이 몹시 필요한 실정에 있는 여러분의 입장에서 보면 여전히 그녀의 도움이 고마울 수도 있을 것이다. 그러나 동시에, 그녀를 칭찬하기도 어려울 것이다. 그 이유는 아주 간단하다. 그녀가 진정으로 여러분을 도와주고 있는 것이 아니기 때문이다. 그녀는 근본적으로 여러분의 삶의 이야기나 복지 따위에 관심이 없다. 오히려, 그녀가 진정으로 관심을 갖는 것은 그녀 자신이다. 여러분은 단지 그녀 자신의 목적을 위한 편리한 수단에 불과할 뿐이다.

반면에, 연민 어린 사람은 그와 다르다. 만약 베쓰가 연민의 덕을 지녔다면, 그녀는 여러분을 도울 때 옳은 이유로 그렇게 하였을 것이다. 이 경우에, 그녀는 여러분의 복지 자체를 위하여 관심을 가졌을 것이며, 그녀가 그 과정에서 어떤 혜택을 입을 수 있는 것이 없다고 하더라도, 그녀는 여러분이 제일 필요로 한 것을 해주고 싶어 할 것이다. 이것은 **이타적인 동기**이지, 이기적인 동기는 아니다.

이 모든 것을 마치 연민 어린 사람은 다른 사람들을 도와주는 일로부터 어떠한 만족이나 기쁨을 얻어서는 안 된다는 극단적인 자제로 오해해서는 안 된다. 그보다는, 연민 어린 사람이 다른 사람을 도울 때 그의 주된 목적은 그 사람에게 좋은 일을 하는 데 있는 것이지 개인적으로 어떤 이득을 취하는 데 있는 것이 아니라는 것이다. 또한, 그녀는 돕는 과정에서 동시에 스스로 행복을 발견할지도 **모르며**, 심지어 마음의 깊은 곳에서 기쁨을 경험할지도 모른다.

그런데 이 말은 모순처럼 들리지 않는가? 어떻게 이 두 가지가 모두 진실일 수 있는가? 즉, 그녀가 다른 사람의 이익을 위하는 일에 초점을 맞추면서 동시에 그 과정에서 어떻게 즐거움, 만족, 기쁨을 느낄 수 있다는 말인가? 그것이 어떻게 가능한지를 보여주는 하나의 비유가 있는데, 나는 그것을 내 수업 시간에 즐겨 사용한다. 내가 자동차를 운전할 때, 그 목적은 당연히 내가 도착하고자 하는 지점에 이르는 것이다. 그것은 내가 차에 올라타는 이유이다. 그것은 내가 궁극적으로 목표를 향하여 나아가는 목적이다. 그와 동시에, 나는 운전을 하면서 창문을 내리고 나의 뺨에 스치는 미풍을 즐기는 **부차적 효과**(혹은 뜻하지 않은 효과) 또한 누린다. 지금 내가 운전하는 목적은 미풍을 느끼는 데 있는 것이 아니다. 그러나 그것이 내가 운전하는 주된 목적이 아닐지라도, 그에 따른 부차적 효과로서 이런 경험을 하는 것도 엄연한 사실이다.

마찬가지로 베쓰가 만약 연민 어린 사람이라면, 그녀의 목적은 난민들이 그들의 새로운 집으로 들어가 생활할 때 부담을 덜 느끼도록 도와주는 데 있을 것이다. 그러면서 동시에, 그녀는 이런 일을 하면서 스스로 커다란 만족 또한 얻을 수 있다. 그때 그 만족은 그녀의 행위에 따른 부차적 효과이지 주된 목적은 아니다. 대부분의 경우, 미덕을 지닌 사람은 다른 사람들의 어려움을 자기 자신보다 더 우선으로 여기지만, 그런 생활에서 즐거움 또한 느낄 수 있다.

이 모든 것으로부터 우리가 얻을 수 있는 교훈은 무엇인가? 간단히 말해서, 행동이 아무리 칭찬할 만하고 한결같다고 하더라도 행동 그 자체만으로는 결코 우리가 누군가를 연민 어린 사람으로 인정하기 어렵다는 것이다. 주어진 한 달 동안, 베쓰는 지역 난민들을 지원하는 일을 포함하여 온갖 도움이 되는 일들을 할 수 있을 것이다. 그러나 만약 그녀가 그저 마음속에 자기 자신의 이득을 취하고자 하는 목적에서 그런 행동을 한다면 — 다시 말해, 자기 자신의 기분을 더 좋게 하거나 혹은 대학 입학 위원회에 깊은 인상을 주기 위해 — 행위 그 자체가 아무리 긍정적이라고 하더라도, 우리는 아직 그녀를 연민 어린 사람이라고 말할 만한 근거를 갖추지 못한다.[8]

연민에 적용되는 이런 기준은 다른 미덕에도 마찬가지로 적용된다. 정직한 사람은 그저 다른 사람들에게 좋은 인상을 주기 위해 진실을 말하지는 않을 것이다. 충직한 사람은 오로지 나중에 그로부터 돈을 빌리고자 하는 마음에서 시련을 겪고 있는 친구 곁에 머물지는 않을 것이다. 청렴결백한 사람은 오로지 자신의 죄책감을 덜기 위해 옳은 일을 옹호하지는 않을 것이다. 행실을 잘 하는 것과 마찬가지로, 마음을 바르게 갖는 것이 미덕에서 중요하다.

여기에 또 다른 교훈이 있다. 우리는 어떤 사람이 정말로 덕이 높은 사람인지 아닌지를 구분하기가 참으로 어렵다. 우리가 사람들의 행동을 관찰할 수는 있지만, 어떤 동기가 그런 행동을 하도록 하는지를 분간하기가 쉽지 않기 때문이다. 이런 문제는 그림 1.4에서 잘 나타난다.

그림 1.4 각기 다른 동기를 가진 한 가지 행동

이번엔 자선 단체에 기부하고자 거금의 수표를 끊는 행동을 정확히 똑같이 수행하는 한 사람이 있다고 가정해 보자. 그는 참으로 후덕한 사람임이 분명하다! 그런데 잠깐. 그는 왜 이런 일을 하고 있는가? 우리가 볼 수 있듯이, 그가 하는 행위 자체는 똑같다고 하더라도, 그 동기는 다를 수 있다. 앞의 세 가지 경우에서는 이기적 동기가 작용하고 있어, 그가 수표를 끊는 행동이 관후의 미덕에서 비롯된 것과는 거리가 멀다. 오로지 네 번째 경우만이 그 동기가 근본적으로 다른 사람들의 행복과 관계가 있다는 점에서 자격 조건이 된다.

그래서 어떤 사람이 연민 어린 사람으로 간주되기 위해서는 다양한 상황에서 적절한 행동과 어울리는 적절한 동기가 요구된다. 이제, 그것으로 충분한가? 거의, 그러나 놀랍게도, 아직은 아니다. 베쓰의 경우를 한 번 더 사례로 들어보자. 그녀가 2주 동안 도와주는 행위에서 적절한 동기와 행동을 보여주었다고 가정해 보자. 그렇지만 또한 이것은 그녀에게 매우 드문 일이라고 가정해 보자. 보통의 경우 그녀는 자신에게만 몰두하는데, 무슨 이유에서인지 그녀는 다른 사람들의 고통에 대한 연민의 정에 휩싸였고 급기야 이런 방식으로 행동을 하게 되었다. 그렇지만 유감스럽게도 이런 감정은 곧 사라지고, 아니나 다를까 그녀는 종래 방식으로 되돌아간다.

그건 미덕이 작동하는 방식이 아니다. 미덕은 일단 몸에 익혀지게 되면 우리의 품성의 비교적 안정적인 특징이 되며 **장기간에 걸쳐 적절한 동기와 행동**으로 이끈다. 만약 베쓰가 연민 어린 사람이라면, 우리는 그녀가, 살면서 어떤 급진적인 변화나 중대한 사건들이 없다면, 몇 달이든 혹은 몇 년이든 간에 여전히 그런 사람이기를 기대할 수 있다.

미덕이 일단 습득되면 우리의 품성에서 영구적인 붙박이가 된다는 것을 말하려는 것이 아니다. 우리는 점차적으로 미덕을 잃을 수도 있다. 오히려 중요한 것은, 미덕을 지니고 있는 한 단기적으로 뿐만 아니라 장기적으로 시간이 지나면서 안정적이며 신뢰할 수 있게 그 미덕을 보여줄 것으로 기대된다는 것이다.

여기에서 미덕의 기준에 관한 우리의 여정을 마무리하자.9 미덕을 지니기 위해서는 많은 것이 필요하다는 것이 분명해졌다. 그림 1.5에 있는 중요 항목은 이를 정리하는 데 도움이 되도록 위에서 설명했던 개요의 여러 가지 특징을 요약한 것이다. 아마도 다른 특징 또한 더 있을 것이다. 나는 내가 말한 것이 미덕의 모든 특징을 아우르고 있다고 주장하는 것은 아니다. 다만 이런 특징이 중심을 이룬다고 말하고자 하는 것이다.

- ▪ 특정한 상황에 적절한 선한 행동을 하게 한다.
- ▪ 특정한 미덕과 관련이 되는 다양한 상황에서 그에 적절한 행동을 하게 한다.
- ▪ 적절한 이유나 동기에서 비롯된 행동을 하게 한다.
- ▪ 시간이 지나면서 안정적이며 신뢰할 수 있는 동기와 행위의 전형으로 이끈다.

그림 1.5 미덕의 중심 특징

내가 미덕의 특징에 관하여 생각할 때 불현듯 뇌리를 스쳤던 것은 도덕적 삶의 모든 분야에서 요구되는 미덕을 진정으로 모두 갖춘 고결한 사람이 된다는 게 **참으로 어렵다**는 것이다. 사실, 미덕 가운데 연민 같은 미덕을 **하나만** 지니는 것도 정말 어렵다. 이런 점에서, 미덕은 체스의 명인이나 메이저리그 야구 선수가 되는 것과 같은 어려운 다른 여러 성취와 유사한 면이 있다.

그렇다 하여 유덕한 사람이 아무도 없다는 말은 아니다. 나는 이 책의 제2부에서 그와 관련된 논의를 할 것이다. 유덕한 사람이 되는 것은 하룻밤 사이에 일어날 수 있는 일이 아님을 의미한다. 이들 품성 특질은 우리 대부분에게는 천천히 그리고 점진적인 과정을 거쳐 이루어지게 된다.10

악덕에 관하여

미덕에 관해서는 이쯤에서 끝내자. 악덕으로 분위기를 바꿔보는 것은 어떤가? 애욕, 탐욕, 잔인함에 관하여 이야기해 보자.

실망시켜서 미안하지만, 도덕적 악덕에 관한 이야기는 매우 짧다는 것을 미리 밝혀둔다. 악덕은 미덕이 지니고 있는 특징을 똑같이 공유하고 있는 것으로 알려지고 있다. 둘 간의 중요한 차이는 그것들이 서로 정반대를 지향한다는 것이다.

샘Sam은 잔인함의 악덕을 지닌 사람이라고 가정해 보자. 그래서 그는 다른 사람들을 괴롭힐 개연성이 높으며, 단지 한 가지 상황에서만 그러는 것도 아니다. 또한 단기간에만 그러는 것도 아니다. 오히려 그는 시간이 흐르면서 다양한 상황에서 지속적으로 다른 사람들에게 해를 끼치는 전형을 보여줄 것이다. 예를 들면, 그는 이웃집의 개를 반복해서 발로 차고 자신의 아내를 학대할 수 있다. 이것은 그가 고통을 가하는 것을 그저 즐기기 때문이라고 가정해 보자. 혹은 그가 다른 사람들이 고통받는 모습을 보는 것을 좋아해서, 아니면 사람들에게 많은 분노와 쓰라림을 갖고 있다고 가정해 보자. 그의 삶은 어김없이 잔혹한 사람의 특징인 나쁜 짓과 부정적인 동기의 전형을 보여줄 것이다. 다른 악덕의 경우에도 거의 마찬가지이다. 악덕은 미덕의 중요 항목에 들어 있는 것과 똑같은 특징을 지니지만, 그 초점이 도덕적으로 부정적인 방향을 향한다는 점에서 다를 뿐이다.11

그렇긴 해도, 나는 악덕에 대해 한 가지 매우 놀라운 면을 강조하고자 한다. 미덕이 있는 사람처럼, 악덕을 지닌 사람도 자주 다른 사람들을 위해 좋은 일을 한다는 것이다. 악덕의 소유자들이 궁극적으로 다른 사람들에게 도움이 되지 않고 해를 끼치는 방식으로 동기부여를 받는데도 그런 행동을 하는 이유는 무엇일까?

우리가 그에 관해 잠시 생각해 보면, 그 답을 찾기는 어렵지 않다. 우리 사회에는 선량한 일을 했을 때 받을 수 있는 여러 보상이 있다. 여러분은 고맙다는 인사를 받을 것이다. 혹은 신문에 크게 보도되거나, 여러분의 친구들 앞에서 멋진 면을 보여줄 수 있다. 혹은 어쩌면 관심 있는 여자아이나 사내에게 좋은 인상을 주거나, 직장에서 승진할 수도 있다. 그 외에도 많다.

이와 함께, 우리 사회에는 나쁜 짓을 하다가 잡히면 받게 되는 여러 벌칙이 있다. 징역형과 벌금이 가장 대표적인 것이지만, 그것 외에도 우리는 친구들과 멀어지고, 직장으로부터 해고당할 수도 있으며, 배우자와 헤어질 수도 있다. 그래서 예컨대, 어떤 잔인한 사람이 동물을 학대하는 것을 좋아한다고 하더라도, 분명히 그가 어느 정도의 상식을 가지고 있다면 이웃이 지켜보고 있을 경우 개에게 폭력을 행사하지는 않을 것이다.

그런고로 악덕을 지닌 사람은 흔히 **다른 사람들이 지켜보고 있을 때는** 칭찬할 만한 행동을 할 수 있다. 미덕이 있는 사람과 악덕을 지닌 사람의 행동에서 진정한 차이는 다른 사람들이 자신을 지켜보고 있지 않다고 생각할 때 나타난다. 바로 그때 우리의 진정한 품성이 드러난다. 영감을 주는 작가인 잭슨 브라운H. Jackson Brown이 오늘날 유명하게 된 인용구에서 말한 바와 같이, "품성은 우리가 어느 누구도 바라보고 있지 않다고 생각할 때 작동하는 것"12이다. 딱 맞는 말이다.

플라톤은 2천여 년 전에 바로 이 문제를 제기하였다. 『국가The Republic』 제2권에서, 소크라테스는 플라톤의 작은 형인 글라우콘Glaucon으로부터 덕이 있는 사람이 되는 것이 정말로 좋은지에 대해 질문을 받는다. 그의 논증 중에, 글라우콘은 그 유명한 신화 기게스의 반지에 대해 말한다.

… 한 목동이 당시에 리디아를 지배하고 있던 사람의 도움으로 생계를 유지하고 있었다. 어느 날 심한 천둥과 폭풍우가 지나가며 지진이 일어났다. 그가 방목하고 있었던 곳에 땅이 갈라지고 커다란 틈이 생겼다. 그는 틈을 들여다보고, 궁금해하다가 그 안으로 들어갔다. 그는 … 속이 텅 빈 청동 말을 보았다. 그 말에는 창문이 있었다. 그 안을 들여다보던 그는 보통 사람 크기보다 더 커 보이는 시체를 발견하였다. 그 시체에는 손에 금반지 한 개 외에는 아무것도 없었다. 그는 그 금반지를 빼서 밖으로 나왔다. … 그는 다른 사람들 곁에 앉아있으면서 우연히 반지를 자기 손 안쪽을 향하여 돌려보았다. 그러자 곁에 있는 사람들이 그를 볼 수가 없게 되었으며, 그들은 마치 그가 없는 것처럼 의견을 나누었다.13

그 반지는 목동을 세상 사람들의 눈에서 사라지게 만들었다. 그것은 또한 그의 진정한 품성을 드러내는 데에도 도움을 주었다. 그래서 그 품성이 무엇을 했을 것 같은가? 그 품성은 고결했을까 아니면 사악했을까? 그 이야기의 결말은 다음과 같다. "그는 즉시 가축의 상태를 왕에게 보고하는 전령들의 한 사람이 되고자 하였다. 그는 궁전에 도착한 후 왕비와 간통하였고, 그녀와 함께 왕을 기습하여 죽였다. 그리고 그는 왕위를 찬탈하였다."[14] 전혀 좋지 않다.

영화 〈할로우 맨Hollow Man〉의 창작자들은 분명히 기게스의 반지를 읽고 그것을 영화의 기반으로 활용했던 것으로 보인다(여담인데, 〈할로우 맨〉은 선한 영화가 아니다. 그 전제가 너무 흥미로워 유감이다). 의료 실험이 잘못되어, 배우 케빈 베이컨Kevin Bacon이 연기한 인물이 투명인간이 된다. 그의 발자국만이 흙 속에 나타나고 여러분은 그의 윤곽을 비나 눈이 오면 볼 수 있지만, 대부분 그는 아무에게도 들키지 않고 원하는 대로 어디든 오갈 수 있다. 그런 위력과 기회를 가진 그의 품성은 시험대에 오른다. 그의 품성은 금방 타락된 것으로 드러난다. 그는 강간과 살인을 마구 저지르며 돌아다닌다(영화 내용을 소개한 것에 대해 미안한 마음이다).

이런 사례들의 요점은 만약 어떤 사람이 주위에 다른 사람들이 있을 때 어떤 행동을 한다고 해서 그것이 곧 그 사람이 고결한 사람인지 혹은 포악한 사람인지를 자동으로 말해주는 것은 아니라는 것이다. 때로는 탐지해 내기가 매우 어려운 것이 진정한 품성이다. 난데없이 그의 악덕이 추한 모습을 드러낼 때, 결과적으로 우리는 그의 행동에 기습을 당하고 충격을 받는다. 우리가 정치인, 운동선수, 혹은 유명 인사들로부터 그런 모습을 얼마나 자주 보아왔던가? 그들은 훌륭한 사람처럼 보일 수 있다. 그러다 어느 날 그들의 부도덕한 행위가 들통 나고 온갖 못된 짓이 발각된다. 예컨대, 타이거 우즈Tiger Woods를 생각해 보라.

도덕적으로 긍정적인 행동 하나가 자동으로 관련된 미덕이 그 행동의 밑바탕을 이루고 있음을 의미하지는 않는다는 것을 기억하라. 아울러 우리는 도덕적으로 부정적인 행동 하나가 자동으로 관련된 악덕이 그 행동의 밑바탕을 이루고 있다고 결론지을 수 없다. 미덕이든 악덕이든 보다 타당한 증거로 간주되는 것은 행동의 전형이다. 다시 말하지만, 진정으로 품성을 드러내는 것은 **사람들이 있는** 데서 하는 행동의 전형이 아니다. 오히려 닫힌 문 뒤에서 하는 그의 행동이다.

타이거 우즈가 좋은 예인 까닭도 그런 이유에서이다. 전성기 때, 그는 골프 경기에서 가장 인기 있는 선수였으며 전대미문의 가장 훌륭한 골퍼로 기록될 것으로 보였다. 그는 우리에게 매우 강직하고, 품위 있는 남자로 보였다. 그는 열심히 하였고, 규칙을 준수하였으며, 자기 가족들에게 헌신적이었다. 그러나 부정적인 행동들이 들통 났고, 그의 진정한 품성이 드러나기 시작하였다. 우즈는 결혼 이후 다른 여성과 단 한 번의 성적 접촉만을 가진 것이 아니었다. 그런 사건은 분명히 끔찍한 일이지만, 그렇다고 그 한 번의 일이 근원적으로 악덕이 존재한다는 것을 자연스레 뒷받침해 주지는 않는다. 오히려, 수년 동안 여러 여성들과 반복해서 되풀이하였던 성적 도피의 증거가 그의 과오를 훨씬 더 강력히 시사해 주었다. 그의 행동은 확실한 전형을 따랐고 장기간에 걸쳐 그리고 여러 상황에서 일관성 있고 신뢰할 수 있었다.

또한 여러 사람이 그의 행동을 보고 있지도 않았다. 다시 말하면, 대중들은 모범적인 남편과 그를 구분하기가 어려웠을 것이다. 분명히 그는 공개적으로 그러한 성적 일탈 행동을 할 경우, 자신이 출연하는 광고와 자신의 공적 이미지(그의 부인은 말할 것도 없고)에 엄청난 피해를 입할 것이라는 것을 알고 있었다. 그래서 아주 비밀리에 그런 행동을 했다. 물론, 모든 사람이 관련 사실을 전부 알게 되기 전까지는 그러하였다.

그래서 우리가 악덕을 지닌 사람의 행동만을 보고 '아, 저 사람은 잔인해', '욕정이 가득해' 혹은 '부정직한 사람이야'라고 정확하게 분별하여 말하기는 쉽지 않다. 잔인한 행동은 모두 비밀스럽게 일어날지 모른다. 말하자면, 인터넷 음란물이나 세금 사기 혹은 동물 학대(여기에서 마이클 빅Michael Vick이 떠오를지 모른다) 등이 그런 경우라고 할 수 있다. 결국 가장 중요하고 궁극적으로 문제가 되는 것은 사람들이 우리의 나쁜 행동을 목격하느냐 그렇지 않느냐 혹은 우리가 발각되지 않고 빠져나갈 수 있느냐 없느냐가 아니다. 궁극적으로 중요한 것은 우리의 마음속에 있는 것, 혹은 철학자들이 말하기 좋아하는 것처럼, 우리가 도덕적 문제에 대해 어떻게 생각하고 행동하고자 하는가이다.[15]

사실, 우리는 다른 사람들이 있는 데서나 혹은 다른 사람들이 없는 데서 어떠한 잘못을 저지르지 않고도 오랜 시간 포악한 사람이 될 수 있다. 어떤 잔인한 사람은 동물을 해치고자 하는 마음이 강렬하지만 며칠 동안 동물을 전혀 만나지 못할 수가 있다. 그렇다고 하여 그의 잔학성이 그 기간 동안 사라졌다는 것을 의미하는 것은 아니다. 그 잔인한 성향은 여전히 존재하며, 그것이 발휘될 적절한 상황을 기다리고 있는 것이다.

미덕 또한 마찬가지이다. 궁극적으로 미덕이 우리의 마음속에서 발견되고 또한 우리가 어떻게 생각하고 행동하고자 하는가와 관련이 있어야 한다. 소크라테스나 바울 혹은 데스몬드 투투Desmond Tutu와 같은 고결한 사람들은, 세 사람 모두 살면서 한 번씩은 겪었던 바와 같이, 그들이 투옥되어 있던 기간 동안에는 연민 어린 행동을 할 기회가 많지 않았을 것이다. 그렇다고 하여 곧 그들의 연민 어린 품성이 그 기간에 존재하지 않았다고 말할 수는 없다.

요약하면, 악덕은 그에 적절한 상황이 나타난다면 우리로 하여금 도덕적으로 끔찍한 방식에서 생각하고 행동하도록 이끌 수 있는 품성 특질이다. 그러나 악덕은 흔히 감지해 내기가 매우 어렵다. 왜냐하면 그것을 소유한 현명한 사람들도 여러 사람이 있는 곳에서는 여전히 미덕을 갖춘 사람들처럼 똑같이 행동할 수 있기 때문이다. 그 사람의 마음속에 있는 것이 진정으로 그 사람의 품성과 관계가 있는 것이지, 그 사람이 세상에 자신을 어떻게 보이게 하는지와 관계있는 것은 아니다.

품성에 대한
제삼의 접근?

나는 이미 앞에서 도덕적 품성 특질이 미덕과 악덕으로 구분된다고 말했다. 우리는 보통 품성에 관하여 그런 방식으로 생각한다. 우리는 친한 친구들은 정직하고, 이 정치인은 사기꾼이며, 저 할리우드 배우는 이기적이고, 이 경찰관은 용기가 있으며, 저 사업가는 관대하다 등등으로 믿는 경향이 있다.

그런데, 만약 우리 친구 중 어느 한 사람이 정직의 미덕을 갖추고 있다고 하더라도, 자동으로 그 사실이 그 또한 연민이 있고, 용기가 있고, 현명하고, 공정하고, 겸손하고, 관대하고, 자애로운 사람이라는 것을 의미하는 것은 아니다. 아리스토텔레스는 우리가 하나의 미덕을 갖추기 위해서는 모든 미덕을 갖추어야 한다는 유명한 말을 하였다. 이것은 "미덕의 통일"16이라는 원칙으로 알려지기 시작하였다. 오늘날 대부분의 철학자는 이 원칙이 틀렸다고 생각한다. 어떤 사람이 정직할 수 있지만 관용의 미덕이 부족할 수 있는 것은 확실해 보인다. 혹은 용기가 있지만 겸손하지 못할 수 있고, 다른 사람들을 향하여서는 연민을 보이지만 그들로부터 도움을 받을 때는 품위가 없는 행동을 하는 사람이 있을 수 있다.

아리스토텔레스가 가졌던 미덕의 통일과 관련한 생각이 옳든 그르든 상관없이, 품성에 관해 생각할 경우에는 미덕과 악덕이 엄연히 상존한다. 다시 한번, 여러분이 여러분의 가장 친한 친구나 배우자에 대해서 어떻게 말하는지 잠시 생각해 보라. 난 그 목록이 어떨 것인지 잘 안다고 장담한다. 그것은 미덕으로만 나열될 것이다(아마도, 악덕은 거의 없을 것이다). 이제 잠시 여러분의 머릿속에서 여러분이 가장 좋아하지 않는 정치인의 특징을 나열해 보라. 나는 악덕이 길게 나열되는 반면에 미덕은 그리 많지 않을 것이라고 장담한다.

이 책의 주요 목적 가운데 하나는 다른 사람에 대해 말할 때 미덕과 악덕을 함께 사용하는 지혜에 도전하는 것이다. 나는 다음과 같이 믿는다.

대부분의 사람은 실제적으로 모든 미덕을 다 갖추고 있지 않으며, 대부분의 사람은 실제로 모든 악덕을 다 지니고 있는 것도 아니다.

이는 우리의 품성과 관련하여 아주 최근에까지 전혀 제대로 인식되지 않았던 뭔가 다른 접근 방식이다.

나는 그 '뭔가 다른'이 무엇인지에 대해서는 지금 더 이상 말하지 않을 것이다. 단지 우리가 여기에서 이야기하고 있는 문제가 추상적인 학문적 논의의 일부가 아니라는 것만을 강조하고 싶다. 우리가 사람들이 정직하다, 잔인하다, 동정적이다, 혹은 이기적이라고 계속 가정하는 한, 우리는 계속 그들의 품성을 이해하는 데 있어서 잘못을 저지르고 있다.

내가 가르치고 있는 대학에서 최근에 일어났던 사건을 보자. 유감스럽게도 웨이크포레스트 대학교로서는 견디기 힘든 교훈이었다.

다른 사람들의 말에 따르면, 토미 엘로드Tommy Elrod는 선량한 품성으로 존경을 받았던 인물이다. 그는 가정적인 남자, 정기적으로 교회에 다니는 사람, 일반적으로 호감이 가는 사람이었다.[17] 엘로드는 학교 풋볼 선수로 대학 시절을 보내고 곧이어 11년 동안 풋볼 팀의 코치로 지내며 오랫동안 대학과 인연을 맺어왔다. 그러나 흔히 그러는 것처럼, 2014년에 감독 교체가 있었고 엘로드는 새 감독의 부임으로 코치직을 유지할 수 없게 되었다. 그러나 그는 웨이크 포레스트 풋볼 라디오 분석가가 되었고 학교의 투자 관리 사무소에 일자리를 얻는 등 난관을 잘 극복해 가는 것으로 보였다.[18]

그런데, 대학 풋볼에서 가장 기이한 이야기 가운데 하나로, 2016년에 앞으로 경기를 할 상대들(특히 루이빌, 아미, 버지니아 공대 등 세 팀)과 팀의 경기 계획에 관한 민감한 정보를 공유한 일이 벌어졌다. 충격과 실망이란 표현은 이 일이 캠퍼스에 몰고 왔던 부정적인 결과를 묘사하는 한 가지 방법일 것이다.

웨이크 포레스트 감독인 데이브 클로슨Dave Clawson은 "과거의 웨이크 포레스트 학생 선수, 대학원 조교, 풋볼 전임 코치, 현 대학 라디오 분석가인 그가 자신의 모교를 배신한 것은 이해할 수 없는 일이다."라고 하면서, "우리는 그가 우리 선수들, 팀 활동, 영사실, 훈련 등에 접근하는 것을 모두 허용해 주었다. 그는 우리의 신뢰를 완전히 무너뜨렸고 우리의 모든 프로그램에 부정적인 영향을 미쳤다."[19]라고 개탄하였다.

우리가 사람들의 품성에 관하여 판단의 실수를 저지를 때, 그것은 흔히 실망, 혼돈, 배신으로 이어질 수 있다. 웨이크 포레스트 대학교 공동체는 이를 잘 알고 있다.

보다 극단적인 경우, 이런 실수는 중대한 아픔, 고통, 심지어는 죽음을 야기할 수도 있다.

1 우리가 품성 프로젝트를 통해 후원을 했던 연구 프로젝트 중의 하나는 이를 경험적으로 입증하였다. Goodwin 외(2015).

2 Conquest(2007).

3 당연히 여러분은 '도덕'의 정의가 무엇인지 그리고 품성 특질이 도덕적 범주에 속하는지 아닌지를 내가 어떻게 아는지 궁금할 것이다. 나도 내가 이런 의문에 대해 답할 수 있길 바란다. 그러나 솔직히, 어느 누구도 이에 대해 아주 적절한 답을 내놓지 못하고 있다. 그 대신에, 여러분이 그것을 보고 아는 것이 더 중요하다.

4 Aristotle(1985).

5 Galatians 5: 22~23, NIV 번역.

6 악덕을 더 자세히 연구하는 데 관심이 있는 독자들은 다음을 볼 것.
Taylor(2008); DeYoung(2009).

7 이것은 내가 도덕이 '객관적'인가 아니면 단순히 인간의 창조물로서 우리가 어떻게 생각하는가에 따라 '상대적'인가라는 윤리의 기본적인 물음을 피하고자 하는 방식이다. 상대주의자들은 어떤 것이 미덕인지 혹은 악덕인지는 사람들의 의견의 문제라고 말하곤 한다. 어떤 사람은 겸손을 미덕이라고 생각하는 반면에, 다른 사람은 오만을 미덕이라고 생각할 수 있다. 다수의 철학자들처럼, 나 역시 도덕의 문제에 관하여 객관주의자이며, 그래서 나는 겸손이 미덕인지 혹은 미덕이 아닌지를 말하는 기준이 우리와 독립하여 존재한다고 생각한다. 그러나 이와 관련한 나의 입장을 입증하려면 긴 논의가 필요하며 그것은 자칫 품성에 관한 우리의 주요 초점을 흐리게 만들 수 있다. 그래서 나는, 내가 위에서 언급한 바와 같이, 광범위하게 인정된 미덕과 악덕의 본보기에 초점을 맞추고자 하며, 바라건대 독자들이 도덕의 발생에 관하여 어떻게 생각하든 상관없이 타당하게 인식할 그런 주장을 할 것이다.

8 만약 그녀가 주로 자기 자신의 이득을 위해 남을 돕는 행동을 하는 경우에도 마찬가지일 것이다. 다시 말해서, 일부 이타적인 동기가 존재한다고 하더라도, 만약 그것이 남을 돕는 행동으로 이끄는 주요 요인이 아니라면, 그것은 여전히 연민이라고 말하기 어려울 것이다.

9 더 깊이 탐구하는 데 관심이 있는 사람들을 위해, 나는 다음을 추천한다.
Hursthouse(1999): 6장.

10 아마도 모든 사람이 그러지는 않을 것이다. 다시 말해서, 아마도 어떤 사람의 경우는 품성에서 빠르고 의미심장한 변화를 겪을 수 있을지도 모른다. 다마스쿠스로 가는 길의 사울Saul은 그런 하나의 예이다. 그의 개종에 관한 성서적 설명은 사도행전 9: 1~19를 볼 것.

11 이런 식의 기술에는 약간의 문제가 있다. 어떤 악덕은 누군가 해서가 아니라 **하지 않아서** 발생한다. 예를 들면, 에비니저 스크루지Ebenezer Scrooge는 크라칫Cratchit 가족과 같은, 명백히 도움이 필요하고 또한 마땅히 도움을 받아야 할 사람들을 돕지 않았기 때문에 (부분적으로는) 사악한 사람이다. 그가 지닌 냉담하고, 이기적이고, 무정하며, 인색하고 탐욕적인 특질은 그로 하여금 다른 사람들을 무시하는 행동을 하게 한다. 그런 악덕은 활발하게 다른 사람들에게 해를 입히는 보다 '적극적인' 악덕과는 대조적으로, 어떤 일을 무시하거나 하지 않는 것과 관련된다는 점에서, 우리는 이것을 보다 '소극적인' 악덕이라고 부를 수 있을 것이다. 이에 관한 논의에 대해 월터 시노트 암스트롱Walter Sinnott-Armstrong에게 감사한다.

12 Brown(2000).

13 Plato(1968): 359d~360a.

14 Plato(1968): 360a~b.

15 게다가 포악한 생각으로 간주하려면, 그런 생각이 어느 정도는 우리의 통제 아래에 있어야만 한다. 말하자면, 다른 사람들을 해치고자 하는 생각이 오직 정신 장애로 인하여 발생하는 사람의 경우, 그런 생각은 포악한 품성의 일부가 아닐 것이며 도덕적으로 책망받을 일도 아닐 것이다.

16 그 표현은 아리스토텔레스 자신에 의해 사용된 것은 아니지만, 그 개념에 대해서는 다음을 볼 것. Aristotle 1145a1~2.

17 http://www.journalnow.com/townnews/literature/ed-hardin-tommy-elrod-s-t ale-is-a-sad-story/article_132e856c-9a67-5a26-8b76-a154ead4be04.html. (검색: 2017.2.15.)

18 http://www.journalnow.com/sports/wfu/my_take_on_wake/my-take-on-wake -so-just-who-is-benedict-elrod/article_d48d7b68-c22d-11e6-8645-a7f4986 91019.html. (검색: 2017.2.15.)

19 http://www.journalnow.com/sports/wfu/football/elrod-member-of-wake-fore st-footabll-family-source-of-leaked/article_2aab2610-760e-5d7a-9ae0-286b c6b8902c.html. (검색: 2017.2.15.)

2장

왜 선한 품성을 계발하려고 노력해야 하는가?

나의 세 살배기 아들은 '왜?'라는 말을 입에 달고 사는 단계에 있다.

"아빠, 왜 내가 장난감을 치워야 해?"
"아빤 네가 놀이방을 엉망으로 만들지 않았으면 좋겠어."

"아빠, 왜 어지럽히면 안 돼?"
"그건 착한 아이들이 하는 일이 아니기 때문이지."

"아빠, 왜 나는 착한 아이가 되어야 해?"
"글쎄…."

여러분은 어린아이로부터 이와 같은 질문을 받으면 뭐라 대답하겠는가?

나는 "내 말 좀 들어."라고 할 것이다. 그러나 그 대답이 썩 마음에 들지는 않는다. 혹은 어쩜 "15살이 되어봐라, 그러면 너는 자연스레 내 말을 이해할 수 있을 거야."라고 말할 수도 있을 것이다. 그렇지만, 나는 그렇게는 못 한다.

만약 내 아들이 잠시 나를 당황하게 만들었던(아들은 자주 그런다) 이런 말을 앞으로 다시 한다면, 나는 우선 "왜 착한 일을 해야 하는가?"가 아니라 "왜 착한 사람이 되어야 하는가?"라는 물음으로부터 시작할 것이다. 그 물음은 어떤 종류의 사람이 되어야 하는가, 곧 선한 도덕적 **품성**을 지닌 사람이 되어야 하는 것과 관련한 것이다. 그것은 어떤 의미를 함축하고 있는가?

다행스럽게도 앞 장에서 우리는 이미 그 문제를 다루었다. 그것은 다름 아닌 정직한, 용기 있는, 연민 어린, 겸손한 등등 한 마디로 **미덕을 갖춘** 사람이 되는 것과 관련된다. 이제 문제는 왜 우리가 **그와 같은** 사람이 되고자 애써야 하는가이다. 왜 미덕을 갖춘 사람이 되는, 더 나아가 보다 선한 품성을 계발하는 일에 관심을 가져야 하는가?

내가 할 수 있는 여러 가지 대답이 있다. 이 장에서는 내 아들이 나이가 들었을 때 내가 말해주고자 마음먹고 있는 네 가지를 간략히 언급하고자 한다.

나는 물음 그 자체에 숨겨져 있는 중요한 가정에 주목할 필요가 있다고 생각한다. 그것은 우리가 **현재** 선한 사람은 **아니다**, 혹은 미덕의 품성을 갖춘 사람은 **아니라**는 것이다. 만약 우리가 이미 그런 사람이라면, 우리가 덕을 갖춘 사람이 되어야 한다고 말할 필요가 없다.[1]

많은 독자가 이 가정에 동의할지는 의문이다. 매일 밤 하는 저녁 뉴스를 보거나, 혹은 20세기의 역사를 훑어보라. 우리는 대부분 사람의 품성과 관련하여 따뜻하고 솜털처럼 보송보송한 느낌을 갖기가 어렵다. 그래서 나는 이 가정에 동의한다. 앞으로 다룰 여러 장에서, 우리는 도덕적 행동에 대한 최고의 심리 실험의 도움을 빌려 이 주제를 좀 더 체계적으로 탐구할 것이다. 7장 말미에서, 우리는 대부분 사람의 품성에서 실제로 어떤 일이 벌어지고 있는지와 관련하여 훨씬 더 명확한 그림을 보게 될 것이다. 그 시점에 이르게 되면, 우리는 품성이 미덕으로만 이루어진 것이 아니라는 것을 확신할 수 있을 것이다.

그러니까 선한 품성과 우리의 실제 품성은 별개의 것이다. 여기에서 우리는 그러면 왜 우리가 그 괴리를 극복하고자 노력하는 일에 관심을 기울여야 하느냐는 의문을 갖게 된다. 실제로 품성의 간극을 극복하는 데 성공했던 세 사람의 이야기를 통해 이에 대한 답을 찾아보고자 한다.

하수구에서의
용기

때는 1943년으로, 나치는 폴란드 도시인 리보프에 있는 유대인 빈민가의 사람들을 몰살시키고 있었다. 수천 명의 남자, 여자, 아이들이 검거되고 있었고 거리에서 죽임을 당했다. 운 좋은 몇몇 사람들은 여러 강제 노동 수용소 중의 한 곳으로 보내져 즉결 처형을 면하긴 하지만, 그곳에서의 생활은 여전히 수 주일 안의 죽음을 의미하였다. 상황은 극도로 절망적이었다.

시설 유지관리 감독을 맡고 있던 유대인 이그나시 치거Ignacy Chiger
는 앞으로 어떤 일이 닥칠지를 알고 있었다. 그래서 그는 몇몇 신뢰할
만한 친구들의 도움을 빌려 수 주일에 걸쳐 1층 침실 바닥에서 주 하수
구로 이어지는 터널을 파는 일을 하고 있었다. 학살이 시작되자, 많은
사람이 피신하기 위해 이 터널 안으로 들어갔다.

그들은 그저 며칠 동안만 하수구에서 지내면 될 줄 알았다. 그러나
그들의 희망은 얼마 가지 않아 사라졌다. 나치는 시 전역을 지속적으로
순찰하며 맨홀에서 나오는 사람을 전부 사살하였다. 치거와 그의 친구
20여 명, 가족들을 포함해 하수구 안에 함께 있던 많은 사람은 모두 굶
어 죽게 생겼다.

인터넷에 폴란드인 하수구 노동자 레오폴드 소차Leopold Socha를 검색
해 보라. 그는 치거가 하수구로 연결되는 터널을 파고 있다는 사실을
알게 되었지만 이를 나치에 밀고하지 않고 오히려 그 계획을 도왔다.
탈출하는 날, 그는 치거의 부인인 폴리나Paulina와 그의 딸 크리스티나
Kristina를 포함하여 치거의 측근 사람들이 하수구 터널의 어둠을 뚫고
안전하게 탈출하도록 도왔다.

그들은 물의 흐름과 맞서 고전하며 좁은 관을 따라 아래로 내려갔다. 그
런 다음 다른 관으로 들어갔다. 그들은 이 좁은 길을 따라가다가 뒷벽을
관통하는 또 다른 타원형 터널로 진입하였다. 그들은 안전했다. 폴리나가
그 시간들을 회상할 때 떠올릴 수 있었던 몇 가지 긍정적인 생각 중의 하

나는 "그 후, 나는 그가 우리를 안전한 길로 안내해 주는 사람이라고 믿게 되었고, 그가 우리를 돌봐주고 있다는 확신을 갖게 되었다."라는 것이다.[2]

그리고 소차는 그들을 뒷바라지하기 시작하였다.

다음 날 아침, 소차는 부드럽게 쉭쉭거리는 소리를 내는 램프를 들고 돌아왔다. 노동자들이 주로 사용하는 두 개의 가방을 든 그는 도구들이 무거워서 정상적으로 몸을 움직이기도 어려웠지만, 그의 덕분에 그날 아침 그들은 빵과 감자로 배를 채울 수 있었다. 빵 조각들을 찢어 나눠주며, 그는 이 사람들을 먹여 살릴 궁리를 하였다.[3]

하수구에서 할 수 있는 안락한 생활이란 그 정도였다. 이곳은 그들에게 거처가 되었던 다섯 군데 중에 첫 번째였다.

근처 사각형 모양의 광장에는 시에서 건립한 화장실이 있었다. 그곳은 사람들에게 매우 수치스러운 곳이었으며, 지상에서조차도 그러하였다. 화장실에 물이 쏟아질 때마다 새로운 배설물의 물결이 도랑으로 흘러들어왔고 때로는 바닥으로 넘치기도 하였다. 그들은 황량한 바람에 몸을 떨면서 돌 위에 앉아 있었으며, 쥐들은 그들 발등 위를 총총 지나다녔다. 그랬다, 이곳이 하수구 안에서의 그들의 첫 번째 거처였다. 춥고, 눅눅하고, 배설물의 지독한 악취가 풍기는 바로 이곳이.[4]

그들은 소차가 없었다면 결코 그런 생활을 이겨내지 못하였을 것이다. 소차는 그 과정에서 엄청난 위험을 감수해야만 했다. 만약 그의 역할이 들통이라도 난다면, 그와 그의 가족은 유대인들과 마찬가지로 즉시 죽임을 당하였을 것이다. 이와 함께, 매일 음식을 유대인들에게 나눠준다는 것은 정말 부담스러운 일이었다.

우리는 이곳에 오기 위해 약 30분 동안 진흙투성이인 물을 헤치며 기어 오는 그들의 소리를 들을 수 있었다. 그들은 가방을 겨드랑이에 끼고 카바이드등을 이빨에 매달은 채 '포티Forties'관(직경이 16인치)을 통해 1km를 숨도 잘 쉬지 못하며 기진맥진한 상태로 기어 왔다.5

소차는 자신이 이런 일을 해야만 한다는 것에 대해 어떤 억울함이나 분한 마음이 없었으며, 오직 이 사람들을 진정으로 염려하는 마음에서 그러했다.

귀에 익숙해진 비틀거리는 발자국 소리는 소차가 도착했다는 것을 알려 주었다. 그의 희색이 만면한 얼굴과 가지런한 치아들이 빛나는 모습은 그의 선행의 어떤 상징이 되었다. "그는 적어도 나에게 있어서는 나를 지키기 위해 다른 세상에서 보내진 수호천사와 같았다."라고 크리스티나는 회상하였다. 신선한 빵이 밀폐 용기 속에 들어있었으며 그와 로블르스키Wroblewski는 그들과 함께 커피를 서로 나눠 마시곤 하였다. 그리고 소차는 언제나 점심을 아이들과 함께 먹었다.6

그는 어느덧 그 집단의 일원이 되었고, 친구이자 신뢰할 만한 가족이 되었다. "그는 도착하면 곧장 아이들이 어떤지를 살펴보기 위해 그들에게 다가갔으며 그들과 함께 놀고, 그들의 눈을 휘둥그레 만드는 작은 선물들을 만들면서 그들과 시간을 보냈다."7 한동안, 그중의 한 아이였던 치거의 딸 크리스티나가 심한 우울증으로 고통을 받은 적이 있었다. 소차는 그녀가 걱정이 되었다.

그는 나를 자신의 무릎 위에 앉히고 나지막한 목소리로 이야기를 시작하였다. 그는 이야기가 끝나자마자 나더러 걱정하지 말라 하였다. … "가까운 날에, 너는 신선한 공기를 마시고 밝은 빛을 보게 될 거야. 네가 다른 아이들처럼 햇빛을 볼 날이 머지않았단다. … 내가 널 도와줄게, 걱정 말거라. 나는 항상 너와 파블Pawel 곁에 있을 거야. 나는 항상 너와 함께 있단다."

그리고 그는 하수관을 따라 내가 햇빛을 볼 수 있는 장소 ― 아마도 맨홀 ― 로 데려가서 나를 위로 들어 올린 후 내가 햇빛을 볼 수 있도록 팔로 나를 붙잡아 주었다. 그러면서 그는 공기를 들이마시고 햇빛을 보라고 하였다.

내 생각에 내가 다시 천천히 정상적으로 행동하기 시작한 것은 그 일이 있은 지 얼마 되지 않았던 것 같다. 나는 다시 말을 하고 반응을 보이며 음식을 먹기 시작하였다.8

사람들이 생활용품을 공급해 주는 그에게 줄 돈이 바닥이 났을 때도, 소차는 이에 개의치 않고 계속 물품을 공급해 주었다.

그들은 1943년 6월 1일에 하수구로 들어갔고, 러시아 군인들이 리보프를 해방시켰던 1944년 7월 28일에 거기에서 나왔다. 14개월이 걸렸는데, 애초의 20명 가운데 10명만 살아남았다.

시력이 어두워지고 기력이 쇠할 대로 쇠한, 지하에 있던 사람들이 한 사람씩 한 사람씩 햇빛 속으로 기어 올라왔다. 정신이 멍하고, 의심의 눈초리를 떨쳐내지 않은 채, 묵묵히 고개를 젓는 그들의 얼굴은 눈물로 얼룩졌다. 그리고 그 모든 혼란 속에서, 소차는 그의 동향 사람들을 응시하며 자랑스럽게 일어섰다.

"이건 내 일입니다. 내 모든 일. 이들은 나의 유대인들입니다."9

우리는 짧게나마 로버트 마샬Robert Marshall의 저서 『리보프의 하수구에서In the Sewers of Lvov: The Last Sanctuary from the Holocaust』10에 기록된 레오폴드 소차의 이러한 영웅적 일에 관하여 알아보았다.

백악관에서의 정직

1917년에 알론조 로스차일드Alonzo Rothschild는 『"정직한 에이브": 에이브러햄 링컨의 어린 시절에 근거한 진실성 연구"Honest Abe": A Study in Integrity Based on the Early Life of Abraham Lincoln』를 발간하였다. 그 책은 다음과 같은 말로 시작하고 있다.

에이브러햄 링컨의 품성과 성취를 이해하고자 하는 사람은 그의 정직함에 관한 고찰로 시작해야 한다. 그의 존재의 근원적 뿌리인 본성의 바탕에는 생각에 관한 것이든 아니면 행위에 관한 것이든 그 자신 특유의 진실에 대한 충정이 고동쳤다. 이러한 특징이 아주 철저하여서….11

나는 설마 레오폴드 소차에 대하여 들은 사람이 아무도 없을 것이라고는 생각하지 않는다. 그러나 에이브러햄 링컨에 관해서는 모든 사람이 알고 있었을 것이다. 그의 품성은 많은 미덕을 갖추고 있지만, 링컨의 정직성은 그 가운데 단연 으뜸이다.12

여기에 그가 어린 시절에 가게 점원으로 일했었을 때 있었던 두 가지 일화가 있다.

링컨은 자신도 모르게 누군가를 속였다는 생각에 잠시라도 휴식을 취할 수가 없었다. 언젠가 일리노이주 뉴 살렘에 있는 오펏Offutt의 가게에서 점원으로 일할 때, 링컨은 가치가 2달러에 해당하는 상품을 한 여성에게 6달러 25센트에 잘못 팔았다. 그는 돈을 받았고, 그 여성은 사라졌다. 정확성을 기하기 위해 계산서의 항목들을 스스로 다시 점검하다가, 링컨은 너무 많은 돈을 받았다는 사실을 알게 되었다. 때는 이미 밤이었고, 가게를 마감해야 할 시간이었다. 그는 가게 문을 닫고 2~3마일 거리에 떨어져 있는 고객의 집을 향하여 걷기 시작하였다. 그리고 그는 자신을 매우 괴롭혔던 그 나머지 금액을 전달한 후, 홀가분한 마음으로 집으로 돌아갔다.

또 언젠가 링컨이 밤에 가게를 정리하고 마감하려 할 때 한 여성이 들어와 차 0.5파운드를 달라고 하였다. 차의 무게를 달아 그녀에게 건네주고 돈을 받은 후, 가게 문을 닫고 집으로 갔다. 다음 날 아침, 링컨이 하루의 일과를 시작하기 위해 가게에 들어섰을 때, 그는 저울 위에 4온스 무게의 차가 남아 있는 것을 발견하였다. 그는 곧 자신이 실수했다는 것을 알아차린 후, 가게 문을 닫고 아침을 먹기 전에 저울 위에 남아있던 나머지 차를 전해주기 위해 먼 길을 걸어서 갔다. 이런 일들은 매우 사소한 것이지만, 대단한 사건이 보여줄 수 있는 것보다 오히려 그의 완벽한 양심 — 그의 세심한 정직성 — 을 더 잘 예증해 준다.13

우리가 링컨에 관한 첫 번째 이야기 모음집 가운데 하나로부터 알 수 있듯이, 그가 '정직한 에이브'라는 평판을 얻을 수 있었던 것은 이미 이렇게 그의 어린 시기부터였다.

모든 사람이 그를 신뢰하였다. 그가 '정직한 에이브'란 별명 — 그가 결코 명예를 더럽히지 않았던 특성을 나타낸 말, 그리고 그가 성장하여 결코 쓸모가 없어지지 않았던 그의 인생을 축약한 말 — 을 얻었던 것은 가게의 직무를 수행하는 동안이었다. 뉴 살렘 전역과 그 지역 주변에서 그는 모든 논쟁, 치열한 경기와 승부의 심판, 중재자, 조정자, 판정자, 권위자였고, 모든 다툼의 조정자였으며, 모든 사람의 친구였고, 최고의 성격을 가진, 가장 합리적인, 가장 잘 알고 있는, 가장 겸손하고 잘난 체 하지 않는, 가장 친절한, 가장 온화한, 가장 소박한, 가장 강력한, 단연 최고의 젊은이였다.14

이러한 정직한 행동의 전형은 다른 상황에서도 늘 유지되었다고 한다. 예를 들면 다음과 같다.

다른 사람들 말에 따르면, 링컨은 자신의 상거래와 법률가로서의 업무에서 지극히 정직하고 곧았다. 뉴 살렘에서 그는 1832년에 윌리엄 베리 William Berry와 함께 자그마한 가게를 매입하였다. 사업은 베리의 음주로 인하여 이듬해에 파산하였다. 이후 베리가 오래지 않아 사실상 유산을 거의 남기지 않은 채 사망하자, 링컨은 혼자서 그 가게의 채무를 모두 떠맡아 안았다. 그 채무는 총 1천 1백 달러였는데, 그 액수는 당시에 매우 큰 돈이었다. 이 빚은 세상에서 성공해 보고자 노력하던 청년에게 너무 힘든 짐이었다. 그는 가게로 인한 자신의 빚을 농담으로 '국가적 수준의 부채'라고 말하기도 하였다. … 링컨은 1848년에서야 그 빚을 모두 갚았다. 빚을 완전히 청산하고자 한 그의 결심으로 인해 동시대인들의 존경을 받았고, 그가 정직하고 공명정대한 사람이라는 평판을 얻는 데 기여하였다.15

그리고 링컨의 정직함은 그의 상거래에만 국한되었던 것이 아니었다. 우리는 법정에서 또한 그런 모습을 보게 된다.

나는 결정적으로 링컨의 정직한 품성 특질을 보았던 한 가지 사례를 기억하고 있다. 그가 피고 측이었던 사건이었다. 그의 의뢰인의 무죄를 납득시키기 위해서는 한 사람의 증인이 무척 중요하였다. 그 증인은 증인석에서 선서를 한 후, 에이브가 거짓으로 알고 있지만 어느 누구도 알지 못 하는 사실을 말했다. 그는 사건을 변론하기 위해 일어선 다음, "신사 여러분, 나는 이 증인이 나의 의뢰인의 결백을 확실히 입증해 줄 것으로 믿었습니다. 그런데 그는 거짓말을 했습니다. 나는 그의 증언에 어떤 관심도 기울여서는 안 된다고 요청합니다. 내가 이 사건에서 진다고 하더라도, 그의 말을 철회하고자 합니다. 나는 이런 방식으로 이기고 싶지 않습니다."라고 말했다.16

링컨의 정직함은 그가 대통령으로 재직한 기간뿐만 아니라 그의 전생애를 통해 변함이 없었다고 한다. 링컨의 친구이자 법률 파트너였던 윌리엄 헨리 헌든William Henry Herndon은 그의 전기에 "그의 특출한 특징에 관한 전반적인 평가에서, 그 어떤 것도 그의 진실에 대한 애정만큼 그렇게 감명 깊은 효과를 창출할 수 없다. 그것은 다른 모든 것 위로 떠오른다. 그의 삶은 그가 어떠한 목적에서든 어떤 사람에게든 결코 진실에 대한 근본적인 신념을 저버리지 않았다는 자신의 언명을 입증해 준다."17라고 기록하였다.

아이티에서의
연민

트레이시 키더Tracy Kidder는 2009년에 발표한 책 『산 너머 산Mountains beyond Mountains』에서 우리에게 국제 보건 기구 '보건 파트너PIN'의 설립자 중 한 사람이었던 폴 파머Paul Farmer 의사를 소개하였다. 파머와 그의 친구 몇 사람은 1985년에 아이티의 캔지에서 함께 일을 시작하였는데, 키더는 그들이 시작했던 건강관리 클리닉이 어떤 일들이 일어나게 했는지에 대해 이야기하고 있다.

'보건 파트너'의 한 조직인 잔미 라산테Zanmi Lasante는 매우 큰 공중 보건 및 의료 체계, 곧 학교가 없던 곳에 여러 학교를 설립하여 매년 약 9천 명의 아이들을 학교로 보내고, 거의 3천여 명의 아이티 사람들을 고용하며, 매일 수천 명의 사람들에게 음식을 제공하고, 극빈 환자들을 위해 수백 채의 집을 마련하고, 수십 곳의 지역에서 깨끗한 물을 공급하는 체계를 갖추게 되었다. … 그 체계는 지금 약 3백만 명의 빈곤한 아이티 사람들과 국토의 약 7분의 1 정도에 직접적으로 서비스를 제공하고 있는데, 실제 인원수는 그보다 훨씬 더 많다. … 그런데도 모든 치료는 일류급이며 그와 관련한 모든 것은 기본적으로 환자들에게 무료로 제공된다. 그리고 직원 몇 명을 제외한 모든 사람이 아이티 사람들이다.[18]

시간이 지나면서, 보건 파트너의 업무는 아이티를 너머서 페루, 러시아, 말라위, 레소토, 르완다, 부룬디로 확장되었다. 키더는 다음과 같이 전하고 있다.

보건 파트너는 지금 약 2백만 명의 환자들에게 서비스를 제공하고 있다. … 보건 파트너는 여전히 기구의 관리 운영에 민간 기부금의 약 5%만 지출한다. 그들의 업무는 지리적으로 서로 다르지만, 적어도 그들의 일반적인 목적은 어디에서나 똑같다. 그것은 곧 고통을 덜어주고 막아주는 것이다. … 그 기구에는 지금 약 6천 5백 명의 고용인들이 일을 하고 있다. 압도적인 다수의 사람은 보건 파트너가 일을 하는 가난한 나라 출신이다. 미국인은 고용인 가운데 1백 명도 채 안 된다.[19]

이런 엄청난 성취는 직접적으로는 파머와 그의 친구들의 선견지명과 성실한 노력에서 비롯되었다.

그러나 통계 수치에만 머물러 있으면 파머라는 인간의 진정한 모습과 그가 어떻게 환자들을 돌보는지를 놓치기 쉽다. 여기에 파머가 언젠가 아이티에서 에이즈 환자였던 티 오파Ti Ofa라는 이름을 가진 한 환자를 치료하였던 사례가 있다.

파머는 "누구라도 이런 병에 걸릴 수 있어요. 내가 이미 당신에게 말했잖아요."라고 말한다. 그는 자기 책상의 서랍을 열고 커다란 플라스틱병을 꺼낸다. 거기에는 에이즈를 치료하는 데 사용되는 새로운 단백질 분해 효소 억제제인 인디나비르가 들어 있다.

그 당시에 신약인 항레트로바이러스제로 가난한 아이티 사람들을 치료하는 사람은 없었다. 사실, 어떤 가난한 나라에서도 질병에 걸린 빈민들을 치료해 주는 사람은 거의 없었다.

파머는 그에게 몸을 바짝 대고, "낙담하지 말아요."라고 속삭인다. 티 오파는 그를 올려다보며 "당신과 이야기하고 나면 기분이 훨씬 나아져요. 오늘 밤에는 잠을 잘 잘 수 있을 것 같아요."라고 말한다. 내가 보기에, 그는 이야기하기를 좋아하며, 그가 그렇게 해도 기꺼이 환영받을 것으로 생각하는 것 같다. "제 상황이 너무 안 좋아요. 좁은 곳에 너무 많은 가족이 함께 살다 보니 머리를 계속 다쳐요. 우린 침대가 하나밖에 없어서 아이들을 그곳에서 자게 해요. 그래서 난 침대 아래에서 잘 수밖에 없는데, 일어날 때는 늘 그런 사실을 잊어버리고 자꾸 머리를 부딪쳐요. 닥터 폴, 저는 당신이 저를 위해서 한 일을 잊지 않고 있어요. 제가 아팠을 때 그리고 아무도 제 몸에 손을 대지 않을 때, 당신은 늘 제 침대 밑에 앉아 저의 머리를 만져주시곤 하셨죠. 당신이 늦게까지 아픈 사람들을 돌봐주러 돌아다녀서, 마을 사람들은 개들을 묶어놓아야만 했었죠."[20]

이것은 결코 예외적인 경우가 아니다. 파머는 자신의 환자들과 친숙해지고 그들을 진정한 인간으로 대우하며 치료하는 데 엄청난 시간을 투입한다. 이것은 진정 그가 가장 하고 싶어 하는 일이다.

또 다른 일화를 보자. 언젠가 파머는 자신이 돌봐야 할 환자 두 명을 방문하기 위해 도보로 7시간을 걸어갔었다. 그중 한 명이 사는 오두막에 도착했을 때를 키더는 다음과 같이 묘사하고 있다.

그 오두막은 어림잡아 길이가 약 10피트, 높이가 약 20피트 정도 되어 보였으며, 그곳에 10명이 살고 있었다. 파머는 그 오두막을 물끄러미 바라본다. "글쎄, 내 생각엔 집 검사를 할 필요가 없을 것 같아요." 그는 그 집을 좀 더 빤히 쳐다본다. "1부터 10까지의 척도로 보았을 때, 이 집은 1입니다. …."

― 인간의 품성

"우리가 여기 온 게 기쁘네요. 왜냐하면 이제 우리가 이 집이 얼마나 암울한지를 알게 되었고 과감히 개입할 수 있게 되었으니까요."

나는 이것이 무엇을 의미하는지 알고 있다. 그것은 콘크리트를 바른 바닥과 금속제 지붕, 더 나아가 가족들의 영양을 개선하고, 아이들의 교육을 위한 여러 시설을 갖춘 새로운 집을 말하는 것이다. 이것은 진행 중인 파머식 방법의 훌륭한 업적이자, 완벽한 하나의 사례로….

나는 물론 일부 사람들이 선의에서 이와 같은 행보를 보인 것에 대해서는 칭찬하지만, 그것은 파머가 접근을 잘못한 하나의 사례라고 비판하는 목소리들이 있다는 것을 잘 안다. 여기 이 세상의 가장 끔찍한 일부 문제들에 대해 새로운 해법과 희망을 주는 데 도움을 주고 왕진하는 데에만 7시간을 보낸, 영향력 있는 인류학자, 의료 외교관, 공중 보건 행정가, 전염병학자가 있다. 아이티에 얼마나 많은 절망적인 가족들이 살고 있는가? …

나는 어느 누구도 자신들의 사례를 따르고 싶어 하지 않는다고 하더라도 이에 전혀 개의치 않는다고 말하는 파머를 상상할 수 있다. 그는 만약 여러분이 두 명의 환자를 돌보기 위해 7시간을 걷는 것은 너무 긴 시간이라고 말한다면, 여러분은 그들의 생명이 다른 사람들의 생명보다 덜 중요하다고 말하는 것이며, 어떤 사람들의 생명은 덜 중요하다는 생각이 이 세상의 모든 문제의 근원이기 때문에 여전히 이런 도보 행보를 계속하겠다고 말할 것이다. … 그는 언젠가 비행기에서 나에게 "저는 사람들을 도울 때 가장 살아있음을 느낍니다."라고 하였다. …

그는 적어도 가끔은 세상 사람들을 의식하지 않은 채 치료하는 것이 중요하다고 생각하는 것 같다. 그가 다른 어떤 일보다 우선하여 치료를 하는 까닭은 그렇게 하는 것이 옳은 일이라고 믿기 때문이다.[21]

파머는 진정으로 자신의 환자들을 사랑한다. 그는 환자들에게 마음을 쓰느라 스스로를 극한 상황으로까지 내몰고 있다. "내가 그의 방안을 수차례 들여다보았지만, 그의 침대는 아무도 사용하지 않는 것 같았다. 그는 처음엔 나에게 하룻밤에 약 4시간 정도 잠을 잔다고 말했지만, 며칠이 지나자 "사실, 저는 거의 잠을 잘 수가 없어요. 치료를 받지 못하고 있는 누군가가 항상 있거든요. 전 그걸 견딜 수가 없어요."[22]라고 고백하였다.

첫 번째 이유:
덕이 있는 삶은
감동과 영감을 준다

내가 이 세 가지의 사례를 선택한 까닭은 내 인생에서 이 특별한 순간에 나에게 깊은 반향을 불러일으켰기 때문이다. 내가 선택할 수 있었던 다른 사례도 많이 있음은 물론이다. 예컨대 해리엇 터브먼Harriet Tubman, 마더 테레사Mother Teresa, 소저너 트루스Sojourner Truth, 공자Confucius, 소크라테스 등은 모두 아주 다양한 방식에서 모범적인 품성을 소유한 사람들이다.

그런데 이게 "왜 우리는 보다 선량한 사람이 되는 데 관심을 기울여

— 인간의 품성

야 하는가?"라는 우리의 질문과 무슨 상관이 있는가? 곰곰이 생각해 보면, 이 사람들의 삶이 그에 대한 답을 제공해 준다.

그것은 나와 같은 철학자들이 매우 좋아할 것으로 예상하는 그런 일반적인 방식과는 다르다. 우리는 앞선 몇 페이지에서 어떤 화려한 논쟁도 하지 않았다.

진정으로 우리가 관심을 가질 수 있는 것은 이 모범적인 사람들의 **삶 바로 그 자체**이다. 우리가 그런 삶에 관하여 — 내가 여기에서 인용한 짧은 단편적인 내용보다 훨씬 더 많은 — 더 자세히 알아보면, 우리는 그에 내포된 선함이 아주 강력하여 우리에게 감정적인 반응을 불러일으킬 수 있는 뭔가를 보게 된다.

따라서 보다 선한 사람이 되는 것에 대해 관심을 가져야 하는 첫 번째 이유는 정서적인 것이다. 바라건대 대부분의 독자는 레오폴드 소차가 자신이 보호하고 있는 유대인들에게 음식을 나눠주기 위해 어떻게 매일 좁은 하수관을 따라 기어 다녔을까 하고 경외감을 느낄 것이다. 그리고 폴 파머가 아이티에서 멀리 떨어진 마을에 있는 극빈한 두 가족을 방문하기 위해 어떻게 7시간을 걸어갔을까 하고 감탄할 것이다.

감탄은 결코 늘 일어나는 일이 아니다. 내가 아름다운 그림이나 훌륭한 와인에 감탄할 수 있지만, 그것이 내 삶의 많은 부분을 바꾸지는 않을 것이다. 그러나 훌륭한 미덕을 갖춘 모범적인 인물(그리고 여기에는 현실 속의 인물뿐만 아니라 소설 속의 인물도 포함된다)이라면, 또 다른 하나의 감정이 수반된다. 그것은 심리학자들이 말하는 **고양**이라는 것이다.

내가 고양된 느낌을 받으면, 감정이 향상되고 고무되는 것을 경험한다. 내 마음은 활력이 넘친다. 종종 "(나의) 가슴에는 육체적인 느낌, 특히 따뜻한, 기분 좋은, 혹은 '설레는' 느낌"[23]이 있다.

나는 소차가 하수구 안에 숨어 있는 유대인들을 보호하기 위해 했던 행동에 매우 감탄한다. 나는 또한 그의 용기 있고 연민 어린 행동에 깊은 감명을 받는다. 나는 희망을 느끼고, 지금 우리의 주제로 보았을 때 가장 중요하다고 할 수 있는 것으로, 나도 **그 사람과 보다 가까운 사람**이 되고 싶어진다. 다시 말해서, 그렇게 기꺼이 그리고 아낌없이 어려운 처지에 놓인 사람들을 도울 수 있는 더 선한 사람이 되고 싶은 마음이 생긴다.

만약 여러분이 〈선행 나누기*Pay It Forward*〉라는 영화를 보았다면, 여러분은 곧바로 고양의 위력을 인정할 것이다. 주인공은 사회 과목의 숙제를 완성해야 하는 트레버Trevor라는 7학년 학생이다. 그러나 그 숙제는 매우 벅찼다. 숙제의 내용은 세상을 더 나은 곳으로 만들 새로운 계획을 수립하는 것이었다. 트레버는 고민 끝에 기발한 생각을 하였다. 누군가가 다른 사람을 도우면, 그 도움을 받은 사람은 도움을 주었던 그 사람에게 '되돌려' 주는 대신에 어려움에 놓인 다른 누군가의 세 사람에게(물론 똑같은 요구조건을 붙여) '도움을 주어야' 한다는 것이다. 선행은 점차 눈덩이처럼 커지며, 아울러 일어나고 있는 일을 보는 사람들에게 감탄과 고양감을 촉발시킨다. 실제로 영화가 끝날 무렵에는 트레버를 전혀 몰랐던 수백 명의 사람들이 이 운동을 시작하고, 또 자신들이 더 선량한 사람이 되고자 하는 마음을 갖게 해준 것에 대해 그에게 경의를 표한다.

이전에 여러분이 결코 만난 적이 없고, 앞으로도 결코 만날 수도 없는 사람들(레오폴드 소차나 에이브러햄 링컨 같은)이 모든 사람에게 다 정서적 측면에서 강력한 영향을 미치지 않을 수도 있을 것이다. 다만 바라건대 여러분의 인생에도 자신의 삶의 분야에서 주목할 만한 미덕을 보여주었던 어떤 누군가 — 조부모이든, 혹은 공동체의 지도자이든, 혹은 길 아래편의 이웃이든 — 가 존재했으면 한다. 그러면 여러분은 그 사람이 했던 바에 감탄하고 고무되어 그 사람과 보다 가까운 사람이 되고자 하는 마음이 생길 것이다.

'보다 가까운'은 정말 중요하다. 그 목표는 실제로 그 사람이 되는 데 있는 것이 아니다. 대부분의 경우, 우리는 그렇게 될 수 없다. 내가 미국 대통령이 될 수 없을 것이고, 나이가 너무 많아 공부를 다시 시작하여 의사가 되는 훈련을 받을 수도 없을 것이다. 분명히 유대인 대학살 시기의 하수구 노동자의 삶은 대부분 사람의 그것과는 직접적인 유사성이 없다.

요점은 폴 파머가 되려고 애쓰는 것이 아니다. 폴 파머와 **보다 가까운** 그런 사람이 되는 것이다. 그것은 달리 말하면, 그 도움이 어떤 모습으로 보이든, 세상에서 가장 가난한 사람들을 의도적으로 돕는 것이다. 그리고 단순한 통계보다는 한 인간으로서 그들이 특별히 필요로 하는 것에 초점을 두고, 풍부한 인간적 교류를 바탕으로 그렇게 한다. 그것은 마치 그가 우리의 삶의 위치에 서서, 우리의 자원과 능력을 가지고, 우리가 맞이하는 바로 그 난관들에 직면하며, 우리가 겪는 고통에 맞서고 있는 것 등과 흡사하다.24

마찬가지로 요점은 에이브러햄 링컨에 **가까운 사람**이 되는 것이다. 다시 말해서, 보다 의도적으로 진실을 말하고 다른 사람을 속이지 않는 사람이 되는 것이다. 거짓말하거나 부정행위를 하는 것이 때로는 '재미'있거나 우리의 동료들 앞에서 더 멋지게 보이게 할 수도 있겠지만, 직장, 파티, 집, 소셜 미디어 등 어느 곳에서도 예외 없이 진실을 말하고 부정행위를 하지 않는다.

마지막으로, 우리가 가장 존경하는 사람이나 우리를 고무시키는 사람도 그들의 미덕이 가장 빛나는 그들의 삶의 분야에서 완벽하지 않음을 강조할 가치가 있다.25 이런 측면에서 우리는 소차를 이해할 수 있다. "대개 그는 쾌활하고 간절히 도움이 되기를 바랐지만, 무시를 당할 때는 몹시 화를 내었다."26 뿐만 아니라, 치거는 소차가 그런 사람들을 돕고자 하는 마음을 갖게 된 동기에 대해 "그가 과거에 저질렀던 험악하고 비윤리적인 모든 범죄에 대한 뉘우침이었다. 그것은 신의 용서를 바라는 호소, 회개였다. 그것은 그의 최고의 사명이었다. … 그는 그것을, 마치 그가 어떤 죽음으로부터 우리를 구해내고 있는 것 같이, 자신의 영혼으로부터 자신의 죄를 씻어내는 방법이라고 믿었다."27라고 말한다. 그것은 분명히 누군가를 돕는 가장 고결한 동기라고 보기는 어려울 것이다.

다시 말하면, 귀감이 되는 사람들과 정확히 똑같은 사람이 되고자 하는 것이 아니다. 그들로부터 고무된다는 것은 **그들이 보여준 미덕의 방식에서, 그들에 가까운 사람**이 되고자 하는 것이다. 우리가 소차와 같은 사람들의 삶을 연구하거나, 혹은 성자 같은 우리의 할머니와 시간을 보낼 때, 우리는 그들이 하였던 일과 인간으로서 그들의 됨됨이에 감동을 받을 수 있다. 그들의 삶에 대해 우리가 그런 감정적인 반응을 보이는 것은 우리가 더 선한 사람이 되는 데 열심히 노력해야 할 이유가 된다.28

그러나 그것이 곧 우리가 열심히 노력해야 할 모든 이유가 되는 것은 아니다. 몇 가지 중요한 추가적인 이유가 있다.

두 번째 이유:
선한 품성은
대개 세상을
더 나은 곳으로 만든다

연민 어린 사람들이 했던 모든 선행을 생각해 보고, 이를 잔혹함과 증오로 가득 찬 사람들에 의해 야기되었던 모든 악행과 대조해 보라. 여러분은 어떤 세상에서 살고 싶은가? 그리고 여러분의 자녀들이 어떤 사람이 되는 것을 바라는가? 자라서 세상을 좀 더 나은 곳으로 만드는 사람이 되기를 바라는가 아니면 더 나쁜 곳으로 만드는 사람이 되기를 바라는가? 분명히 전자일 것이다. 그런데 만약 여러분의 자녀들이 전자의 사람이 되길 바란다면, 왜 여러분 자신은 지금 당장 그런 사람이 되고자 하지 않는가? 우리의 품성을 변화시킬 시간은 항상 있다. 우리의 품성은 진창에 처박혀 있는 것이 아니라 느리더라도 개선될 수 있다. 우리 자녀들이 성장하여 세상을 더 나은 곳으로 만들기를 바라는 것처럼, 우리 또한 도덕적 차원에서 스스로 온전히 '성장'하길 바라야 한다.

폴 파머를 생각해 보자. 그의 연민으로 인하여 수천 명의 생명이 치명적인 질병으로부터 구출될 수 있었다고 말하는 것은 결코 과장이 아니다. 이 한 사람의 선한 품성이 세상을 훨씬 더 나은 곳으로 만들었다. 폴 파머 같은 사람이 세상에 더 많다면 얼마나 좋겠는가.

이를 잔혹한 품성을 지닌 누군가에 의해 야기된 공포와 대조해 보자. 예컨대, 레오폴드 소차가 하수구를 관리하던 곳 근처에 있던 강제노동 수용소의 어느 나치 지휘관에 관한 이야기를 들어보자.

새로운 차량이 가끔 여자들과 아이들을 태우고 도착하면, 그는 그들을 자신의 빌라로 데려갔으며, 아이들은 필요가 없어 그들을 허공으로 집어 던진 후 베란다에서 그들을 겨냥하여 총을 쏘아 죽였다. 그는 흔히 자신의 성공에 갈채를 보내던 어린 딸이 있는 데서 이런 짓을 하였다.

또 다른 경우, 그는 연병장에서 일하고 있는 노동자들의 코나 귀 혹은 손가락을 제거하고자 그들을 겨냥하여 총을 쏘아대었다. 그런 후, 그는 죄수들 속으로 들어가 부상자들을 찾아 끌어내었다. 그러고는 그들을 연병장의 다른 쪽 끝으로 행진하도록 하고 그들의 머리에 총알을 박아 죽였다.[29]

우리가 왜 악에 의해 야기된 그런 비참한 세상에서 살기를 원하겠는가?

그래서 더 선량한 사람이 되는 일에 관심을 기울여야 하는 두 번째 이유는 선한 품성이 대개 세상을 더 나은 곳으로 만들기 때문이다.[30]

— 인간의 품성

세 번째 이유:
신은 우리가
선량한 사람이
되길 바란다

만약 여러분이 신을 믿는다면, 가령 유대교, 기독교, 혹은 이슬람교의 신을 믿는다면 어떨까? 그러면 여러분은 더 나은 사람이 되는 일에 관심을 기울여야 할 또 다른 강력한 이유를 갖게 될 것이다. 이런 종교들은 신이 선한 품성을 소유하는 것을 포함한 어떤 방식으로 인간을 창조하였다고 말한다. 우리는 늘 이러한 선한 품성에 못 미치는데, 신은 우리가 그런 사실에 안주적인 태도로 일관하는 것을 바라지 않는다. 우리는 애초에 우리가 창조되었던 방식에 보다 가까이 다가가도록 한 발짝씩(아마도 신의 도움을 얻어) 나아가야 한다.

따라서 여러분이 이들 종교 중 하나를 믿는 신실한 사람이라면 미덕을 갖춘 고결한 사람이 되는 일에 관심을 기울여야 하는 것은 명백할 것이다. 여러분은 또한 **타당한 그만한 이유**에서 미덕을 갖춘 사람이 되는 일에 관심을 기울여야 할 것이다. 아마 이들 믿음의 전통을 신봉하는 일부 신자는 오직 사후에 보상을 얻고자 하는 마음에서 그런 의욕을 느낄 수도 있을 것이다. 이런 동기는 순전히 자신의 이익을 추구하는 이기적인 것이다. 결국 그들이 진정으로 관심을 갖는 가장 중요한 것은 자기 자신이다. 만약 그러한 사리사욕이 미덕을 갖춘 사람이 되는 데 관심을 기울여야 하는 근거의 전부라면, 여러분이 정말로 연민 어린 사람(다른 사람들을 위해 그들에게 관심을 갖는) 혹은 정직한 사람(진실 그 자체를 위해 관심을 갖는) 혹은 정의로운 사람(공정 그 자체를 위해 관심을 갖는)이 될 수 있을까? 나는 그렇게 생각하지 않는다.

종교 신자들은 각기 다른 방식에서 동기를 부여받을 수 있을 것이다. 신을 사랑하고 신은 자신이 더 나은 사람이 되는 것을 바란다고 믿기 때문에 더 선한 사람이 되고자 노력하는 사람은 이기적이지 않다. 그는 자신보다 더 큰 뭔가에 관심을 기울이고 있는 것이다. 신이 인간에게 한 일에 대한 감사의 마음에서, 혹은 경탄, 숭배, 믿음에서 더 나은 사람이 되고자 하는 종교 신자도 마찬가지다.[31]

만약 여러분이 유대교, 기독교, 혹은 이슬람교의 신을 믿지 않는다면 어떨까? 글쎄, 품성은 아마 세계의 다른 주요 종교에서도 역시 매우 중요한 문제일 것이다. 우리는 이를 『논어』에서도 찾아볼 수 있다.

> 공자가 말했다.
> "덕으로 정치를 행하는 것은 비유컨대 북극성이 제자리에 있으면 뭇별들이 그에게로 향하는 것과 같다."[32]
> 공자가 말했다.
> "인함을 좋아하는 사람은 더할 나위가 없다."[33]
> "다른 사람들을 위해 자신의 최선을 다하고 자신이 하는 말을 믿을 수 있도록 하는 것을 자신의 생활 지침으로 삼으라."[34]

그래서 만약 여러분이 유교를 실천하거나 미덕의 발달을 칭송하는 그 밖의 다른 어떤 종교를 실천한다면, 여러분 또한 더 나은 사람이 되는 일에 관심을 기울여야 하는 강력한 이유를 갖는 것이다.

모든 형식의 종교를 거부하는 사람은 어떻게 되는가? 그러면 이 절에서 제공할 만한 것이 없을는지 모른다. 그렇지만, 여지는 있다. 사람들이 선한 품성을 갖기를 바라는 신이 존재한다는 **가능성**은 여전히 남아 있다. 결국, 어느 누구도 신이 존재하지 않는다는 것을 100% 확실하게 증명해 보이는 데 성공한 적이 없다. 이런 가능성을 고려한다면, 여러분은 자신을 개선하고자 노력할 필요가 있을 것이다.35

그래서 우리가 더 나은 사람이 되는 일에 관심을 기울여야 하는 세 번째 이유는 대부분의 종교 신자를 향하여 강력하게 어필하는 것이지만 비신자들 또한 역시 관심이 있을 수 있는 이유라고 본다.

네 번째 이유:
선한 품성은
보상받을 수 있다

그렇다, 누군가 덕이 있는 삶을 사는 것을 본다면 영감을 받을 수 있을 것이다. 선한 품성을 갖고 살면 여러 사람이 좀 더 나은 세상에서 살게 하는 데 기여할 것이다. 미덕을 갖춘 사람이 되는 것은 어쩌면 신이 내가 그런 사람이 되는 것을 바라는 것일지 모른다.

그러나….

이 세상의 돌아가는 일상은 어떤가? 미덕을 갖추고 사는 것은 내 삶의 모든 기쁨을 내려놓는 것은 아닌가? 다른 사람들은 분명히 이득을 볼 것이다. 그러나 그 과정에서 나 자신이 철저히 소진된다면, 그것은 나에게 무슨 의미가 있는가?

그것은 누구나 품을 수 있는 자연스러운 의문이다. 그러나 이것은 미덕을 갖춘 사람에게서 흔히 일어나는 일은 아닌 것 같다. 배려하는 의사 폴 파머를 다시 생각해 보자. 여러분은 그의 연민이 그 자신을 소진시킬 것으로 생각할 수 있을 것이다. 어쨌든 그는 거의 잠을 자지 못한다. 그는 자기 가족들을 거의 보지 못한 채 다양한 건강 위기를 겪고 있는 사람들을 돕기 위해 전 세계를 돌아다닌다. 그는 멀리 떨어져 있는 마을의 환자들을 방문하기 위해 7시간을 걸어간다. 그러나 키더가 그를 묘사한 것을 보면, 파머는 오히려 우리보다 활기가 넘치고, 정력적이며, 더욱 생기 있어 보인다. 그가 가장 행복하고 기쁠 때는 환자들을 치료할 때인 것으로 알려졌다. 우리가 이미 아는 바와 같이, 그는 "내가 가장 살아 있음을 느낄 때는 … 사람들을 돕고 있을 때다."라고 하지 않았는가.

미덕을 갖춘 사람이 되는 것은 실제로 두 가지 방식에서 우리의 삶을 증진하는 데 도움이 될 수 있다. 파머의 경우에서처럼, 그것은 기쁨과 만족감의 원천이 될 수 있다. 또한 미덕은 정서적 어려움이나 다른 어려움으로부터 우리 자신을 보호해 주는 하나의 방편이 될 수 있다. 예컨대, 미덕을 진정으로 갖춘 사람은 배우자나 세금을 속이려는 유혹을 크게 받지 않는다. 그렇기 때문에 그 사람은 그런 선택의 유혹과 싸우는 감정적 압박에서 벗어난다. 아울러 그 사람은 실제로 부정행위를 할 경우에 수반될 수 있는 죄책감, 수치심, 혹은 당혹감 등을 경험할 필요가 없다.

벌금, 이혼, 심지어 탈세 혐의로 인한 금고와 같은 여러 가지 처벌은 말할 것도 없다. 이런 결과를 피하는 것은 그 자체로 매우 긍정적이다.

그것은 타당한 상식이라고 생각한다. 심리학 연구를 통해 선한 사람이 되는 것과 무엇이 우리에게 좋은지의 상관관계가 보다 분명하게 밝혀짐으로써 오늘날 이는 더욱 상식으로 받아들여지고 있다. 여기에 세 가지의 주요 미덕에 대한 일부 연구 결과가 있다.

감사: 감사하는 마음이 많아지면 건강이 더 나아지고, 더욱 낙천적이며 긍정적으로 변하고, 일 만족도가 더 높아지고, 학업 성적이 더 올라가며, 삶의 만족도가 더 증가할 수 있다.[36]

희망: 희망이 커지면 현재와 미래의 삶의 만족도가 증가하고, 학업 성적이 더 올라가고, 일 만족도가 더 높아지며, 불안이 더 감소할 수 있다.[37]

정직/진실성: 정직/진실성이 고양되면 공격성이 줄어들고, 성적이 더 올라가며, 고위 영업 간부진의 역량이 증진될 수 있다.[38]

이런 것들은 분명히 미덕이 우리에게 주는 매우 중요한 혜택이다.

위의 연구를 좀 더 살펴보고 연구자들이 무엇을 말하고자 하는지를 논의해 보자. 진실성을 고양하자, 영업 간부진의 역량이 증진되었다. 펜실베이니아 주립대학교의 존 소식John Sosik과 그의 동료들은 여러 명의 최고위층 경영진(대기업 최고 경영자나 최고 재무 관리자와 같은)의 품성을 평가하는 데 초점을 두었다. 이들은 회사에서 그 간부에게 직접 보고를 했던 두 명의 직원으로부터 진실성의 척도에 따라 평가를 받았다.

이와 함께, 상사나 이사는 그 간부의 역량을 평가하여 등급을 매겼다. 평가는 1부터 5까지의 척도에 반응하도록 짜인 다음 5개의 질문으로 이루어졌다.39

1. 당신은 이 사람이 현재 자신의 업무를 처리하는 역량에 대해 어떻게 평가합니까?
2. 당신은 이 사람을 다른 간부들과 비교할 때 당신 조직의 어디에 배치하겠습니까?
3. 당신은 이 사람이 경영자로서 자신의 행동이나 행위의 결과로 인해 앞으로 5년 이내에 위치상에 변동(즉, 유지한다, 강등된다, 파면된다)이 있을 가능성에 대해 어떻게 생각합니까?
4. 이 사람이 이 조직의 전체적인 효과성에 기여하는 정도가 어떻다고 생각합니까?
5. 이 사람의 전반적인 효과 수준을 평가하십시오.

그 결과는 직접 보고하는 두 명의 종업원에 의해 평가된 경영자의 정직성 수준이 그 사람의 역량 수준이 얼마나 높을지를 결정적으로 예견하고 있음을 분명하게 보여주고 있다.40 정직성의 수준이 높으면 높을수록, 역량 순위 또한 높았다. 왜 그런가? 소식Sosik이 말한 바와 같이, "경영자들이 정직성이 높지 않다면 건전한 결정을 내리고 동료들로부터 조직 내에서 효과적인 사회적 영향력을 행사하는 데 요구되는 신뢰, 지지, 정보를 얻을 가능성이 그만큼 낮기"41 때문이다.

이제 감사의 미덕을 살펴보자. 심리학에서 감사에 관한 전문가로 손꼽히는 유시 데이비스 대학교의 로버트 에몬스Robert Emmons는 마이애미 대학교의 마이클 맥컬러프Michael McCullough와 함께 팀을 이뤄 감사하는 마음이 어떤 결과를 초래하는지를 확인하는 일련의 연구를 진행하였다.42 그들의 첫 번째 연구에 대해 언급해 보겠다. 그들은 연구에 참여하고 있는 192명의 학부생 가운데 일부 학생에게 다음과 같은 감사 조건의 과제를 부여하였다.

살다 보면 우리가 감사해야 할 크고 작은 여러 가지 일이 있다. 최근 일주일을 되돌아보고 여러분이 감사하거나 고맙다고 생각하는 다섯 가지 일을 적어보시오.43

다른 학생들에게는 귀찮은 일 조건의 과제를 부여하였다.

귀찮은 일은 여러분을 괴롭히거나 신경 쓰이게 하는 것으로 성가시다. 그런 일은 인간관계, 일, 학교, 주택, 금전, 건강 등등 삶의 다양한 영역에서 일어난다. 오늘 하루를 되돌아보고, 생활하면서 여러분에게 일어났던 다섯 가지 귀찮은 일을 적어보시오.44

그리고 다른 학생들은 '통제 집단' 상태를 유지하도록 하였다. 모든 학생은 각자 자신의 조건에 따라 부여된 과제뿐만 아니라 다양한 다른 질문에도 응답해야 했다. 그들은 한 학기 동안 10건의 주간 보고서를 완성하였다.

에몬스와 맥컬러프는 여러 가지 흥미로운 결과를 발견하였다. 감사 집단의 학생들은 지난 한 주일 동안의 생활을 다른 두 집단의 학생들보다 평균적으로 훨씬 더 가치가 있었다고 생각하였다. 앞으로 일주일에 대한 그들의 예상에서도 마찬가지 결과가 나왔다. 더욱 두드러졌던 것은 다른 집단의 동료들보다 병의 증상을 거의 보고하지 않았으며, 그들은 귀찮은 일 집단에 비해 주어진 일주일에 1.5시간 운동을 더 한다고 주장하였다![45] 이런 것들은 정말 중요한 혜택이다.

이 연구들에 대해서는 이 정도로 언급을 끝내자. 그러나 우리가 마무리하기 전에, 이기심에 관한 이 모든 논의는 자연스럽게 미덕에 관한 의문을 일으킬 수 있을 것이다. 우리는 이미 바로 앞 절에서 만약 여러분이 다른 무엇보다 주로 자신의 이익을 위해 선한 일을 하고 있다면, 그런 행위는 여러분이 미덕을 갖춘 사람이 되는 것을 방해할 것으로 이해하였다. 그것은 사실이다. 만약 폴 파머가 주로 자기 자신의 기분을 좋게 하고자 아이티에서 사람들을 돕고 있다면, 그는 진정한 연민 어린 사람이 아니다. 만약 에이브러햄 링컨이 자신의 평판을 높이기 위해 진실을 말하였다면, 그는 정말 정직한 사람이 아니다. 만약 레오폴드 소차가 오로지 자기 자신의 죄책감을 보상하기 위해 유대인들을 보호하였다면, 그가 진정으로 배려를 했다고 말하기는 어려울 것이다.

이 시점에서 우리는 목적과 단순한 부차적 효과 간의 차이를 떠올려 볼 필요가 있다. 내가 운전할 때, 그 목적은 가고자 하는 곳에 도착하는 것이지만, 그 운전에 따른 부차적 효과(혹은 부수적 효과)는 내가 상쾌한 바람을 즐긴다는 것이었다. 보상은 미덕을 갖춘 사람에게 같은 방식으로 작용할 수 있다. 연민 어린 어떤 사람의 **목적**은 곤경에 처한 사람들을 돕는 것이다. 더 이상 말할 필요도 없다. 그러나 다른 사람들을 도움으로써 나타나는 **부차적 효과**는 기쁨, 행복, 만족감일 수 있다. 비록 그 초점이 다른 사람들에게 맞춰져 있지만, 이런저런 좋은 혜택이 함께 수반될 수 있다.

확실히 알기는 어렵지만, 나는 이것이 다름 아닌 폴 파머에게서 일어나고 있는 것이라고 믿고 싶다. 그가 자신의 환자들을 치료하면서 가장 살아 있음을 느낀다는 것, 그리고 이 감정은 그가 자신의 환자들을 돌보는 **이유**가 아니라는 것은 모두 사실일 수 있다. 그는 그 사람들이 죽어가고 있거나 심각한 병을 앓고 있기 때문에 그들을 치료하는 것이지, 그 환자들이 나았을 때 부차적 산물로서 그가 느낄 수 있는 좋은 기분 때문에 치료에 임하는 것은 아니다.

그런 점에서 부차적 효과로 뒤따르는 자기 자신에 대한 혜택은 선량한 사람이 되고자 노력해야 하는 네 번째 이유가 될 수 있다.

결론

난 언젠가 내 아들과 선량한 사람이 되어야 하는 이런저런 이유에 관하여 이야기할 수 있기를 고대한다. 우선 당분간은 다음에 그가 나에게 왜 착한 아이가 되어야 하느냐고 물을 때 그에게 무슨 말을 해야 할 것인가에 대해 좀 더 생각해 보고자 한다.

1 비록 그런 경우라고 하더라도, 누군가는 선한 품성을 왜 계속 유지하려고 애써야 할 필요가 있느냐는 물음을 제기할 수 있다.

2 Marshall(2013): 64.

3 Marshall(2013): 69.

4 Marshall(2013): 78.

5 Marshall(2013): 92.

6 Marshall(2013): 125.

7 Marshall(2013): 159.

8 Marshall(2013): 182~183.

9 Marshall(2013): 224.

10 소차의 만년은 그의 성품을 또한 강렬하게 보여주었다. 전쟁이 끝난 바로 다음 해였다. 소차와 그의 딸 스테피야Stepya는 야외에서 자전거를 함께 타고 있었다. 그들이 경사진 언덕을 내려가고 있을 때, 소차는 스테피야가 타고 있는 자전거 길을 가로질러 미친 듯이 질주하고 있는 러시아군 트럭 한 대를 발견하였다. 그는 온 힘을 다하여 페달을 밟아 자기 딸을 추월하면서 자전거에 부딪쳐 그녀를 트럭으로부터 안전한 곳으로 밀쳐내었다. 그와 동시에, 소차는 대형 트럭과 충돌하였고 소차의 망가진 몸은 짓이겨진 자전거 프레임 밑에 숨이 끊긴 채 널려 있었다. 치거는 "그는 길옆 배수로에 떨어졌고, 그의 피는 하수구 속으로 속절없이 흘러들어갔다."라고 기술하였다(233).

11 Rothschild(1917): 1.

12 링컨의 품성과 미덕에 관한 보다 철저한 논의는 다음을 볼 것. Carson(2015).

13 McClure(1879): 22~23.

14 McClure(1879): 31.

15 Carson(2015): 260~261.

16 Stevens(1998): 142.

17 Herndon and Weik(1949): 487.

18 Kidder(2009): 304.

19 Kidder(2009): 306~307.

20 Kidder(2009): 30.

21 Kidder(2009): 295.

22 Kidder(2009): 23~24.

23 Haidt(2003): 282. 고양의 심리에 관한 더 자세한 것은 다음을 볼 것.
   Haidt(2000); Algoe & Haidt(2009); Aquino 외(2011).

24 요점을 제시하는 마지막의 이러한 방식에 대해 네이트 킹Nate King에게 감사한다.

25 아마도 '일반적으로 완전하지는 않다'라고 말해야 할 것이다. 일부 종교적 전통의 경우, 예수와 같은 그런 영감을 주는 인물들은 도덕적으로 완전한 혹은 그와 매우 근접한 존재로 간주

되고 있다.

26 Marshall(2013): 93.

27 Marshall(2013): 167. 키더의 책에 묘사된 파머의 모습 역시 전적으로 긍정적인 것만은 아니다. 예컨대, 파머의 일은 그의 가족들의 생활에 큰 피해를 주는 것 같았다.

28 나는 감정이 강제로 우리로 하여금 느끼게 하고 어떤 일을 하게 하는 맹목적인 원인이라고 생각하지 않는다. 나는 감정을 모든 것이 순조로울 때 우리에게 어떤 일을 하도록 하는 좋은 동기 혹은 동기부여의 이유를 제공해 주는 것으로 생각한다.

29 Marshall(2013): 143.

30 어떤 비평가는 — 가만있자, 지금까지 말한 것은 선한 **행동**이 곧 세상을 더 나은 곳으로 만든다는 것이네. 선한 **품성**이 그렇게 한다는 것이 아니구먼, 품성은 행동 뒤에 있는 선한 동기를 내포한다고 하면서 — 라고 말할지 모른다. 그러나 선한 동기가 뒷받침하는 선한 행동은 **확실하게** 세상을 더 좋은 곳으로 만드는 것 같다. 그렇다, 마지막 장에서 보게 되겠지만, 선한 행동은 사리사욕의 추구에서 비롯될 수도 있다. 하지만 그럴듯하게 하는 연기가 자기 이익에 맞지 않을 때 무슨 일이 일어날까? 반면에, 선한 동기부여는 그것이 자신의 이익에 부합하든 그러지 않은 간에 선한 행동으로 이끌 것이다.

31 우리는 10장에서 이 주제를 좀 더 상세하게 다룰 것이다.

32 『논어』(1979): 위정편 2장.

33 『논어』(1979): 이인편 6장.

34 『논어』(1979): 안연편 10장.

35 만약 이것이 파스칼Pascal이 그의 유명한 도박에서 사용한 추론처럼 들린다면, 나도 그렇기를 바란다. 파스칼의 도박에 관한 매우 도움이 되는 평론은 Lycan & Schlesinger(1989)와 Rota(2016)를 볼 것. 물론, 사람들이 잔혹하고, 정직하지 않으며, 가능한 한 비열하게 되기를 바라는 신이 존재할 가능성 또한 있다. 그 가능성도 인정되어야 하며, 같은 방식으로 추론한다면, 그것은 나쁜 품성을 향해 노력해야 하는 근거가 될 것이다. 고결한 신과 사악한 신이 존재할 이런 두 가지 가능성은 그저 서로 상쇄하는 데 그치는가? 나쁜 품성보다는 선한 품성을 좋아하는 신이 존재할 가능성이 더 높아 보인다. 다시 말하면, 세계의 주요 종교들은 비록 약간은 서로 다른 방식에서 이해를 하긴 하지만 정직이나 연민과 같은 특질의 중요성에 대해 놀랄 만한 일치를 보여주고 있다. 신도들에게 잔혹성이나 부정직의 발달을 촉진하는 주요 종교는 없는 것으로 안다. 인정하건대, 만약 우리가 다른 시대에 살았다면, 그리고 예컨대 질투하고 서로 다투는 그리스 신들만 알았다면, 선한 품성을 좋아하는 신이 존재할 가능성이 더 높아 보이지 않을 수도 있을 것이다. 그러나 오늘날 우리는 세계 주요 종교들에 관하여 훨씬 더 많이 알고 있으며, 우리 스스로 그들 대부분이 그런 신(혹은 신들)을 긍정하는지 어떤지를 식별할 수 있다.

36 다음을 볼 것. McCullough 외(2002); Emmons & McCullough(2003); Peterson 외(2010); Wagner & Ruch(2015).

37 다음을 볼 것. Park 외(2004); Shimai 외(2006); Park & Peterson(2008); Peterson 외(2010); Proyer 외(2011); Buschor 외(2013); Wagner & Ruch(2015).

38 다음을 볼 것. Park & Peterson(2008); Sosik 외(2012).

39 Sosik 외(2012): 373.

40 Sosik 외(2012): 375.

41 Sosik 외(2012): 377.

42 Emmons & McCullough(2003).

43 Emmons & McCullough(2003): 379.

44 Emmons & McCullough(2003): 379.

45 Emmons & McCullough(2003): 381.

제2부

현재 우리의 품성은
실제 어떤 모습인가?

3장

도와주기

      우리는 미덕에 관한 이해를 증진하기 위해 시간을 약간 투자했다. 또한 우리는 왜 미덕을 갖춘 사람이 되도록 열심히 노력해야 하는 것이 중요한지에 대해서도 알아보았다. 그런데 지금 우리의 품성은 실제 어떤 모습인가? 우리의 친구들과 가족들, 혹은 시장이나 야구장에 있는 낯선 사람들은 또한 어떤가? 우리의 품성이 시험대에 오른다면 어떤 모습일까?

  아마도 우리 대부분은 이미 덕이 있는 사람일 것이다. 만약 그렇다면, 우리는 우리의 선한 품성에 만족할 수 있고 또한 바로 앞 장에서 언급하였던 그런 혜택을 입을 수 있다. 그런데 여러분은 진실로 그렇다고 생각하는가? 특히 요즘 시대에? 우리의 최근의 역사를 재빨리 힐끗 한 번 훑어보아도, 두 번의 세계 대전이 있었고, 소련에서 약 2천만 명, 중국에서 4천 5백만 명 이상의 사람들이 숙청되었으며, 전 세계에 만연해 있는 대규모 기아에 대해서는 무관심하다. 이런 일들은 이 외에도 수없이 많다. 우리는 바로 오늘 저녁 뉴스에서 이를 목격할 수 있다. 내가 이 글을 쓰고 있는 이 순간에도 무장테러단체 ISIS는 미국 기자들을 참수하고 있고, 우크라이나, 이스라엘, 이라크, 리비아, 아프가니스탄, 시리아에서는 소름 끼치는 분쟁이 점점 고조되고 있다. 지난 일들을 되돌아보면, 전반적으로 우리가 인간의 미덕에 대해 스스로 격려하고 칭찬할 만한 것이 거의 없다.

그러나 설령 명백히 그렇게 보인다고 하더라도, 우리가 도덕적 실패자라고 스스로 속단해서는 안 된다. 비록 소수의 '악영향을 미치는 사람들'이 잔학행위를 자행함으로써 대중매체로부터 많은 주목을 받는다고 하더라도, 우리 대부분은 정말로 선량한 사람일 수 있다. 게다가, 우리는 대중매체가 부정적인 사건들에는 초점을 맞추지만, 희생, 이타적인 마음, 사랑에는 그만큼 주목하지 않는 경향이 있다는 것도 잘 안다.

뉴스를 보는 대신, 우리의 품성을 검토하거나 시험해 보는 보다 세심한 방식은 통제된 심리 실험을 하는 것이다. 이상적으로 말하면, 이런 실험은 참가자 자신들이 연구의 일부라는 사실조차 인지하지 못한 채 일상생활에서 하는 사람들의 도덕적 행동을 관찰할 수 있게 해준다. 그것이 가능하지 않다면, 그런 행동은 최소한 현실과 유사한 실험실 상황에서 관찰될 수 있다.

나는 이후 네 개의 장에서 심리학자들에 의해 수행되었던 그런 몇몇 흥미로운 연구에 초점을 맞추고자 한다. 우리는 이들 장에서 특별히 우리의 도와주고, 해를 끼치고, 거짓말하고, 부정행위를 저지르는 경향성을 고찰할 것이다.

여러분은 쇼핑몰에서
도움이 필요한 사람을
도와줄 것인가?

때는 토요일 오후이고, 여러분은 지역 쇼핑몰에서 평화롭게 쇼윈도를 구경하며 혼자 산책을 즐기고 있다. 여러분은 쇼핑몰 안쪽에 구멍이 난 장바구니를 들고 가는 한 여성을 목격한다. 찢어진 구멍으로 캔디가 하나둘 떨어지고 있지만, 쇼핑객들은 어떤 일이 일어나고 있는지 전혀 모른다. 이 점을 그녀에게 지적할 사람은 주변에 아무도 없다. 여러분은 어떻게 할 것인가?

물론, 그 쇼핑객을 도와줄 것이다! 아마도 여러분은 쇼핑몰 안으로 들어가 캔디를 주울 것이다. 그리고 여러분은 그녀를 부를 것이다. 분명히 여러분은 **뭔가를** 할 것이다. 그렇지 않은가?

사실, 여러분은 아마도 그 상황에 있는 **대부분의 사람**이 그 쇼핑객에게 장바구니에 구멍이 나 있다는 것을 알려주지 않을까라고 생각할 것이다. 그 쇼핑객에게 문제가 있는 것은 분명하다. 이를 지적해주는 것은 기껏해야 수초밖에 걸리지 않는 매우 하찮은 일이다. 게다가 쇼핑몰에 들어 온 사람들은 흔히 처음에는 그리 급하게 서두르지 않는다. 그 쇼핑객은 매우 고마워할 것이다. 그리고 누군가를 도와주는 일은 사회(그리고 우리의 엄마!)가 우리에게 그렇게 하길 기대하는 바이다.

코넬 대학교 심리학자인 데니스 리건Dennis Regan과 그의 동료들이 수행했던 한 연구에 따르면, 대부분의 사람은 정확히 그 반대의 행동을 하였다. 리건은 심리학자들이 '공모자'라 칭하는 한 사람의 연기자로 하여금 찢어진 가방을 든 그 쇼핑객의 역할을 하도록 하였다. 그런 후 그는 몰 안에 있는 사람들이 캔디를 흘리고 있는 그 쇼핑객을 보고 어떻게 행동하는지 비밀리에 관찰하였다. 20여 명의 성인 가운데, 오직 3명만이 어떻게든 도와주려고 하였다. 나머지 17명은 캔디가 떨어지든 말든 상관없이 계속 자신의 일에만 몰두하였다.[1]

내가 이 결과를 사람들에게 제시하면, 그들은 항상 놀란다. 혹시 그 실험에 어떤 결함이 있었던 것은 아닌가? 혹시 그 연기자가 역할을 잘 해내지 못한 것은 아닌가? 아니면 혹시 몰 안에 그날따라 아주 '나쁜 사람들'이 많이 모였던 것은 아닌가?

아마도, 이 결과가 전혀 터무니없는 것은 아닐 것이다. 사실, 지난 60년 동안 사람들이 다양한 상황에서 어려운 처지의 사람을 도와주고자 하는지 여부를 알아보았던 심리 연구는 수백 건에 이른다. 이 가운데 많은 연구는 대부분의 사람이 정말 조금만 신경 쓰면 도와줄 수 있는 일이었음에도 불구하고, 그 **어떤 조치도 하지 않았다는** 결과를 보여주었다.

그것은 우리를 좀 우울하게 만드는 것 같다. 그렇지 않은가? 다행히도 아주 절망적이지만은 않다. 왜냐하면 사람들이 다른 사람(자기 자신이 아닌)에 대한 깊은 관심에서 어렵고 친절을 요구하는 행위를 기꺼이 하고자 한다는 것을 밝힌 연구들도 많이 있기 때문이다.

그러므로 이 장에서 우리는 다른 사람들을 도와주는 품성과 관련하여 한편으로는 최선의 측면, 또 한편으로는 최악의 측면을 고루 살펴볼 것이다. 이 여정의 말미에 이르면, 왜 우리 대부분이 연민의 미덕을 지니고 있지 않은지… 그렇다고 우리가 또한 스크루지도 아닌지를 알게 될 것이다.

여러분은 요즘
죄책감을 느끼는가?

난 사실 리건이 수행했던 연구의 많은 부분을 빠뜨렸다. 쇼핑객들이 구멍으로 떨어지는 캔디를 우연히 발견하기 전에, 이들 쇼핑객 한 사람 한 사람은 처음에 사진을 좀 찍어달라는 한 남자의 부탁을 받고 그에게 사진을 찍어주며 시간을 보냈다. 이 남자들 역시 리건의 연구를 위해 일하는 연기자들이었으며, 그는 매번 그 사람들에게 자기 카메라가 민감한 편(그것은 꽤 민감해 보이기도 하였다)이라고 말했다. 자, 그런데 어쩌나. 쇼핑객마다 그가 건네준 카메라로 사진을 찍었지만, 셔터가 작동이 되지 않았다. 별거 아니다. 그 남자는 카메라가 "말썽을 피우네."라면서 쇼핑객들이 잘못해서 그런 것은 아니라고 말했다. 잠시 후, 캔디를 담은 구멍 난 가방을 든 여성이 등장한다.

이러한 앞선 카메라 사건이 여러분이 도와줄지의 여부에 어떤 차이를 가져오게 하는가? 그 사건으로 인해 대부분의 사람이 캔디가 흘러내리는 것을 발견하면 주워줄 것이라는 여러분의 예상이 달라지는가? 그건 의문이다. 그 쇼핑객들은 모두 셔터가 고장 난 것과 전혀 관련이 없었으므로 그에 대해 일말의 죄책감을 가질 필요도 없었다. 이런 일은 카메라 주인을 부끄럽게 만들기는 하지만, 그렇다고 많은 사람이 오랫동안 괴로워하지는 않을 것이다. 아울러, 그것은 흘러내린 캔디에 주의를 기울이지 않은 것에 대해 도덕적으로 정당화하거나 변명하는 데 전혀 도움이 되지 않는다.

자, 이들 20명의 참가자에 대해서는 이 정도로 말해두자. 리건이 고장 난 카메라를 가지고 이런 수고를 겪는 것이 아마도 이상해 보일 것이다. 왜 그랬을까? 우리는 이 참가자들이 실제로는 **통제 집단**으로 기능을 하고 있었다는 점을 알게 되면 금방 이해할 수 있을 것이다. 리건은 사실 같은 몰 안에 있던 다른 20명의 사람들에게 무척 관심이 많았다. 그들이 **실험 집단**(물론 비록 두 집단의 어느 누구도 자신들이 연구의 대상이었다는 것을 전혀 알지 못하였지만!)이 되는 것이었다.

리건은 실험 집단의 상황에 단지 하나의 변화를 주었다. 이제 그 카메라 주인은 쇼핑객들이 사진을 찍으면서 뭔가 잘못을 저질렀음이 틀림없다고 말하면서 그들에게 책임을 물었다. 그 카메라는 전혀 작동되지 않고, 또한 고치려면 상당한 비용이 든다며, 이는 모두 그 쇼핑객의 잘못이라는 것이다.

이제 여러분은 어떤 예상이 드는가? 여러분은 카메라가 작동되지 않는 것에 대해 책임 추궁을 당했던 이 쇼핑객들이 통제 집단 참가자들과 비교하였을 때 구멍 난 가방을 든 여성을 기꺼이 도울 것으로 생각하는가? 그 차이는 극적으로 나타났다.[2]

이 참가자들 중 55%가 도왔다(20명 중 11명)

VS

통제 집단 참가자들의 15%

왜 그랬을까?

그럴듯한 설명은 죄책감과 관련이 있다. 죄책감은 우리가 우리의 행동에 대해 세웠던 기준들에 반하여 어떤 일을 할 때(혹은 어떤 일을 하지 않을 때) 느끼는 감정이다.3 과거에 여러분의 가장 친한 친구가 여러분에게 해달라고 부탁했던 정말 중요한 어떤 일을 깜빡 잊었던 순간을 생각해 보라. 여러분이 그때 강력하게 느꼈던 감정은 무엇이었는가? 그것은 죄책감이 거의 확실하다. 고장 난 카메라 집단에 속했던 많은 쇼핑객은 누군가의 비싼 카메라(혹은 그들이 그렇게 생각했다)를 망가뜨렸다는 것에 대해 죄책감을 느꼈을 것이다. 곧이어 그들은 도와주어야 할 기회를 만났고, 그들의 죄책감은 도와주는 손길을 내미는데 어떻게든 차이를 만들어 냈다.

그래서 리건은 죄책감과 도와주는 사람의 숫자가 증가한 것 사이에 상관관계가 있다는 것을 알게 되었다. 그가 그런 관계를 밝힌 유일한 심리학자는 아니다. 수십 건의 여러 다른 연구들 또한 똑같은 상관관계를 밝히고 있다.4 죄책감은 어째서 도와주는 일과 관련하여 이런 효과를 발휘하는 것으로 보이는가? 이 관계를 설명할 수 있는 우리 마음속에서의 변화는 어떤 것일까?

비록 심리학자들이 죄책감과 도와주는 행위 간에 직접적인 상관관

— 인간의 품성

계가 있다는 데에는 동의하지만, 왜 그런지에 대해서는 의견 일치가 이루어지지 않고 있다. 하나의 모델은 점점 인기를 끌고 있는 것으로 보이는 죄책감-완화 모델[5]이다. 이 모델의 요점은 내가 낯선 사람의 카메라를 망가뜨리거나 그의 책들을 뒤엎었을 경우, 죄책감을 느끼는 경향이 있을 뿐만 아니라 그런 나의 죄책감을 없애거나 혹은 최소한 완화시키고자 하는 마음이 생긴다는 것이다. 다른 사람을 도와주는 행위는 그렇게 하는 좋은 방식이 될 수 있다. 도움으로써 내가 좀 더 기분이 나아질 수 있기 때문에, 죄책감이 도와주는 행위에 활력을 불어넣을 수 있다고 예상하는 것이다. 그림 3.1은 이런 생각의 개요를 시각적으로 보여준다.

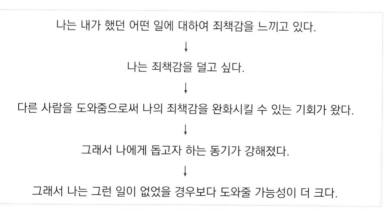

그림 3.1 죄책감-완화 모델

다음에 누군가가 아직 죄책감을 느끼고 있는 여러분에게 도와달라고 부탁하는 경우를 예상해 보자. 지금 잠시 멈추고 생각해 보라. 여러분이 친구에 대해 험담을 했다고 가정해 보자. 그런데 바로 그 친구가 공항에 좀 데려다 달라거나 소파를 옮겨달라고 부탁을 한다. 혹은 여러분이 텔레비전 광고 방송에서 기아에 허덕이는 아이의 모습을 보고 있을 때 기근구제기금에 기부할 기회를 만난다. 혹은 여러분이 최근에 어린 딸과 함께 많은 시간을 보내지 못해 미안한 마음을 갖고 있었는데, 그 딸이 여러분에게 숙제를 도와달라고 부탁한다. 여러분이 평소에 하던 경우에 비해 이런 상황들에 직면할 경우 도와주고자 하는 마음이 더 생기는지를 한 번 생각해 보라. 만약 그렇다면, 그런 동기가 더 강해진 것은 죄책감을 완화시키고자 하는 것에서 비롯된 것일 수 있다.6

죄책감과 도와주는 행위에 대한 분석은 이 정도로 하고, 도와주는 일과 관련하여 다른 심리학 연구 분야에서도 비슷한 양태를 보여주는지를 검토해 보고자 한다.

몇몇
당혹스러운
결과들?

여러분은 진정으로 선한 이유에서 주변에 봉사하고자 새로운 자원봉사 단체를 조직하였다. 여러분은 지도부를 구성하고 사람들을 자원봉사자로 등록하게 하는 방법에 관하여 수 시간 동안 브레인스토밍을 하였다. 그리고는 웹사이트를 구축하고 페이스북에 단체 관련 글을 올리는 등의 일을 계획한다. 또한 여러분은 한발 더 나아가 시내 곳곳에 탁자를 놓고 서명을 받고자 한다. 여러분은 탁자를 어디에 두어야 한다고 생각하는가? 구세군처럼 식료품 가게 밖에 두어야 하는가? 젊고, 활기차고, 꿈이 많은 학생들이 있는 고등학교에 두는 것은 어떤가? 아니면 비교적 자유 시간이 많은 사람이 모여 사는 퇴직자 전용 주택지 근처에 두는 것은 어떤가? 여러분은 이들 중 어느 곳이 사람들에게 서명을 받기에 최적의 장소라고 생각하는가?

내가 장담하건대 한 곳은 여러분이 결코 생각하지 못할 것이다. 그곳은 사람들로 붐비는 공중화장실 앞이다! 노스캐롤라이나 대학교 샬럿 캠퍼스의 심리학자 애니 캔Arnie Cann과 질 블랙웰더Jill Blackwelder는 이곳이 완벽한 장소일 것이라고 생각하였다. 그래서 그들은 다음과 같이 연구를 진행하였다. 사람들이 화장실을 나와 2~3발짝쯤 걸을 때 한 낯선 사람이 접근하여 "제가 지금 너무 급해서 그런데요, 이 메모가 필요한 친구가 있습니다. 혹시 당신이 그 사람에게 좀 전달해 주실 수 있나요?"라고 말을 한다. 만약 그 사람이 그렇게 하겠다고 하면, 그 메모를 기다리는 사람이 있는 곳(대략 130발짝 떨어진 곳)을 말해준다.

이와 같은 합리적으로 좋은 실험은 통제 집단을 두는 경향이 있다. 이들은 똑같은 방식으로 접근한 사람들이었지만 한 가지 변화는 화장실을 나가지 않고 복도를 걷고 있다는 것이다. 여러분은 이 두 집단 간에 어떤 차이가 있을 것으로 예상하는가? 나는 여러분의 생각이 매우 궁금하다.7

	메모를 전해주는 데 동의함
화장실 상황	80%
통제 상황	45%

상황 조건에 그런 작은 변화만 있었을 뿐인데, 결과는 놀라운 차이를 드러냈다. 이게 무슨 일인가?

　우리는 한 번 더 이를 죄책감으로 해석해 볼 수 있을 것이다. 그러나 그것은 공공건물에 있는 한 성별만을 위한 화장실의 경우로는 그리 그럴듯해 보이지 않는다. 죄책감보다 오히려 훨씬 더 적절한 감정은 쑥스러움이라고 할 수 있다. 이 감정은 우리가 다른 사람들에게 보여주고 싶은 공적 이미지와 우리가 그런 이미지를 손상하는 어떤 행동을 하는 것을 다른 사람들이 볼 경우, 그들이 느낄 것이라고 생각하는 이미지 사이에 충돌이 있을 때 발생하는 경향이 있다.8 우리 대부분은 대중 앞에서 넘어졌을 때 그런 감정을 느껴본 경험이 있을 것이다. 그런 이미지는 우리가 다른 사람들에게 내보일 준비가 되어있는 이미지와는 정반대이다. 반면에, 여러분이 아무도 없는 여러분의 아파트 주변을 혼자 걷다가 그처럼 넘어졌다면 어떨까? 여러분은 쑥스러워할까? 짜증이 나거나 화가 나면 났지, 쑥스러운 기분은 들지 않을 것이다. 우리가 단추를 잘못 채우거나 바지 지퍼를 잠그지 않았을 경우도 이와 비슷하다. 우리는 다른 사람들이 우리에게 그런 사실을 지적해 주면 쑥스럽다. 그러나 우리가 그날 집을 나서기 전에 스스로 그 사실을 발견할 경우에는 그런 감정을 느끼지 않는다.

　캔과 블랙웰더의 관심을 끌었던 상황 — 다른 사람들의 말소리가 들리는 거리에 있는 화장실에 가는 것 — 에서도 쑥스러움이 유발된다. 그들은 죄책감이 도와주는 행위를 증가시킬 수 있듯이, 쑥스러운 감정 또한 역시 그럴 수 있다는 것을 발견하였다. 다른 심리 연구들도 그런 상

관관계가 존재한다는 것을 확인시켜 주는 유사한 결과를 보여주었다.9

그러나 왜? 쑥스러운 감정 때문에 오히려 우리가 다른 사람들을 꺼리고 그들을 도와주는 일을 **회피**하지는 않는가? 될 수 있는 한 빨리 그런 상황에서 벗어나고 싶지는 않은가?

죄책감과 마찬가지로, 쑥스러움과 도와주는 일 사이의 상관관계에 관한 설명 역시 어느 한 가지로 수렴되지는 않지만, **쑥스러움-완화 모델**은 그중 유력한 것이라 할 수 있다. 그의 중심 개념은 우리가 쑥스러움을 느끼면 그런 감정을 완화시키거나 없애고 싶어 한다는 것이다. 자, 그런데, 그것이 곧 누군가를 도와주는 행동과 반드시 연결된다고 생각할 필요는 없다. 그것은 도피(두 손으로 얼굴을 가리고 도망가기), 회피(대화를 다른 주제로 재빠르게 전환하기), 변명(이 약을 먹어서 방귀를 참을 수가 없다), 혹은 유머(내 혁대는 항상 최악의 순간에 끊어진다니까!)로 이어질 수도 있기 때문이다. 그러나 상황이 적절하다면, 누군가를 도와줄 수 있다는 것이다. 그런 경우라면 나는 꺼려하거나 굳이 그 상황에서 벗어나고자 **하지 않을** 것이다. 나는 대책을 강구하여 도와줄 것이다. 그러나 그것은 어디까지나 나에게서 쑥스러운 감정을 없애기 위해서이다. 죄책감과 마찬가지로, 어려움에 처한 다른 사람을 도와주는 일은 때로는 우리를 매우 기분 좋게 만드는 훌륭한 하나의 방식이 될 수 있다.10

이것은 우리가 죄책감이 어떻게 도와주는 행위를 증가시킬 수 있는가에 대해 이미 말했던 바와 너무 흡사하게 들리기 때문에, 여기에서는 쑥스러움-완화 모델에 대해 많은 설명을 하지는 않겠다. 쑥스러움에 관한 연구는 또 다른 측면에서 정말 충격적인 일부 결과를 보여주고 있다. 여기에서는 그 초점이 쑥스러움을 완화하는 데 있는 것이 아니라 쑥스러움을 회피하는 데 주어진다. 다시 말해서, 그 차이는 자신이 이미 경험하고 있는 쑥스러움에서 자유로워지고자 뭔가를 하고자 하기보다는, 애당초 쑥스러움을 느끼지 않으려고 하는 것과 관련이 있다.

사실, 심리학의 역사에서 가장 유명한 실험 중의 하나는 바로 그런 쑥스러움을 회피하는 것과 관련이 있다. 1969년에 컬럼비아 대학교의 심리학자들인 빕 라테인Bibb Latané과 주디스 로딘Judith Rodin은 '곤경에 처한 여성' 연구를 수행하였다. 여러분이 그 실험의 지원자 중 한 사람이었다면 어떠했을 것인지 상상해 보길 바란다. 여러분이 시장 조사 설문에서 이에 참여하겠다고 의사를 밝혔고, 지정된 날짜에 자그마한 방에서 여성 대표를 만났다고 가정해 보라. 여러분이 서식을 작성하고 있는 동안, 그녀는 옆방 사무실로 간다. 4분 후에 다음과 같은 상황이 벌어진다.

… 만약 (여러분이) 주의 깊게 듣는다면, (여러분은) 그녀가 높은 선반 위에 있는 책을 꺼내려 의자 위로 올라가는 소리를 들을 수 있다. 설령 (여러분이) 주의 깊게 듣지 않는다고 하더라도, (여러분은) 의자가 넘어지는 시끄러운 소리와 함께 여자의 비명 소리를 듣는다. 그 여성 대표는 "아, 에구머니나, 내 발…"하며 울부짖는다. "아… 아…, 움직일 수가 없어. 오, 내 발목. 아… 어떻게 할 수가 없어." 그녀는 신음 소리와 함께 1분 정도 울부짖다가 점차 진정하며 울음을 멈췄다.[11]

　　　　　　　　　　　　　　　　　　　　　— 인간의 품성

여러분은 하다못해 그녀가 괜찮은지 큰 소리로 확인해 보는 방식으로라도 그녀를 도와주고자 어떤 행동을 취할 것인가?

라테인과 로딘은 처음부터 참가자들을 서로 다른 집단으로 나누고 이 의문에 접근하였다. 한 집단은 참가자들이 각자 혼자서 서식을 작성하게 하였다. 다른 집단은 참가자들이 각자 같은 방에서 완전히 낯선 다른 참가자와 짝을 이뤄 작성하게 하였다. 세 번째 집단은 참가자들이 각자 낯선 자와 함께 한 방에 있으면서 작성하지만, 이때 그 다른 사람은 라테인과 로딘으로부터 요란한 소리를 무시하라는 교육을 비밀리에 받은 연구 공모자였다.

이제 여러분은 이들 각각의 상황에서 어떤 일이 일어날지를 예상해 보라. 아마도 어떤 차이가 없다고 생각할 것이다. 그렇다, 여러분은 모든 상황에서 도와주고자 무언가를 하려고 할 것이다. 그렇지 않은가? 여러분은 그렇게 생각할지 모르지만, 실제 실험 결과는 상황에 따라 달랐다. 다음은 도왔던 참가자들의 비율이다.12

혼자	70%
참가자+낯선 사람	40%
참가자+공모자	7%

그 여성 대표가 대단한 고통을 겪는 것이 분명하고 도움이 필요한 상황이었지만, 세 번째 집단에서는 오직 7%만 도와주는 행동을 하였다. 그래서 만약 여러분이 대부분의 사람과 처지가 같다면, 여러분 또한 그녀의 비명을 전적으로 무시했을 가능성이 높다.

우리는 잠시 후에 이런 결과를 쑥스러움과 연결시킬 것이다. 그러나

주목할 만한 점은 이런 놀라운 결과가 밝혀진 게 이 실험뿐만이 아니라는 것이다.13

▪ **참가자들과 관련된 비상사태**

혼자 있을 때와 비교하면, 집단의 참가자들은 그들이 앉아 있는 방으로 연기가 스며들어오고 있을 때 도와줄 가능성이 더 적다.14

▪ **위험에 놓인 피해자와 관련된 비상사태**

혼자 있을 때와 비교하면, 집단의 참가자들은 어떤 남자가 간질 발작을 일으킬 때,15 정비공이 다른 방에 있는 사다리에서 떨어졌을 때,16 어떤 남자가 심각한 전기 충격에서 오는 것 같은 고통으로 비명을 지를 때17 도와줄 가능성이 더 적다.

▪ **제삼자 범죄 혹은 비도덕적 행동과 관련된 비상사태**

혼자 있을 때와 비교하면, 집단의 참가자들은 어떤 도둑이 행사 접수 담당자의 봉투에서 돈을 훔치는 것을 목격하였을 때,18 청년들이 할인 매장에서 맥주 한 상자를 훔치는 것을 목격하였을 때,19 한 불량배가 아이를 마구 두들겨 패는 것을 보았을 때20 도와줄 가능성이 더 적다.

▪ **도와줄 수 있는 비상 상황이 아닌 기회**

혼자 있을 때와 비교하면, 집단의 참가자들은 컴퓨터 디스크들을 떨어뜨렸을 때,21 잘못하여 엘리베이터 안에서 동전들을 떨어뜨렸을 때,22 저작

물을 평가할 때23 도와줄 가능성이 더 적다.

이것은 단순히 인위적인 실험실 환경에서 나오는 특징이라고만 할 수 없다. 서문에서 언급했던 월터 밴스의 죽음에 관한 이야기를 기억하는가? 그는 검은 금요일에 타겟Target 매장에서 쇼핑을 하던 도중 심장마비를 일으켰고, 오랫동안 바닥에 쓰러져 있었지만 어느 누구도 도움을 주지 않았다. 응급조치가 취해졌을 때는 이미 늦었다. 이것은 낯선 사람들의 집단에 있던 사람들이 누군가의 생명이 위급할 때조차도 도와주는 어떤 행동도 하지 않았던 것과 똑같은 사고 과정과 연결되는 실화이다.

왜 그럴까? 그런 끔찍한 행동을 어떻게 설명할 수 있을까? 난 가장 그럴듯한 대답은 여전히 라테인이 1968년에 당시에 뉴욕 대학교에서 가르치고 있던 동료 존 달리John Darley와 함께 개발했던 것이라고 생각한다. 그들은 세 가지의 중요한 개념, 곧 책임감의 분산, 사회적 영향, 그리고 관중 억제를 제시하였다.24 여기에서는 이 정도로도 우리에게 충분한 것이지만, 여러분이 이런 주목을 끄는 연구를 좀 더 상세히 검토해 보고자 한다면, 나는 그들의 책『응답하지 않는 방관자: 왜 그는 돕지 않는가?The Unresponsive Bystander: Why Doesn't He Help?』를 읽어 보기를 강력히 추천한다.

그들의 연구에 따르면, **관중 억제**는 쑥스러움을 회피하는 것과 가장 관련이 있는 것으로 보인다. 그 개념은 사람들이 더 많이 보고 있으면 있을수록, 만약 내가 누군가를 도와주려고 시도했다가 도움이 사실 필요가 없다는 것을 알게 될 경우, 나만 더욱 민망해질 수 있기 때문에 도와주지 않는다는 것이다.[25] 우리는 그런 쑥스러운 일이 빚어질 수도 있는 상황에 개입하는 것을 피하고 싶어 한다. 아래의 그림 3.2는 이러한 관중 억제의 개념을 집약적으로 나타낸 것이다.

나는 이 사람이 나의 도움이 필요할 것이라고 믿는다.

+

나는 이 사람을 도와주려다가 내 자신이 쑥스러워질 수 있다고 믿는다.

↓

나는 쑥스러워지는 것을 원치 않는다.

↓

그래서 도와주고자 하는 마음이 별로(혹은 전혀) 없다.

↓

그래서 실제로 별로(혹은 전혀) 도와주지 않는다.

그림 3.2 관중 억제와 도와주기

그것은 낯선 자들의 집단보다 친구들의 집단에서 도와주는 행위가 더 많이 나타나는 까닭이기도 하다. 대개 사람들은 자기 친구들 앞에서 마음이 더 편안하다. 즉, 친구들 앞에서 망신당하는 것이 낯선 자들이 있는 곳에서 그러는 것보다 여러 면에서 더 안전하다.

여러분이 자신의 행동에 대해 예측했을 수 있는 것과는 달리, 만약 우리가 낯선 자와 함께 방에 들어간다면 그리고 그 낯선 자가 바로 옆방에서 들려오는 비명 — "오, 내 발목. 아… 어떻게 할 수가 없어." —

에 반응하지 않는다면, 우리도 또한 도와주지 않을 가능성이 있다는 것을 우리는 인정해야만 한다. 아마 낯선 이는 그 비명과 함께 무슨 일이 일어나고 있는지에 대해 내가 알지 못하는 뭔가를 알고 있을지 모른다. 어쩌면 나는 단지 소리를 상상하고 있거나 상황을 정확하게 파악하지 못할 수도 있을 것이다. 아무튼 나는 낯선 자가 보는 앞에서 그의 웃음거리가 되는 경우를 정말 피하고 싶다.

도와주기와 관련한
보다 희망적인 측면

이쯤 되면 아마 여러분들은 다소 우울한 기분이 들 것이다. 이 연구들에서 보면, 캔디를 주워주거나 메모를 건네주는 것과 같이 아주 쉬운 일임에도 불구하고 많은 사람이 도와주지 않았다. 때로는 방금 심각한 사고를 당한 누군가의 상태를 살펴보는 것과 같은, 정말로 중요한 일임에도 도와주지 않았다. 또한, 여러분의 죄책감이나 쑥스러움을 완화시키는 데 도움이 된다는 이 생각에 방해가 되는 뭔가가 있는 것 같다. 이것이 진정 우리가 할 수 있는 최선이란 말인가?

다행히도 우린 훨씬, 훨씬 더 잘할 수 있다. 그리고 그렇게 할 수 있는 수단이 이미 우리의 품성 안에 내재되어 있다. 다시 말해서, 우리 대부분은 보다 효과적인 방식과 진정으로 배려하는 이유에서 다른 사람들을 도와줄 수 있는 특유의 역량을 지니고 있다. 그러한 놀랄 만한 역량은 무엇일까?

그것은 공감이다.

여러분이 대학에 다니고 있다고 상상해 보라. 여러분의 교수 중 한 사람이 수업 중 케이티 뱅크스Katie Banks라는 동료 학생에 관한 몇 가지 최근 소식을 전하기 위해 수업을 중단한다. 그 교수는 이제 라디오 인터뷰를 틀 참이다. 그러나 라디오를 틀기 전에, 그는 모든 학생에게 다음을 주지시킨다.

기술적 측면에 초점을 맞추고자 노력하라. 방송이 청취자에게 영향을 미치도록 하는 데 사용된 기술과 장치의 효과성을 평가하려고 노력하라.26

그런 후 여러분은 케이티와의 인터뷰를 청취한다. 그녀의 이야기는 끔찍하다. 케이티의 부모와 언니가 자동차 충돌 사고로 사망하였다. 아무도 생명 보험을 들지 않았다. 케이티에게는 어린 남동생과 여동생이 있다. 이제 그녀는 그들의 생계를 책임져야 한다. 그녀가 대학 마지막 학년을 마치려면 누군가의 도움이 필요하다. 그렇지 않으면 그녀는 어린 남매를 입양 보내야 할 처지다.

이것은 나쁜 상황이다. 정말 나쁜 상황이다.

다행히도 여러분의 교수가 케이티를 도우려고 노력하고 있다. 그는 여러분에게 케이티가 쓴 편지가 들어 있는 봉투를 건넨다. 케이티는 그 편지에 "자신이 야간 수업이 있는 날에는 남동생과 여동생을 데리고 있기, 집안의 자잘한 일들을 처리하기, 차편을 제공하기, 전화를 걸기, 혹은 자금 조달 프로젝트용 봉투에 내용물 넣기"27와 같이 여러분의 도움이 필요한 방법들을 적어놓았다.

여러분은 어떻게 할 것인가? 내가 그걸 알 길이 없다. 그러나 실제로 이런 상황이 벌어진 강의실에 있던 다수의 학생은 시간을 내어 봉사하는 일을 하지 않겠다고 결정하였다.[28]

	자원봉사를 하겠다는 비율	자원봉사를 했던 평균 시간
통제 집단	37%	0.60

그 학생이 완전히 낯선 사람이거나 다른 나라에 살고 있는 어떤 사람이 아니었다는 것을 유념하라. 그 학생은 같은 캠퍼스에서 생활하고, 함께 대화를 나눴던 진짜 학생이었다.

나는 우리가 어떤 고무적인 소식을 접할 줄 알았다. 이것은 더 우울한 일이 아닌가? 그렇다. 그러나 이제 희망적인 부분이 나온다. 이 학생들은 통제 집단이었다. 그 교수는 다른 학생들의 집단에게는 주지사항 가운데 단 두 문장만 바꿔 말했다. 그는 학생들에게 기술적 측면보다는 다음과 같은 측면에 초점을 두라고 하였다.

케이티 뱅크스에게 일어난 일을 어떻게 생각하는지, 또한 그것이 그녀의 생활에 어떤 영향을 미쳤는지를 상상하려고 노력하라. 그녀가 겪었던 모든 충격과 그로 인해 그녀가 어떤 기분일지를 느끼려고 노력하라.[29]

두 문장을 바꾼 것이 행동에 어떤 실질적인 차이를 나게 할 수 있을까? 정말 그랬다.[30]

	자원봉사를 하겠다는 비율	자원봉사를 했던 평균 시간
공감 조건	76%	1.33

적어도 나에게 이 결과는 매우 놀라웠다. 이처럼 다른 관점에서 케이티 뱅크스가 겪고 있는 것을 느끼려고 노력함으로써, 훨씬 더 많은 학생이 자원봉사에 자신의 시간을 투자하는 경향이 있었다.

분명 이런 주지 사항이 학생들에게서 심리적으로 강력한 무언가를 이끌어낸 것이다. 그것은 공감일 것이다. 공감은 복합적인 감정으로, 철학자들과 심리학자들은 모두 그것을 이해하기 위해 오랫동안 노력하고 있다. 최소한 케이티 뱅크스의 사례와 같은 경우에, 공감은 두 가지의 주요 구성 요소를 지닌 것으로 보인다. 첫째, 나는 케이티가 겪고 있는 일을 입장을 바꿔 이해하려고 노력한다. 이것은 관점 채택 요소이다. 둘째, 나는 그녀가 겪고 있는 일들을 실제로 느낀다. 이것은 공감적 느낌 요소이다. 결론적으로, 나는 그녀의 관점에서 일들을 생각하고 그녀가 경험하고 있는 것과 같은 무언가를 느끼려고 노력함으로써, 돕고자 하는 마음을 가질 수 있다.

그림 3.3은 이런 과정의 주요 단계들을 보여주고 있다. 학생들이 그것을 완전히 깨달았는지 아닌지의 여부와 관계없이, 그들은 이 단계를 거친 것으로 보인다.

나는 케이티가 부모와 언니를 잃은 후 겪고 있는 일을 상상한다.

↓

나는 그녀가 이런 어려운 상황에서 느끼고 있는 것과 같은 무언가를 느낀다.

↓

나는 그녀의 고통을 덜어주거나 없앨 수 있는 어떤 일을 하고 싶다.

+

나는 봉투 채우는 일을 하여 그녀를 도와줄 수 있다고 믿는다.

↓

그래서 나는 봉투 채우는 일을 하여 그녀를 돕고자 하는 마음이 더 생겼다.

↓

그래서 나는 봉투 채우는 일을 하여 그녀를 도와줄 가능성이 더 크다.

그림 3.3 공감과 케이티 뱅크스를 도와주기

케이티 뱅크스를 돕는 자원봉사와 관련하여 위에서 보고되었던 자료는 캔자스 대학교에 다니는 실제 학생들에게서 나온 것이다. 여기 그들이 몰랐던 비밀이 하나 있다. 케이티 뱅크스는 실제 인물이 아니었다. 그녀는 심리학자 다니엘 뱃슨C. Daniel Batson이 창작한 인물이었다.

뱃슨은 오늘날에도 연구 활동을 계속하고 있는 내가 좋아하는 심리학자이다. 그는 캔자스 대학교에서 공감과 그것이 인간의 선한 행동 혹은 악한 행동에 어떻게 영향을 미칠 수 있는지를 이해하고자 하는 데 그의 경력의 대부분을 보냈다. 그 과정에서 뱃슨은 내가 보기에 우리의 품성을 시험하는 방법과 관련하여 훌륭한 모델이 될 수 있다고 생각하는 실험을 설계하였다.31

30년에 걸친 연구 끝에, 뱃슨은 최소 50가지의 서로 다른 실험에서 계속 반복되는 똑같은 양식을 발견하였다. 만약 사람들이 공감을 느끼게 하는 상황에 주어지면, 그들이 도와줄 가능성은 더 커진다. 조금이 아니며, 또한 단지 쉬운 일에만 국한되는 것도 아니다. 그들은 시간을 많이 투입해야 하는, 매우 힘들고 내키지 않는 일을 도와줄 가능성 또한 크다. 그렇다, 그건 다소 좋은 소식이다.

더 있다. 뱃슨은 공감과 도와주기 간의 확고한 상관관계를 발견 — 다른 심리학자들도 그러하였다 — 한 것뿐만 아니라 왜 그 두 가지가 상호 연결되는지에 대한 설명으로 심리학 분야에서는 꽤 널리 알려진 학자이다. 이즈음 여러분은 도와주는 일이 어떻게 우리를 기분 좋게 하고 고통을 완화시켜 주는지에 대하여 또 다른 이야기가 나올 것이라고 기대할지 모르는데, 아니다. 앞에서는 도와주는 일이 죄책감과 쑥스러움을 완화시키는 데 도움이 되었었다. 그런데 지금은 공감과 관련하여 말하고 있으며, 그것이 우리가 누군가의 고통을 인식할 때 경험하는 괴로움을 완화시키는 데 도움이 될 수 있다는 것이다. 사실 이것은 일부 심리학자들이 올바른 이야기라고 생각한 것이다. 그런데 뱃슨은 아니었다.

대신에 그는 소위 말하는 **공감-이타주의 가설**[32]을 지지하였다. 여기에서 중요한 대조는 이기주의(여러분 자신에게 혜택이 주어지는 데 초점을 둔다)와 이타주의(다른 사람들에게 혜택이 주어지는 데 초점을 둔다)다. 여러분이 잠깐 케이티 뱅크스라고 상상해 보라. 여러분과 같은 대학의 프랭크Frank라는 한 학생이 여러분의 동생들을 돌봐주기 위해 찾아온다. 그래서 여러분은 야간 수업을 들으러 갈 수 있다(프랭크는 이후의 장에서 일부 다른 연구의 사례를 설명하는 데 또 등장할 것이다).

프랭크는 항상 제시간에 오고 아이들을 잘 관리해 주어서 정말 도움이 된다. 여러분은 어느 날 호기심에서 프랭크에게 왜 자발적으로 자신을 도와주는지를 묻는다. 그는 수업 시간에 교수가 여러분과 했던 인터뷰를 들려주며 여러분의 생활하는 모습이 어떨지를 상상해 보고 여러분이 겪고 있는 그 충격을 진심으로 느껴보라고 했던 그날의 상황에 대해서 말했다. 그때 프랭크는 다음 중 하나를 말한다.

내 동급생들 앞에서 멋져 보일 수 있을 것 같아 그때 서명하기로 했죠.
내 기분이 더 좋아질 수 있을 것 같아서 그때 서명하기로 했죠.
내가 다음날 죄책감으로 시달리지 않을 것 같아 그때 서명하기로 했죠.
내가 다른 사람을 도와주는 것이 재밌어서 그때 서명하기로 했죠.
내 이력서가 빈약해 보여 자원봉사 활동이 필요하였고, 그래서 그때 서명하기로 했죠.

이 대답들은 서로 매우 다르게 들리지만, 사실은 모두 한 가지 공통점을 지니고 있다. 이 대답들은 모두 자기 잇속만 차리는 (이기적인) 것이다. 이 대답들은 모두 궁극적으로 프랭크 자신에게만 관심이 쏠려 있다. 케이티는 오로지 프랭크가 원하는 바를 성취하는 하나의 수단으로서만 고려된다.

이제 여러분은 대부분의 사람이, 최소한 정직하다면, 이 중의 하나로 대답한다고 예상할 수 있을 것이다. 뱃슨이 발견했던 것은 그 실험 결과들이 그에게 근본적으로 다른 이야기를 하고 있다는 것이다. 그것은 이기주의가 아니라 이타주의에 관한 이야기이다. 즉, 만약 프랭크가 진실하게 그리고 유식하게 대답하고 있다면, 그는 다음과 같은 어떤 말을 할 것이라는 이야기이다.

내가 여러분을 도울 수 있어서 그때 서명하기로 했죠.
내가 여러분에게 관심이 있었기 때문에 그때 서명하기로 했죠.

바로 그대로이다. 케이티를 도와주는 것, 그녀의 고통을 덜어주고자 노력하는 것, 그녀의 삶을 좀 더 낫게 하려고 노력하는 것은 자기 자신을 위한 어떤 보상을 얻기 위해 혹은 어떤 처벌을 피하기 위한 것이 아니다. 여기에서 프랭크의 궁극적인 초점은 케이티에 있는 것이지, 그 자신에게 있는 것이 아니다. 간단명료하게 말하면, 이것이 뱃슨의 공감-이타주의 가설이다.

만약 뱃슨의 가설이 옳다면 ─ 그리고 그는 그것을 지지하는 많은 연구들을 내놓았고 많은 철학자와 심리학자에게 그것이 사실임을 확신시켰다 ─ 그는 인류 역사에서 가장 유명한 신념 중 하나를 반박하는 데 성공했다고 할 수 있을 것이다. 이 신념은 '심리적 이기주의'라고 불리는데, 그 핵심은 우리가 도움이 필요한 누군가를 돕고 있을 때조차도 우리는 항상 자신의 이런저런 이익 때문에 동기부여가 된다는 것이다.

뱃슨은 이 신념이 **많은 경우**에 사실이라는 데 동의한다. 우리가 흔히 많은 종류의 일을 이기심 때문에 하고자 한다는 것은 분명히 의심의 여지가 없다. 예컨대, 왜 사람들이 세금을 감면받고자 하는지, 왜 자선 단체에 기부하는지 등의 이유를 생각해 보라. 사람들이 얼마나 자기 잇속을 차리고 있는가.

뱃슨의 연구로부터 등장한 주목할 만한 이야기는 우리가 항상 이와 같지는 않다는 것이다. 우리 대부분은 공감할 수 있는 역량을 어느 정도 지니고 있으며, 그 역량은 시간이 지나며 강화될 수 있다. 고통 받는 사람들을 보면, 우리는 우리 자신이 아닌 그들을 위하여 돕고자 하는 마음이 생길 수 있다. 이것은 사실 매우 고무적인 소식이다.

이 모든 것은
우리의 품성에
어떤 의미가 있는가?

화장실 앞은 여러분이 어떤 일을 하는 것을 도와줄 자원봉사자들을 모집하기에 좋은 장소이다. 그리고 내가 부상을 입을 경우, 주변에 낯선 사람들이 여럿 있는 것보다 한 사람만 있기를 바라는 것이 더 낫다. 여러분은 이런 것들이 흥미를 끌기는 하지만 과연 품성과 어떤 관련이 있느냐고 말할지도 모르겠다.

사실은 상당히 관련이 있다. 이 장에서 언급된 것과 같은 실험들은 우리가 다른 사람들을 도와주는 것과 관련하여 얼마나 선한 혹은 악한 경향이 있는지를 알려준다. 특히 우리는 다음과 같은 이런 중요한 질문들에 대한 예비 대답을 마련할 수 있다.

우리 친구, 지도자, 동료를 포함하여 대부분의 사람은 연민의 미덕을 지
니고 있는가?

아니면 대부분의 사람은 이기심, 무관심, 냉담의 악덕을 지니고 있는가?

첫째, 우리는 잠시 심리학자들처럼 생각하는 것을 멈추고 철학자들
이 하는 것처럼 생각할 필요가 있다.

지금까지 가장 보편적으로 알려진 미덕 가운데 하나인 연민을 가지
고 검토해 보자. 여러분이 어디에선가 읽었거나 개인적으로 알고 있는
가장 연민 어린 사람의 경우를 생각해 보라. 혹은 앞장에서 보았던 레
오폴드 소차나 폴 파머의 사례를 생각해 보라. 우리가 위의 연구들에서
관찰했던 행동을 그들의 행동과 비교했을 때 어떤가?

내 생각엔 별로다. 왜냐하면 우리가 죄책감과 쑥스러움에 관한 연구
들에서 보았던 것처럼, 통제 집단 참가자들은 보통 아무런 행동을 하지
않기 때문이다. 비슷한 결과가 예컨대 도와주기와 좋은 기분, 나쁜 기
분, 예상된 비난, 심지어 예상된 공감에 관한 연구들과 같은 심리학 전
반에 걸쳐 나타난다.33

잠깐, 여러분은 반대할지도 모르겠다. 1장에서 말했던 바와 같이, 여
러분이 연민 어린 사람이라고 하더라도 누군가가 어려운 처지에 놓일
때마다 도울 수는 없다. 그 사람은 수일 내에 완전히 피폐해지고 자기
자신의 생활은 엉망이 될 수 있기 때문이다. 따라서 이런 논거는 너무
극단적이지 않은가?

나는 생각이 좀 다르다. 사실, 우리가 어떤 사람이 연민 어린 사람인

가를 말할 때 그렇게 엄격한 기준에 입각하여 평가해서는 안 된다. 그와 동시에, 우리가 말하는 연민 어린 사람은 보통 빨리 처리될 수 있는 작은 문제들을 최소한의 시간과 노력으로 돕고자 노력할 것이다.[34] 따라서 이것은 연민 어린 사람이라면 당연히 빈민을 구제하기 위해 자신의 일생을 바쳐야 한다거나 자신의 모든 시간을 가난한 사람들을 위해 보내야 한다는 것을 의미하는 것은 아니다. 그것은 다만 우리가 연민 어린 사람의 삶은 최소한 명백하고, 비교적 사소한 곤경을 해결하는 데 도움을 주는 행동을 꾸준히 하나의 행동 양식으로 보여주길 기대한다는 것을 말하고 있다.[35]

서류를 옮기거나 누군가에게 쇼핑백이 찢겨 있다는 사실을 알려주는 것과 같이 도와주는 데 불과 수초의 시간이 드는 아주 단순한 일일 때조차도, 많은 통제집단의 참가자들은 아무런 조치를 취하지 않았다. 전체 인구의 대표로서, 실험 참가자들은 우리 가운데 많은 사람이 이런 미덕을 가진 것으로 보이지 않는다는 것을 실증적으로 보여준다.

그러나 여러분은 서류나 캔디와 관련되는 이런 것들은 아주 사소한 실수라고 말할지도 모르겠다. 연민 어린 사람에게 실제로 중요한 것은 어떤 사람이 정말로 고통을 당하고, 부상을 입고, 혹은 생명이 위독한 것과 같은 것이지, 누군가가 캔디를 흘리고 있는지와 같은 그런 문제가 아니지 않느냐. 캔디를 무시했던 바로 그 사람도 끔찍한 시련을 겪고 있는 친구를 도와주기 위해 최선을 다할지도 모르지 않는가.

나는 확신이 서지 않는다. 여러분이 연민 어린 사람으로 생각해 내었던 그 사례로 돌아가 보자. 그 사람은 서류 뭉치가 땅에 떨어지는 것을 보면 어떻게 할까? 그저 무시해버릴까? 그건 내가 나의 도덕적 귀감에 대해 기대하는 바와는 다르다.

그 문제는 일단 제쳐놓자. 훨씬 더 중요한 연구들이 많다는 것을 기억하는 것이 더 중요하다. 내가 늘 사용했던 사례는 소위 말하는 '방관자 효과'였다. 이것은 어떤 사람이 왜 아무런 반응을 보이지 않는 사람들의 집단에 속하면 비상사태에서 도와줄 가능성이 훨씬 더 작아지게 될 수 있는지와 관련이 있다.

우리 대부분에게 일반적으로 연민이 부족하다는 이런 실험 결과들에도 불구하고, 여러분이 **여전히** 납득이 되지 않는다고 치자. 여기 훨씬 더 설득력 있는 이유가 있다. 우리가 이 연구들에서 보는 **동기부여의** 양식은 결코 과장된 게 아니다. 어쨌든, 연민 어린 사람에게서 일어나는 도와주고자 하는 동기는 죄책감이나 쑥스러움으로 인하여 마구 요동치지는 않을 것이다. 폴 파머나 마더 테레사와 같은, 여러분이 좋아하는 모범적인 인물들을 다시 생각해 보라. 마더 테레사가 쑥스러움을 느껴서, 오로지 그 이유로 가난한 사람들을 도왔을까? 아니면 죄책감을 느껴서, 오로지 그 이유로? 물론 그렇지 않다.

하지만 우리가 보았듯이,

통제 집단 참가자들의 15%에 비해 죄책감을 느낀 참가자들의 55%가 망가진 카메라와 찢겨진 가방과 관련한 리건의 연구에서 도와주었다.

낯선 자와 있던 사람들의 7%에 비해 혼자 있던 사람의 70%가 옆방에 있는 한 여성이 의자에서 떨어져 비명을 질렀던 라테인과 로딘의 연구에서 도와주었다.

언급되지 않았던 추가적인 사례들은 다음과 같다.

통제 집단 참가자들의 25%에 비해 기분이 좋은 사람들의 61%가 좋은 기분을 유발하기 위해 쇼핑몰에 쿠키와 계피 냄새를 풍겼던 로버트 바론 Robert Baron의 연구에서 도와주었다.[36]

통제 집단 참가자들의 33%에 비해 기분이 언짢은 사람들의 71%가 프랭크 와이언트Frank Weyant가 수행했던 미국 암학회에서의 자원봉사와 관련한 연구에서 도와주었다.[37]

그뿐만 아니라, 그들이 도와줄 때 그 동기가 의심스러워 보인다. 우리가 보았던 것처럼, 죄책감과 쑥스러움이 어떻게 돕고자 하는 마음을 불러일으키는지에 관한 전형적인 모델에 따르면, 돕고자 하는 동기부여가 이기적이다. 돕는 행위가 우리의 죄책감을 완화하고 우리의 쑥스러움을 극복하는 효과를 수반한다.[38] 그와 동일한 자기중심성은 돕는 행위가 우리의 좋은 기분을 유지하거나 우리의 불쾌한 기분을 퇴치할 때에도 존재한다.[39]

다른 한편, 연민 어린 사람은 행동과 동기에서 통계적으로 신뢰성 있게 안정적으로 이타적이다. 그 초점이 정확하게 다른 사람의 상황을 개선하는 데 있다. 도와주는 사람은 그 과정에서 혜택을 입을지 모른다. 도와주는 사람은 그 과정에서 고통을 받을지도 모른다. 그러나 그것은 중요한 문제가 아니다. 우리가 이타적으로 동기부여가 될 경우, 우리는 우리 자신에 초점을 두지 않는다.

요약하자면, 대부분의 사람은 흔히 떨어진 컴퓨터 펀치 카드를 주워 주거나[40] 1달러의 잔돈으로 바꿔주는 것[41]과 같은 지극히 단순한 일을 도와주지 않을 것으로 보인다. 그들이 도와줄 때는 죄책감이나 쑥스러운 감정을 느껴서 그러할 것이다. 그러므로 그들의 행위는 이타적이 아닌 이기적인 동기에서 비롯된 것이다. 이런 것은 모두 우리가 연민 어린 사람에게서 기대할 수 있는 것과는 거리가 멀다. 그래서 나는 다음과 같은 결론을 내렸다.

오늘날 대부분의 사람은 연민의 미덕을 지니고 있지 않다.

공정하게 말하자면, 나는 단지 '대부분'의 사람이 연민의 미덕을 갖고 있지 않다고 주장하는 것이다. 난 '모든' 사람이라고 말하지는 않는다. 다시 말해서, 이 미덕을 갖추고 있는 '소수'의 사람이 존재한다는 자료도 어느 정도는 양립 가능하다. 예컨대, 리건의 연구에서 통제 집단에 속한 쇼핑객 중 16%는 찢겨진 가방에서 캔디가 흘러 떨어진다고 주의를 환기시켜 주었다.[42]

물론, 단 한 번의 칭찬할 만한 도덕적인 행위가 그 사람을 덕이 있는 사람으로 만들지는 않는다. 그렇기 때문에 결국 우리에게 정말로 필요한 것은 동일한 사람이 그들의 삶에서 직면하는 다른 많은 도덕적 상황에서 어떻게 행동하는지를 추적하는 연구이다. 불행히도 그러한 '종적 연구'는 심리학에 거의 존재하지 않는다. 그런 연구는 비용이 매우 많이 들고, 오랜 시간을 필요로 한다. 또한 그런 연구는 한 사람의 일상생활을 윤리적으로 존중하는 가운데 어떻게 추적 관찰할 것인가, 이와 동시에 자신이 관찰되고 있다는 것을 알면 다르게 행동할 수 있다는 점에서 그런 문제를 어떻게 극복할 것인가 등의 어려움이 있다.

삶의 다양한 영역 가운데 다른 사람을 도와주는 미덕의 품성을 갖춘 사람이 적어도 소수는 존재할 것이다. 반면에 우리 대부분은 연민 어린 사람이 되기엔 아직 갈 길이 멀다.

만약 그렇다면, 우리 대부분은 이기적이고, 무관심하고, 다른 사람들에게 냉담하다는 의미인가? 다시 말해서, 우리가 마음속으로는 에비니저 스크루지Ebenezer Scrooge와 다름없다는 것인가?

만약 이 장의 앞 절이 없었다면, 나는 그렇다고 말하고 싶었을 것이다. 그러나 공감 연구가 상황을 상당히 변화시켰다. 여기서 우리는 많은 상황에서 기꺼이 도와주는 신뢰성 있는 행동 양식을 본다. 여기서 우리는 매우 중대하고 비용이 많이 드는 곤경임에도 자진해서 이를 도와주고자 하는 의지를 본다. 그리고 그 어떤 것보다 가장 중요한 것으로, 우리는 강력한 이타심으로부터 돕는 행동이 나온다는 증거를 볼 수 있다는 것이다. 이 가운데 어떤 것도 내가 스크루지에게서 발견하기를 기대할 만한 것이 아니다.

그래서 나는 지금 훨씬 더 빨리 다음과 같은 결론에 이른다.

오늘날 대부분의 사람은 이기심, 무관심, 냉담의 악덕을 지니고 있지 않다.

우리가 연민 어린 사람이 아닐 수 있다고 해서, 그것이 우리가 스크루지라는 것을 의미하지는 않는다.

그래서 명백한 모순의 양상은 아니더라도, 우리는 상당한 긴장 상태를 안고 있다. 한편으로 우리는 선한 행동을 할 수 있고 칭찬할 만한 동기를 지닐 수 있는 강력한 역량을 갖고 있다. 또 다른 한편, 우리는 선한 행동을 하지 않을 수 있고 의문스러운 동기를 지닐 수 있는 역량 또한 갖고 있다. 우리의 품성에 관한 이런 두 가지 측면이 우리의 마음속에 존재하고 있으며, 그 영향력은 둘 다 강력하다. 우리는 그런 측면을 경시하거나 무시해서는 안 된다.

우선은 이와 관련한 논의를 이 정도에서 멈출 것이다. 대신에 품성의 다른 영역들을 더 검토해 보고, 똑같은 긴장 상태가 나타나는지를 알아보고자 한다.

1 Regan 외(1972).

2 Regan 외(1972): 44.

3 이것은 죄책감에 관한 엄격한 정의라기보다는 그 개념에 관한 다소 개략적인 묘사라고 생각된다. 예컨대, 우리가 최소한 우리의 마음속에서 개인적으로 책임을 질 수 있고 설명할 수 있는 방식에서 우리의 기준에 따라 살지 못하는 것도 죄책감에 추가될 수 있는 요소이다.

4 더 상세한 내용은 다음을 볼 것. Miller(2013): 2장.

5 Donnerstein 외(1975); Cunningham 외(1980); Lindsey(2005).

6 정확히 말하면, 리건이 죄책감-완화 모델 쪽에만 초점을 맞춰 연구를 한 것은 아니다. 결과에 대해 다른 해석도 가능할 것이다. 나는 다만 여기에서 여러분이 이 모델에 따라 결과를 이해하기를 바랄 뿐만 아니라 죄책감-완화 모델이 심리학자들 사이에서 점점 지지를 얻고 있다는 것을 말하고 싶은 것이다. 내가 우리 심리의 이런 부분에 대해 별로 평가를 하지 않고 있다는 점에 주목하라. 이 장의 마지막 부분에서 그런 평가를 제시할 것이다. 그런데 나는 만약 많은 사람이 죄책감-완화에 의해 동기가 강해진다면 어떤 면에서는 좋은 일이라고 생각한다. 왜냐하면 그런 사람들이 어려움에 처한 사람을 도와줄 가능성이 그만큼 커질 것이기 때문이다. 하지만 그것이 사실이라고 하더라도, 나의 관심은 그렇게 동기가 강화되는 것이 과연 도덕적인가라는 데 있다. 나중에 자세히 이야기할 것이다.

7 Cann and Blackwelder(1984): 224.

8 죄책감과 마찬가지로, 이는 엄격한 정의라기보다는 쑥스러움에 대한 대강의 특성을 말한다.

9 쑥스러움과 돕는 행위에 관한 다른 연구로는 다음과 같은 것들이 있다.
Foss & Crenshaw(1978); Edelmann 외(1984); Gonzales 외(1990).

10 다음을 볼 것. Apsler(1975); Cann & Blackwelder(1984); R. Miller(1996); 4.

11 Latané & Darley(1970): 58. 원본은 다음을 볼 것. Latané & Rodin(1969).

12 Latané & Rodin(1969): 193~195; Latané & Darley(1970): 60~63.

13 뒤에 나오는 본문은 Miller(2013)의 6장에서 발췌된 것이다. 사용된 범주는 Latané & Nida(1981)를 따른다. 이 방대한 문헌에 관한 유용한 논평은 다음을 볼 것.
Latané & Nida(1981); Latané 외(1981).

14 Latané & Darley(1968). 추가적인 연구에 대해서는 다음을 볼 것.
Ross & Braband(1973); Latané & Nida(1981).

15 Darley & Latané(1968); Latané & Darley(1970): 11장.

16 Clark & word(1972).

17 Clark & Wrod(1974). 추가적인 연구에 대해서는 다음을 볼 것.
Gottlieb & Carver(1980); Latané & Nida(1981): 311; Tice & Baumeister(1985).

18 Latané & Darley(1970): 8장.

19 Latané & Darley(1970): 8장.

20 Latané & Darley(1970): 82. 추가적인 연구에 대해서는 다음을 볼 것. Schwartz & Gottlieb(1980); Latané & Nida(1981): 311; Chekroun & Brauer(2002).

21 Karakashian 외(2006).

22 Latané & Dabbs(1977).

23 Petty 외(1977b). 추가적인 연구에 대해서는 다음을 볼 것. Petty 외(1977a); Latané 외(1979); Latané & Nida(1981): 311, 313; Chekroun & Brauer(2002): 855.

24 이에 대한 개관은 다음을 볼 것. Latané & Darley(1968, 1970); Schwartz & Gottlieb(1980); Latané & Nida(1981); Latané 외(1981); Cacioppo 외(1986).

25 라테인과 달리는 이를 다음과 같이 설명하였다. "비상사태의 방관자에게는 모든 배우의 꿈이라고 할 수 있는 무대에 올라갈 기회가 제공된다. 그러나 이 경우에 있어서 그것은 모든 배우의 악몽이다. 그는 그 역을 연습해 보지도 않았지만, 이미 무대의 막은 올라서 그 역을 연기하지 않으면 안 된다. 관람하는 사람들이 많으면 많을수록, 체면을 잃을 가능성은 그만큼 커진다."(1970: 40). 추가적인 논의에 대해서는 다음을 볼 것. Miller & McFarland(1991); Prentice & Miller(1996); Karakashian 외(2006).

26 Batson 외(1989): 929.

27 Batson 외(1989): 930.

28 Batson 외(1989): 931.

29 Batson 외(1989): 929.

30 Batson 외(1989): 929.

31 이 실험과 결과에 관한 요약은 다음을 볼 것. Batson(2011).

32 이 가설과 그것을 뒷받침해 주는 증거에 관한 광범위한 논의는 다음을 볼 것. Batson(2011).

33 이 연구에 관한 개관은 다음을 볼 것. Miller(2013).

34 철학자들이 말하기 좋아하는 것처럼, '다른 조건이 같다면' 만약 여러분의 다리가 부러졌거나 기절하기 직전이라면, 분명히 이는 적용되지 않을 것이다.

35 만약 여러분이 연민 어린 사람으로 인정받기 위해서는 어느 정도 자선단체에 기부를 하거나 다른 사람들을 도와주어야 하는가를 일러주는 하나의 원리나 체크리스트의 형식을 갖춘 어떤 지표를 찾고 있다면, 나로서는 별로 할 말이 없다. 왜냐하면 난 그에 도움이 될 만한 어떤 특별한 지표를 갖고 있지 않기 때문이다. 사실, 난 그런 체크리스트를 제시할 수 있는지에 대해서도 확신이 서지 않는다.

36 Baron(1997). 우리는 7장에서 보다 상세히 이 연구를 검토할 것이다.

37 Weyant(1978). 이 놀라운 결과는 흔히 도와주는 행동이 나쁜 기분을 감소시키는 수단으로 여겨진다는 것으로 설명되고 있다.

38 심리학 문헌에는 이 장에서 고려되지 않았던 다른 경쟁적인 모델이 있다는 점을 지적해 둔다. 그러나 내가 알고 있는 한, 이 모델 중 어느 것도 이타적 혹은 사심 없는 동기를 관련시키지 않는다. 이에 관한 더 상세한 내용은 다음을 볼 것. Miller(2013).

39 Miller(2013).

40 Konečni(1972).

41 Baron(1997).

42 또한 본문의 주장은 북아메리카와 유럽의 사람들에게 적용되는 것이 적절하다. 왜냐하면 연구의 거의 대다수가 그곳에서 수행되었기 때문이다. 그 결과가 세계의 모든 곳에서도 비슷하게 나타날 수도 있겠지만, 그런지 어떤지는 우선 경험적으로 입증될 필요가 있다.

4장

해 끼치기

어느 날 프랭크는 새로운 연구를 위한 광고를 우연히 보게 되었는데, 그 연구는 매우 흥미로워 보였다. 그는 자신의 지역 대학에서 사람들이 압박감을 느낄 때 어떻게 행동하는지를 알아보고자 하는 연구를 돕게 되었다. 그는 그 연구가 매우 가치 있는 정보가 될 수 있다고 생각하였다. 게다가 약간의 돈도 쉽게 벌 수 있었다. 그래서 프랭크는 기꺼이 그 연구 활동에 참여하였다.

오늘은 그 연구에 있어서 중요한 날이다. 그는 연구를 진행하는 심리학자들 가운데 한 사람을 만나고, 그 심리학자는 함께 이야기를 나눌 수 있는 방으로 그를 데리고 간다. 프랭크는 자기가 해야 할 일이 그 심리학자가 지켜보고 있는 가운데 옆방에 있는 누군가에게 시험을 치르게 하는 것임을 알게 된다. 그리고 여기에는 반전이 있다. 프랭크는 옆방에 있는 사람이 실직을 당했고 직업을 갖기 위해서는 이 시험을 통과해야 한다는 말을 듣는다. 누군가의 행복이 이 시험에 달려 있다고 생각하니 긴장감이 들었다. 프랭크는 시험 관리를 잘해야겠다고 스스로 다짐했다.

그 시험은 32개의 질문으로 구성되어 있다. 프랭크는 그 구직자가 약간의 틀린 대답을 할 때마다 부정적이고 스트레스를 주는 말을 하라는 교육을 받는다. 처음에는 가벼운 말("지금까지 당신의 시험 점수는 불충분해요.")로 시작한다. 그러나 구직자는 이 말을 들으면 확실하게 짜증을 내고 프랭크가 그 사실을 알도록 한다. 프랭크는 스트레스 주는 말을 한 이후에 그 말을 들은 구직자의 스트레스 수준을 알려주는 컴퓨터 판독기를 볼 수 있는데, 확실히 그 수준이 상승하는 것을 알 수 있다.

더 정확히 말하면, 이 구직자는 시험에 지원할 때 틀린 대답을 할 경우에 스트레스를 유발하는 피드백을 받게 된다는 내용이 계약에 없었고, 듣지도 못했다고 한다. 결과적으로는 그가 속은 꼴인데, 프랭크는 그 사실을 뒤늦게 알게 된다.

상황이 나빠지기 시작하지만, 프랭크는 계속하여 다음 질문을 이어간다. 잠시 후에, 스트레스를 주는 또 다른 말을 하고, 또 잠시 후에 또 다른 질문과 함께 스트레스를 주는 말을 이어간다. 그 말들은 점점 가혹해진다.

만약 계속 이러면, 당신은 분명히 시험에 떨어질 것입니다.

시험 결과를 보면, 당신은 하급 기능을 수행하는 일에 더 잘 어울립니다.

상황은 가난한 구직자에게 더욱 악화된다. 그의 스트레스 수준은 점점 상승하고, 스트레스를 더 많이 느끼면 느낄수록, 그가 시험을 더욱 망치고 있다는 것은 분명하다. 만약 이런 상황이 지속된다면, 그는 시험에 떨어지고 일자리를 얻을 수 있는 유일한 기회를 잃을 것이다.

10번째 스트레스를 주는 말을 했을 때, 상황은 걷잡을 수 없이 커진다. 구직자는 "(프랭크에게) 그런 말 하지 마시오."라고 요구하였다. "그는 이 실험의 성격에 관하여 자신에게 거짓 정보를 제공한 실험자를 비난하며 자신이 했던 동의를 철회한다…. 14번과 15번의 스트레스 말 이후, 그의 반응은 절망 그 자체이다."[1]

상황이 그 구직자에게 극적으로 악화되는 동안, 프랭크에게서는 어떤 일이 일어나고 있을까? 가끔 그는 자신이 하는 일에 대하여 약간 갈등하는 징후를 보인다. 그는 함께 방에 있는 심리학자에게 자기가 계속 이 일을 해야 하느냐고 묻기도 한다. 그러나 그 심리학자는 매우 명료하고 사무적으로 "계속하세요." 혹은 "당신은 다른 선택의 여지가 없습니다. 계속해야 합니다."라고 말한다. 그러자 프랭크는 계속한다.

13번째 스트레스를 주는 말로, 그 지원자는 시험에서 떨어졌다. 이 시점에 이르면, 프랭크는 구직자가 얼마나 형편없이 문항에 답하고 있는지에 대해 더 말할 필요가 없다. 그런 상황임에도 프랭크는 멈추지 않고 계속한다. 그는 32번 문항까지 질문을 계속 이어가고 15번째이자 마지막, 스트레스를 주는 말을 한다. 그러고는 멈춘다.

당연히 그 구직자는 큰 충격을 받는다. 그는 자신이 필사적으로 찾고자 하는 직업을 얻을 기회를 놓쳐버렸다. 그뿐만이 아니다. 그는 엄청난 스트레스를 받았다. 그는 속았고, 언어폭력을 당했으며, 절망 상태에 빠졌다.

프랭크는 이 모든 것을 안다. 그래서 그 역시 마음이 편치 않다. 그 사람이 고통을 겪는 것을 바라보는 것은 그에게도 일종의 고문이다. 사실, 그는 "스트레스 주는 말을 하는 것을 몹시 싫어하였다."[2] 그러면서도 그는 벌어진 일에 대해 자신을 책망하지 않는다. 그는 일차적으로 자신에게 그 책임이 없으며, 모든 책임은 정확히 그 일을 담당하는 그 심리학자에게 있다고 생각한다. 어쨌든 그는 "그 실험의 대리인으로서 행동하고 있을 뿐"[3]이라고 생각한다. 따라서 프랭크가 "그 지원자에게 극히 냉담한"[4] 것은 자연스러운 일이다.

자, 여기에는 놀라운 사실이 있다. 그건 프랭크가 유독 별난 사람이 아니라는 것이다. 그는 온 연못을 흐려놓는 한 마리의 '미꾸라지'가 아니다. 우리는 모두 프랭크와 같다. 우리 대부분은 이 상황에서 똑같이 그런 행동을 할 것이다.

공격성과
미덕의 결여

우리는 1986년에 심리학자 빔 미우스Wim Meeus와 퀸튼 라아이지메이커즈Quinten Raaijmakers가 이런 설정을 갖춘 연구를 발표한 이후 이런(우리에게는 공격성이 있고 미덕이 결여되어 있다는) 사실을 알게 되었다. 프랭크는 이 책에서 기술된 많은 연구에 참여하는 우리의 상상 속 인물이긴 하지만, 스트레스 주는 말을 선택하는 것을 포함하여 많은 참가자가 위에서 기술된 모든 실험 상황을 실제로 겪었다. 사실, 주어진 15가지의 사용 가능한 말 가운데, 참가자들이 사용했던 평균은 14.81가지였다. 참가자들의 91.7%가 15가지의 말을 모두 사용한 것이다! 그것은 곧 그들이 **상황이 이미 너무 악화되었고 구직자가 시험에 떨어졌다는 것을 안 이후에도** 14번째와 15번째 스트레스 주는 말을 했다는 것을 의미한다.5

대부분의 참가자는 심리학자가 하는 말에 복종하고자 하였으며, 이에 그들은 필사적으로 직업을 찾고자 하는 사람에게 기꺼이 언어적으로 폭력을 가할 용의가 있었다. 물론, 실험에 참가한 구직자들은 사실 미우스와 라아이지메이커즈의 연구를 위해 일하는 연기자들이었다. 그러나 참가자들은 그 사실을 전혀 몰랐다.

이것은 심리학사에서 사람들이 권위자로부터 공격적으로 행동하라는 말을 들었을 때 실제로 그렇게 행동하는지를 조사한 여러 연구 중 하나일 뿐이다.6 이 가운데 가장 유명한 연구는 1960년대에 예일대 연구원 스탠리 밀그램Stanley Milgram이 수행했던 것으로, 나중에 이 장의 끝에서 논의할 것이다. 이 연구로 인해 발견한 것은 전반적으로 다음과 같은 몇 가지의 충격적인 경향이었다.

대부분의 사람은 어떠한 처벌을 받지 않고 쉽게 손을 뗄 수 있음에도 불구하고 권위자의 압력에 못 이겨 끔찍한 일을 기꺼이 하고자 한다.
이들은 자신이 하는 일에 마음 아파하지만, 그렇다고 그 일을 중단하지는 않는 경향이 있다.

만약 그들이 어떤 일을 할 것인지에 대하여 사전에 물어보았다면, 그들은 이런 끔찍한 일을 하겠다는 생각을 결코 하지 않았을 것이다. 아울러 그들은 대부분의 사람 역시 일반적으로 그런 일을 하지 않을 것으로 예측할 것이다.

설상가상으로 이러한 발견은 실제 생활에서 자주 일어나는 일을 반영하고 있다는 것이다.

그 명백한 예는 홀로코스트다. 사실, 1960년대와 1970년대에 행해졌던 공격성에 관한 이러한 많은 연구는 겉으로 보기엔 '멀쩡한' 독일 시민들이 어떻게 유대인과 다른 소수 집단에게 그렇게 순종적인 사형 집행자가 될 수 있었는지에 대한 의문으로부터 직접적인 영감을 받았다. 훨씬 더 작은 규모이긴 하지만 이보다 더 최근에는 이라크의 아부 그라이브 교도소에서 일어났던 인권 남용의 사례들이 있다. 심리학자들은 그 사례들에 대해서도 광범위한 논의를 해왔다.[7]

이 사례들 중 어느 것도 우리의 품성에 대해 멋진 그림을 그리지 않는다. 바로 앞 장에서, 우리는 다른 사람을 도와주는 것을 살펴보았고, 그와 관련된 미덕은 연민이었다. 이제 우리는 다른 사람에게 해를 끼치는 것을 살펴보고 있는 중이다. 그리고 그와 관련된 미덕은 정당화되지 않는 해를 우리가 다른 사람들에게 끼치지 않도록 하는 선한 품성 특질일 것이다.

여기에서 '정당화되지 않는 해'라는 말은 매우 중요하다. 그것은 때로는 해가 정당화될 수도 있다는 것을 함축한다. 말하자면, 여러분이 강도로부터 공격을 당하거나 폭탄을 터뜨리려는 사람을 저지하기 위해 다리에 총을 쏘는 경우는 정당화될 수 있다. 이와 관련된 미덕이 무엇이든, 그 미덕은 여러분이 그런 행위를 하도록 할 것이며, 또한 정당화되지 않는 해를 끼치는 것에 맞서는 힘을 발휘할 것이다.

우리는 동기부여 또한 중요하다는 것을 항상 염두에 두어야 하기 때문에, 이 미덕은 정당화되지 않는 해를 끼치는 것을 **정당한 이유로** 제지할 것이다. 만약 여러분의 자녀가 학교에서 말을 잘 안 듣는 새 친구에게 폭행을 가할 기회가 있지만, 그렇게 하지 않기로 선택하였다면, 그것은 매우 잘한 일이다. 그런데 만약 여러분의 자녀가 오로지 학교에서 쫓겨날까 봐 폭력을 가하는 것을 망설였다면, 그것은 정당한 이유가 아니다. 여러분이 어떤 사람에게 관심이 있기 때문에 혹은 그것이 그 사람에게 아픔을 주기 때문에 혹은 그것이 그 사람의 자존감이나 권리를 손상시킬 것이기 때문에 그 사람에게 해를 끼치지 않는다면, 그런 것들은 도덕적으로 정당한 이유다. 그저 여러분이 교사나 여러분의 상사 혹은 경찰로부터 처벌을 받을까 봐 두려워서 누군가에게 해를 끼치지 않는 것은 도덕적으로 타당한 이유라고 보기 어렵다.

이 덕을 뭐라고 하는가? 불행히도 영어에는 그에 맞는 간단하고 친숙한 단어가 없다. '연민'은 대개 사람들을 도와주는 데 쓰인다. '해악 금지'는 많은 철학자가 부르고 싶어 하는 말이지만, 이 단어는 우리에게 익숙하지 않다. 여러분이 누군가에게 그 단어를 들었던 마지막은 언제였는가? 우리는 이제 이 단어를 '적절한 자제'의 미덕으로 부르면 어떨까?

내가 생각하기에 미우스와 라아이지메이커즈가 수행했던 연구나 이와 관련한 다른 조사들은 우리 대부분이 이 미덕을 갖추고 있지 않다는 것을 보여준다. 프랭크와 같은 사람은 구직자에게 끔찍한 말을 계속하였다. 언제라도 그 연구 활동을 그만둘 수 있는 자유가 있었지만 그만두지 않았으며, 나중에는 자신의 행위에 따른 책임을 실험자에게 돌렸다. 내가 지적했던 바와 같이, 권위자에 대한 이런 형식의 복종 사례는 여러 실험과 실제 생활에서 자주 나타난다.

잠깐, 이러한 상황들은 매우 특이한 경우가 아닌가? 그런 경우에 따르면, 아마 우리 대부분은 권위자가 우리보고 다른 사람들에게 해를 끼치라고 말하면 그에 복종할 것이다. 그런데 그런 일이 실제로 일상생활에서 자주 일어나는가? 사실, 우리는 대부분의 경우에 다른 사람에게 해를 끼치지 않는 선량한 사람이 아닌가? 우리에게 적절한 자제의 미덕이 결여되어 있다고 결론을 내리는 것은 너무 섣부른 것이 아닌가?

그렇다, 난 내가 다른 사람들에게 무슨 커다란 해를 끼쳤다고 생각하지 않는다. 그리고 나는 브라이언 스토우Bryan Stow도 마찬가지라고 본다. 여러분은 브라이언이 2011년 3월에 새로 시작된 야구 시즌에 다저스 구장에서 첫 경기를 관람하고 떠나던 42세의 구급 대원이었다는 것을 기억할지 모르겠다. 그는 주차장에서 두 명의 다저스 팬, 루이 산체스Louie Sanchez와 마빈 노우드Marvin Norwood로부터 공격을 당했다. 그들은 브라이언의 한쪽 눈을 망가뜨리고 그의 혀를 움직일 수 없게 만드는 등의 잔인한 폭행을 가했다. 그는 혼수상태로 겨우 생명은 건졌지만, 심각한 뇌손상을 입었다. 그가 무슨 잘못을 했을까? 그 이유는 단순히 그가 경쟁 팀인 샌프란시스코 자이언츠의 팬이라는 것이었다.8

물론 내가 지금 브라이언을 공격했던 자들이 그에게 해를 끼쳤던 것처럼 우리가 그렇게 폭력적으로 다른 사람들을 해친다고 말하고 있는 것은 아니다. 우리 대부분은 결코 **그렇게** 가혹한 짓을 하지 않았다. 또한 우리가 그렇게 공격적으로 행동할 의향이 있거나 악심이 있다고 말하는 것도 아니다. 나는 그들이 했던 행동이 극단적인 경우임을 인정한다.

내가 말하고자 **하는 건**, 대부분의 경우에 우리에게는 **어느 정도 공격**적으로 행동하고자 하는 성향이 있다는 것이다. 우리는 보통 공격적으로 행동하지 않는다. 왜냐하면 그렇게 행동할 경우, 우리는 교도소에 가거나, 직장에서 해고당하거나, 자녀들의 양육권을 상실당하거나, 보복을 당할 수 있기 때문이다. 그러나 우리가 의식하든 그렇지 않든, 우리의 마음 깊은 곳에는 공격적인 충동이 도사리고 있다는 생각은 여전히 남아 있다.

난 그것을 어떻게 아는가? 공격성은 앞의 여러 연구에서처럼 권위자에 복종하는 맥락에서 연구되지는 않았다. 그러나 수십여 편의 연구는 우리의 품성을 한층 더 깊이 시험해 보고자 다른 사람들에게 해를 끼치는 상황에서 무슨 일이 진행되는지를 알아보았다. 한 가지만 언급해 보자. 레오나드 버코위츠Leonard Berkowitz는 위스콘신 매디슨 대학에서 은퇴한 심리학자이다. 그는 현역에 있을 때 공격성에 관한 유명한 연구자 중의 한 사람으로 명성을 떨쳤었다. 그는 한 고전적인 연구에서 각 참가자가 낯선 사람(사실은 버코위츠의 연구를 위해 일하는 연기자이다)과 짝을 이루도록 하였다. 그들은 각자 음반 판매와 가수의 이미지 제고를 도울 수 있는 아이디어를 떠올려야 했다. 그런 다음 그들은 다른 방에

― 인간의 품성

있는 충격기에 연결되었다.

우선, 그 연기자에게 참가자가 제시한 아이디어의 질을 평가하고 그에 따라 충격을 가하라고 하였다(너무 나쁜 아이디어 = 더 큰 충격). 참가자가 오직 한 번의 충격(그러므로, 매우 가벼운 결과)을 받도록 이미 짜여있었다. 그런 후 순서를 바꿔, 참가자가 그 연기자의 아이디어를 평가하고 그에 따라 충격을 가하도록 하였다.[9]

아마 여러분도 예측했겠지만, 참가자가 가하는 충격은 약간 보복성이긴 했지만, 대단치는 않았다.[10]

| 평균적인 회답 충격 횟수 | 2.60 |
| 평균적인 충격 지속 시간(1분의 1천분의 1단위) | 17.93 |

이 경우는 통제 집단이었기 때문에 버코위츠는 이제 여기에 중요한 변화를 주었다. 두 번째 참가자들 집단은 보다 중요한 실험 집단으로, 참가자들이 각자 연구에 참여할 때마다 연기자는 참가자에게 7번(!)의 충격을 가했다.[11]

참가자가 실험 공모자의 아이디어를 평가하는 차례가 되었을 때 어떠했을 것으로 예상되는가? 아니나 다를까, 참가자들은 기분이 매우 상해 있었다.[12]

| 평균적인 회답 충격 횟수 | 6.07 |
| 평균적인 충격 지속 시간(1분의 1천분의 1단위) | 46.93 |

참가자들은 상대방이 앞서 가했던 충격을 반드시 되돌려 주어야 한

다고 생각하였다. 이 결과는 연기자가 받을 만한 충격보다 더 많았고 지속시간 또한 훨씬 더 길었다.

이런 결과는 이 연구 하나에서만 나온 것이 아니다. 심리학자들은 실험실에서 공격적 행동을 조작하는 데 매우 능숙해졌다. 때로는 심지어 직접적인 모욕도 사용되었다.[13] 서로 다른 방식으로 화나게 했을 때, 참가자들은 기꺼이 강렬한 소음을 내거나[14] 실험자나[15] 입사 지원자에 대해 나쁜 평가를 했다.[16] 다른 경우들을 보면, 미묘한 환경적 요소들이 해를 끼치는 행위를 부추기는 결과를 가져왔다. 여기에는 방의 온도, 폭력 행위를 묘사하는 영화, 무기 슬라이드 쇼, 배경의 소음 수준, 폭력적인 비디오 게임, 불쾌한 냄새, 혼잡한 공간, 공기 중의 이온, 심지어 오존 수준이 포함되어 있다.[17]

이제 여러분이 좋아하는 미덕을 갖춘 사람을 생각해 보자. 예수나 마더 테레사 혹은 폴 파머를 생각해 보면, 난 그들이 이 연구에 등장했던 많은 사람처럼 그렇게 행동할 것으로 보지 않는다. 분명히 미덕을 갖춘 사람은 어떤 심리학자로부터 압박을 받는다고 하더라도 구직자에게 언어폭력을 가하지 **않도록** 하고 크게 실망시키지 **않도록** 하는 데 필요한 자제력을 지녔을 것이다. 분명히 미덕이 있는 사람은 자기에게 공격적으로 충격을 주었다는 이유만으로 그 낯선 사람에게 고통스러운 전기 충격을 계속 가하지는 않을 것이다. 그들은 분명히 악취, 배경 소음, 높은 온도, 심지어 직접적인 모욕에 대해서도 우리가 여러 연구에서 반복적으로 보았던 것과 같은 유해한 반응을 보이지 않을 것이다. 미덕을 갖춘 사람은 더 자제하는 모습을 보일 것이다.

나는 이에 대해 계속 이야기할 수 있지만 그렇게 하지 않겠다. 난 우리가 우리 자신과 지인들에게서 이런 공격적인 성향을 똑같이 확인할 수 있다고 생각한다. 우리는 분노가 치밀어 폭력적으로 언어를 구사했고, 불만에 차 사랑하는 사람에게 소리를 질렀고, 동료가 없는 곳에서 그를 욕하였고, 어떤 사람의 특이한 외모나 의상을 보고 비웃었으며, 마음속으로 적이나 경쟁자를 해치고 싶어 했다. 더 넓게 생각하면, 매일 우리가 신문에서 보는 것은 무엇이고 방송 뉴스에서 보는 것은 무엇인가? 가장 최근에만 하더라도 학교 총기 난사 사건, 무장 강도, 성폭행, 군사적 침략 등 일일이 나열할 수 없는 일들이 벌어지고 있다.

적절한 자제의 미덕이 있다고 해도 그래봤자 드물다. 나는 우리가 그걸 인정할 필요가 있다고 생각한다. 내가 보기에 여기에서 유일한 논쟁거리는 과연 우리가 그와 정반대인 잔인의 악덕을 지니고 있는지인 것 같다. 그 대답을 찾기 위해서는 지금까지 심리학에서 시행되었던 실험들 가운데 가장 유명한 실험으로 되돌아갈 필요가 있다.

밀그램의
그때와 지금

만약 여러분이 밀그램Milgram 연구들에 관하여 무언가 알고 있다면, 그 연구들이 잔인성의 **결여**를 설명하는 데 사용되는 것이 약간 이상해 보일 것이다. 그 연구들은 어쩌면 심리 연구에서 우리가 얼마나 잔인한 존재가 될 수 있는지를 보여주는 최고의 실증적 사례일 것이다. 어쨌든 우리는 실제로 무고한 사람을 죽이는 것과 관련한 이야기를 하고자 한다.

나는 여러분에게 인내심을 발휘해 줄 것을 부탁한다. 내가 내심 말하고자 하는 것은 곧 분명하게 드러날 것이다. 지금은 우선 밀그램의 기본 설정18에 대해 언급하고자 한다. 여기 우리의 친구 프랭크가 있다. 그는 교사의 입장에서 한 학습자(물론 실제로 이 사람은 연기자이다. 그렇지만 프랭크는 그 사실을 모른다)가 치르는 시험을 맡아서 관리 감독할 예정이라고 상상해 보라. 그 연구의 가장 유명한 버전에서는 그 학습자가 다른 방에 있고, 프랭크는 그가 하는 말을 분명하게 이해할 수 있다(이거 어디서 들어본 것 같지 않은가? 그렇다. 미우스와 라아이지메이커즈의 스트레스 말 연구는 직접적으로 밀그램의 연구를 바탕으로 한 것이었다).

학습자가 틀린 대답을 할 때마다, 프랭크는 처음에 15볼트("경미한 충격"이라는 라벨이 붙어 있다)로 시작하여 450볼트("XXX")까지 점차 그 강도가 세지는 전기 충격을 가할 수 있는 충격 발생기를 사용하도록 되어 있다. 프랭크는 사전에 스스로 45볼트 충격이 어느 정도인지 체험해 보았기 때문에 그 학습자가 겪을 고통에 대해 어느 정도 알고 있었고, 이 연구가 중요한 일이라고 확신하고 있었다. 그러나 프랭크는 그 학습자가 사전에 약 75%의 답을 틀리게 대답하기로 약속한 사실을 모르고 있었다. 이로써 프랭크는 시간이 지남에 따라 점점 더 고통스러운 충격을 주는 일을 계속해야 하느냐의 어려운 결정에 직면할 수밖에 없게 된다.

이런 특이한 상황과 관련된 제삼자는 '실험자'이다. 그는 공인된 기술자로 보이는 복장을 하고 프랭크와 같은 방에 있다. 만약 프랭크가

— 인간의 **품성**

어떤 방식으로 거부하거나 항의하면, 이 실험자는 "계속하세요."라는 명령으로 반응한다. 이것은 프랭크가 계속 반대할 경우 행동을 촉구하기 위해 사용되었던 네 가지의 명령 가운데 첫 번째였다. 마지막 명령은 "당신은 선택의 여지가 없습니다. 계속해야만 합니다."[19]이다. 만약 프랭크가 계속해서 반기를 들어서 결국에는 최대 수치인 450볼트까지 올리지 않는다면, 실험은 종료된다.

그런데 놀라운 점은 다이얼을 최대한까지 돌리는 것이 보통 그 실험이 끝났던 방식이었다. 밀그램은 프랭크처럼 사람들의 65%가 치명적인(그들의 눈으로 볼 때) 450볼트, 즉 XXX 라벨 수준의 충격을 기꺼이 가하고자 했다는 사실을 발견하였다. 80%는 270볼트 수준까지 갔다.[20] 이 실험은 학습자가 몹시 괴로워 "여기에서 나가게 해주세요. 듣고 있어요? 여기서 나가게 해달란 말이에요."라고 비명을 지르며 이 실험에서 벗어나게 해달라고 요구할 수 있다는 점에서 분명히 문제의 여지가 있다. **그뿐만 아니라**, 프랭크는 이미 그 학습자의 심리 상태를 알고 있다. 이미 그 학습자는 150볼트에서 "됐습니다. 여기서 나가게 해주세요. 내가 심장병이 있다고 말했잖아요. 내 심장이 지금 나를 압박하기 시작해요."[21]와 같이 호소하였다.

이런 상황이 어떻게 평범한 일반 사람들을 겨우 수 분 만에 기꺼이 살인을 저지르는 사람으로 변화시킬 수 있을까? 자, 여기에 차이를 보이지 않았던 몇 가지 변수가 있다. 그것들은 건물의 형태(즉, 예일대학교의 심리 실험실 혹은 보통의 사무실 건물),[22] 참가자들의 성별,[23] 혹은 연구가 수행된 나라[24] 등이다. 아울러 이 연구가 1960년대에 나왔다는 사실도 역시 별다른 차이를 드러내지 않는 것으로 나타난다. 비슷한 결과가 오늘날에도 유지될 것이라고 생각할 만한 타당한 이유가 있다.[25] 사실, 우리가 품성 프로젝트를 통해 자금을 지원했던 팀 중의 한 팀이 바로 이 점을 시험하였다.

오랫동안, 밀그램 연구들을 모사하는 일이 어려웠었다. 왜냐하면 오랜 정신적 외상을 남길 수 있는 잠재력 때문에 윤리 위원회가 수십 년 동안 (타당한 이유로) 그런 연구를 금지해 왔기 때문이다. 그러나 바르셀로나 대학교의 심리학자 데이비드 갈라도-푸골David Gallardo-Pujol과 그의 팀은 현명한 대안을 떠올렸다. 실제 인간이 전기 충격을 '받는' 대신, 갈라도-푸골은 가상현실 동굴에서 학습자로서 대신 봉사할 컴퓨터 생성 아바타들을 창안해 내었다. 그림 4.1은 그가 어떻게 그 상황을 설정하였는지를 보여주고 있다.

그림 4.1 밀그램 연구를 모사한 갈라도-푸골의 가상현실 '학습자'

― 인간의 **품성**

이제 프랭크는 실험실로 들어와서 실제 충격 생성기를 사용하며 그의 의자 옆에는 실제 사람인 실험자가 서 있다(그렇지만 흥미롭게도 갈라도-푸골은 실험자에게 "계속하세요."와 같은 언어적 표현을 일체 하지 않도록 하였다). 그러나 그 또한 아바타를 바라보고 있으며 만약 그가 틀린 대답을 할 경우에는 전기 충격에 '고통스럽게' '반응하는' 모습을 관찰할 수 있다.

분명히, 프랭크의 마음에는 학습자가 실제 인간이 **아니라는** 확신이 있다. 하지만 동시에, 기술이 매우 정교해서 아바타가 고통으로 비명을 지르는 것을 바라보는 일 또한 여간 괴로운 일이 아니다. 나는 그 연구를 녹화한 비디오를 보았다. 비록 바르셀로나에 있는 가상현실 모의실험의 녹화기록을 노스캐롤라이나에서 보긴 했지만, 나 역시 매우 괴로웠다.

자, 봐라. 스페인 출신의 성인 남성들인 이 연구의 참가자들은 밀그램의 원래 참가자들이 그랬던 것과 같이 XXX 수준까지 충격을 가하는 양상을 보여주었다. 참가자들의 72%가 완전히 복종하였다.[26]

밀그램, 갈라도-푸골, 그리고 다른 많은 심리학자의 연구에 감사하다고 말해도 무방하다. 관찰 결과, 우리는 다음과 같은 의견에 대한 타당한 증거를 확보하였다.

시험을 관리하는 실험 결과를 보면, 우리 대부분은 자신이 합법적 권위자로 인정하는 사람에게 복종하는 품성을 가지고 있다. 어떤 상황에서는 복종하고자 하는 우리의 욕구가 매우 강할 수 있기 때문에 우리는 무고한 사람을 고의로 죽이기도 할 것이다.

다시 한번 강조하는데, 나는 지금 단순히 50여 년 전에 밀그램이 연구했던 사람들에 관하여 이야기하고 있는 것만은 아니다. 나는 여러분의 바로 건너편 사무실에서 일하고 있는 사람이나 택시를 운전하는 사람, 여러분에게 수업을 가르치고 있는 사람 혹은 여러분의 침대에서 잠을 자고 있는 사람들에 관하여 말하고 있다. 만약 그들이 그런 상황에 놓이게 된다면 끔찍한 고통을 가할 가능성이 매우 크며, 심지어는 사람을 죽일 수도 있을 것이다. 여러분과 나도 마찬가지다.

이는 참 곤혹스러운 일이다. 왜냐하면 우리는 결코 무고한 사람에게 끔찍한 고통을 가해서는 안 된다는 그런 원리를 버리라는 요청을 받고 있기 때문이다.[27] 그 원리는 이미 무시하기가 매우 어렵다. 게다가 복종에는 살인죄로 체포될 가능성을 포함하여 심각한 신체적, 경제적 위험도 있다. 그리고 결코 과소평가되어서는 안 되는 죄책감과 수치심, 자존심과 좋은 기분의 상실, 불안과 스트레스의 증가와 같은 심리적 비용도 있을 수 있다. 우리는 자신이 하는 일이 명백하게 부도덕적인 것이라는 신념과 더불어 이런 모든 비용이 우리가 XXX 수준까지 가는 것을 멈추게 할 것이라고 생각할 수 있다. 여러분은 분명 그렇게 생각할 수도 있을 것이다. 그러나 우리 가운데 많은 사람이 그렇게 하지 않는 것으로 나타나고 있다.

이 모든 것을 정리하려면 긴 이야기가 필요하다. 한 가지, 즉 책임의 전가[28]는 그 이야기의 핵심이 될 수 있다. 프랭크가 학습자에게 해를 끼치는 것에 대한 책임을 실험자에게 전가하면 할수록("나는 들은 바대로 하고 있을 뿐입니다.", "그가 책임을 져야 할 일이지, 저는 아닙니다."), 충격을 주고자 하는 의욕은 그만큼 더 커진다. 프랭크가 학습자에게 해를 끼치는 것에 대한 책임을 스스로 떠맡을수록, 충격을 가하고자 하는 마음은 그만큼 더 약해진다.

참가자들은 스스로 그렇게 말했다. 밀그램은 실험이 시작된 후, 일찍 이를 멈췄던 사람 중 한 사람에 대해 다음과 같이 기술하고 있다. "그는 그 희생자의 첫 번째 항의 이후 모든 충격의 관리 감독에 대해 책임감을 더욱 느낀다. 그는 자신에게 엄격하며 자신에게서 어떠한 책임을 면하도록 작동하는 권위의 체계를 허락하지 않는다."29

이와 대조적으로, 다른 참가자(실험자는 그를 '교사'로 지칭한다)는 XXX까지 내내 충격을 가했다. 하지만 그는 실험 도중 여러 차례 개인적 책임에 관하여 이야기하고자 행동을 멈췄다.

피실험자: 저는 책임지고 싶지 않아요. 그가 저기에서 소리 지르고 있어요.

실험자: 선생님, 당신은 계속해야만 합니다.

피실험자: (사용하지 않은 질문들을 가리키며) 너무 많이 남았어요. 젠장, 너무 많이 남아 있단 말이에요. 만약 저 사람에게 어떤 일이 일어나면 그 책임은 누가 지냐고요?

실험자: 그에게 일어나는 모든 일은 내가 책임을 집니다. 계속해 주세요.

피실험자: 알았습니다.

[잠시 후]

피실험자: 당신이 모든 책임을 진다고요?

실험자: 모든 책임은 나한테 있습니다. 틀림없어요. 계속 진행해 주세요. (피실험자는 자신이 가진 질문 목록으로 되돌아가 최대한 빨리 단어들을 훑어보기 시작하고, 450볼트까지 다 올린 후 그 일을 끝마친다.)[30]

이 경우에, 그 피험자는 점차 고통이 더해가는 충격을 주는 것을 분명히 거부했다. 그가 했던 말들은 연구가 진행됨에 따라 깊은 심리적 갈등을 반영하고 있는 것으로 보인다. 그러나 그는 끔찍한 충격에 대한 책임을 자기와 함께 있는 실험자에게 전가시킴으로써 빠져나갈 구멍을 찾은 것으로 보인다. 빠져나갈 구멍을 찾게 되면, 그는 450볼트까지 계속하였다.

잠깐, 우리는 밀그램의 결과들을 대부분의 사람이 잔인하지 않은 까닭을 설명하는 데 사용했어야 하지 않았는가? 그렇지만 어쨌든, 우리는 관련 증거를 많이 제공해 온 것으로 보인다.

하지만 이제 그에 대한 논의를 해야 할 때다.

우리의
잔인성 결여

로버트 알톤 해리스Robert Alton Harris는 잔인한 사람이었다. 1953년에 태어난 그는 13세에 자동차 절도죄로 소년원에 수감되었다. 22세에 그는 자기 남동생의 룸메이트를 죽였고 살인죄의 판결을 받았다. 동물은 그의 잦은 희생물이었다. "그는 여러 마리의 고양이와 개를 죽였다. … 그리고 실실 웃으면서 대걸레 자루나 다트 놀이용 화살, 공기총으로 그들을 괴롭혔다. 한 번은 경품용 돼지를 1천 번도 넘게 찔렀다."[31] 그러나 그가 결국 사형선고를 받게 된 이유는 1978년 7월 5일에 그가 취했던 선택 때문이었다.

로버트 해리스는 남동생 다니엘Daniel과 함께 은행을 털 계획을 세웠다. 그들은 패스트푸드 주차장에서 점심을 먹고 있던 두 소년의 차에 강제로 탑승한 후 그들을 데리고 외딴곳으로 차를 몰고 갔다. 로버트는 그 소년들에게 집으로 걸어가라고 말했다. 그러나 "그 두 소년이 걷기 시작하자, 해리스는 천천히 독일제 권총인 루거Luger를 집어 들고 뒤에서 (그들 중 한 명을) 쏘았다. … (그 소년은) 외마디 비명을 지르며 땅 위로 고꾸라졌다. 해리스는 골짜기로 들어가는 언덕으로 도망가는 (다른 소년을) 쫓아가 네 차례 쏘았다. (첫 번째 소년은) 해리스가 언덕 위로 올라갔을 때 아직 살아 있었다. … 해리스는 그 소년에게 걸어가 무릎을 꿇은 후, 루거 권총을 그의 머리에 대고 방아쇠를 당겼다."[32]

내 생각에 그는 잔인한 사람이다. 그는 우리 대부분이 실제로 이와 같지 않다고 생각해야 하는 이유를 보여주는 잔인함의 두 가지 중요한 특징을 설명하는 데 도움을 준다. 첫째는 잔인한 일로부터 손을 뗄 기회가 있음에도 불구하고 이를 하고자 하는 일반적인 의지이다. 해리스는 이런 의지를 확실하게 보여주었다.

물론, 이미 1장에서 보았던 것처럼 잔인한 사람이 항상 잔인할 필요는 없다. 한명하면서 잔인한 사람과 어리석으면서 잔인한 사람 사이에는 커다란 차이가 있다. 해리스는 명백한 후자에 속한다. 만약 상사가 보고 있거나 경찰들이 옆 테이블에 앉아 있다면, 어느 정도 인식능력을 가진 현명하면서 잔인한 사람은 개를 발로 차거나 눈에 잘 보이는 자산을 파괴하지 않을 것이다.

그러나 처벌의 위협이 분명히 제거되고 그 잔인한 사람이 마음속으로 '보상'이 확실하다고 생각한다면, 우리는 그가 최악의 상태에 빠지는 것을 예상할 수 있다. 예컨대 나의 대학 시절 한동안 대학 캠퍼스에서 매우 인기가 있었으나 지금은 존재하지 않는 사회 관계망 사이트 익약YikYak처럼, 만약 그가 자신의 익명성을 보장하는 기술을 사용한다면, 그는 자주 사람들을 괴롭히는 말을 했을지도 모른다.

그런데 여기 놀라운 일이 있다. 수많은 연구에서 보면, 고통스러운 상황에서 도망갈 기회가 있을 때에 거의 아무도 그 기회를 이용하지 않는다는 것이다. 이 부분이 밀그램의 연구와 관련된다. 앞에서 언급했던 연구가 가장 잘 알려진 그의 연구가 되었지만, 그는 그 연구 하나만 수행한 것이 아니었다. 그는 실제로 이 연구를 18가지로 변형시켜 수행하였다. 이 중 몇 가지 버전에서 놀랄 만한 것은 **학습자에게 어떠한 해도 가하지 않았다는** 사실이다.

예를 들면, 한 버전에서는 실험자가 어떤 지시도 하지 않았다. 참가자가 틀린 대답을 할 때마다 주는 충격의 수준을 전적으로 자유롭게 결정하도록 하였다. 그래서 만약 누군가가 원한다면, 그 사람은 매번 XXX 수준의 충격을 가할 수도 있었다. 그런데도 참가자들은 오히려 매우 온화하게 행동하였다. 그들이 가했던 최대치는 30볼트 수준의 충

　　　　　　　　　　　　　ー 인간의 품성

격에서 평균적으로 겨우 5.5볼트 수준에 머물렀으며, 40명의 참가자 가운데 38명이 학습자가 처음 강력하게 항의했던 바로 그때, 실험을 완전히 중단하였다.33

이런 결과는 비단 이 연구에서만 나온 것이 아니었다. 만약 참가자들이 150볼트 수준에서 두 명의 실험자로부터 서로 모순되는 명령을 받았을 경우, **전원이 모두** 그 지점이나 한 단계 높은 충격의 수준에서 멈추었다.34 이번에는 상황을 반대로 꾸며 **실험자가 충격을 받는 사람**이고, 한 참가자가 그 실험자를 대상으로 하는 시험을 관리하며, 또 다른 참가자가 네 가지를 명령하는 일을 맡았던 실험의 결과를 추정해 보라. 정말 놀랍게도, 처음부터 내내 충격을 주었던 참가자는 0%였으며, 학습자가 첫 번째 항의를 했을 때 모든 참가자는 시험을 중단하였다.35

미우스와 라아이지메이커즈는 실직한 구직자를 참여시킨 스트레스 연구에서 이와 똑같은 경우를 발견하였다. 그들 또한 별도의 참가자 집단에게 통제 상황에서 임무를 수행하도록 하였는데, 이때 참가자들은 스트레스 주는 말을 자신이 원하는 대로 얼마든지 자유롭게 할 수 있었다. 그들 가운데 15가지의 말을 전부 한 사람은 아무도 없었으며, 평균적으로 6.75가지의 말을 하였다.36 이 밖에도 많은 연구가 비슷한 결과를 보여주었다.37

이 가운데 어느 것도 내가 잔인한 사람에게서 기대할 만한 것이 아니다. 이 실험에서는 모든 참가자가 자신이 원하는 만큼 고통을 줄 수 있는 재량권을 가지고 있었다. 그런데 대부분의 사람은 거의 고통을 주지 않았다.

그것이 이야기의 끝이 아니다. 로버트 해리스를 회상해 보라. 난 그가 잔인성의 두 가지 중요한 특징을 잘 보여주고 있다고 말했다. 첫 번째 특징은 끔찍한 방식에서 행동하고자 하는 그의 의지이다. 두 번째 특징은 해리스가 그런 일을 하면서 심리적으로 얼마나 **편안하였는지**이다. 소문에 의하면, 해리스는 동물들을 학대하면서 실실 웃었다고 한다. 그는 두 소년을 살해한 후, 다음과 같이 행동하였다. "그는 웃으면서 다니엘에게 만약 둘이 경찰관인 것처럼 가장하고 그 부모에게 그들의 아들이 살해당했다고 알려준다면 재미있을 것이라고 말했다."38 그는 자기 권총 위에 묻어있던 피와 조직을 살펴보더니 "내가 정말 저 녀석의 뇌를 날려버렸네."라고 말하면서 웃었다.39

한 마디로, 해리스는 자신의 의지에 따라 행동했다. 그는 결코 죄책감에 시달리는 것처럼 보이지 않았으며, 내면의 혼란이나 갈등의 징후를 보이지 않았다. 그는 거침없이 행동했고, 그 결과에 만족하였다. 그것이 잔인한 사람들이 심리적으로 어우러지는 방식이다. 그들은 아무도 보고 있지 않으면 개를 발로 차고, 온라인에서 익명으로 (혹은 직접) 동료를 괴롭히고, 누군가의 미술 과제를 몰래 망가뜨린다. 그러나 그들은 또한 이런 일을 단호하게 수행하고, 나중에 그들이 한 일을 처리하는 데 거의 어려움을 겪지 않는다.40

이제 이를 밀그램 연구를 통해 고찰해 보자. "최대의 충격이 가해졌고, 실험자가 진행을 정지하라고 명령한 이후, 실험에 복종했던 많은 피험자는 안도의 한숨을 쉬고, 자신의 이마를 닦으며, 눈을 손가락으로 비비거나, 초조하게 담배를 더듬거렸다. 일부 참가자들은 고개를 저으며 후회하는 모습이 역력했다."41 그리고 밀그램은 다음과 같은 유명한 구절을 남겼다. "나는 성숙하고 완벽하게 준비된 것처럼 보이는 한 회사원이 자신감 있게 웃으면서 실험실로 들어오는 것을 관찰하였다. 20분이 채 안 되어, 그는 경련이 일어나고 말을 더듬거리는 만신창이가 되었으며, 빠르게 신경쇠약의 상태로 접어들고 있었다."42 우리가 잔인한 사람에게서 이런 것을 기대할 만한가? 나는 그렇게 생각하지 않는다. 다시 말하지만, 이것은 밀그램 연구에만 한정되는 것이 결코 아니다.43

우리는 로버트 해리스 같은 사람보다 훨씬 더 복잡한 성향을 지니고 있다. 그렇다, 우리는 어떤 상황에서는 해를 끼칠 수 있는 일을 할 것이다. 그러나 우리는 또 다른 상황에서는, 누가 바라보고 있지 않더라도 그런 끔찍한 일을 저지르지 않는다. 그렇다, 우리가 다른 사람에게 해를 끼칠 때, 우리는 해결하기 어려운 방식으로 동기부여를 받는 경향이 있다. 그런데 그것은 흔히 상반된 형태의 동기부여가 되고, 나중에 우리는 죄책감과 수치심으로 힘들어한다.

그러므로 나는 다음과 같이 결론을 내린다.

오늘날 대부분의 사람은 적절한 자제의 미덕이 없다.

그러나 동시에, 이것 또한 사실이다.

오늘날 대부분의 사람은 잔인의 악덕이 없다.

결론

　　　　우리는 하나의 양식이 드러나는 것을 볼 수 있다. 우리의 품성은 풍부하고 복잡하다. 따라서 우리는 품성을 고결한 것도 아니고 그렇다고 사악한 것도 아니라고 이해하는 게 최선일 것이다. 앞 장에서 잠시 언급하였던 심오한 긴장이 다시 등장한 것이다. 사람을 해치는 것과 관련해 본다면, 우리는 때때로 무고한 사람을 해치고, 상처 입히고, 심지어 죽이기까지 하는 놀라운 역량을 지니고 있다. 이와 함께 우리는 때때로 온화하고, 조용하고, 절제하는 감동적인 역량 또한 지니고 있다.

　다시 한번 말하지만, 나는 아직은 이 익숙하지 않은 긴장을 이해하려고 노력하지 않을 것이다. 그 대신, 우리의 도덕적 삶의 다른 영역에서도 여전히 비슷한 양식이 등장하는지 계속 검토해 보고자 한다.

1 Meeus & Raaijmakers(1986): 316.

2 Meeus & Raaijmakers(1986): 318.

3 Meeus & Raaijmakers(1986): 319.

4 Meeus & Raaijmakers(1986): 319.

5 Meeus & Raaijmakers(1986): 317.

6 이에 관한 개관은 다음을 볼 것. Miller(2013): 9장.

7 Zimbardo(2007).

8 http://rockcenter.nbcnews.com/_news/2011/12/19/9554915-bryan-stows-friends-describe-brutal-attack-outside-dodger-stadium. (검색: 2015.9.17.)

9 버코위츠는 12구경 엽총과 38구경 권총을 반드시 참가자 곁에 두도록 하였다. 이 연구와 아무런 관련이 없는데 왜 그랬을까? 참가자에게는 이 총들이 다른 연구에서 사용되고 있다고 말을 하였다.

10 Berkowitz & LePage(1967).

11 Berkowitz & LePage(1967): 204.

12 Berkowitz & LePage(1967): 205~206.

13 공격성을 유발하기 위해 설계되었던 자극 가운데, 흔히 사용되었던 자극의 형식 목록과 참고문헌은 다음을 볼 것. Krahe(2001): 1장; Bettencourt 외(2006): 752~753; Anderson & Bushman(2002): 37.

14 Bushman & Baumeister(1998).

15 Berkowitz(1965).

16 Caprara(1987): 11.

17 무기 슬라이드 쇼는 다음을 볼 것. Caprara(1987): 7. 소음 수준에 대해서는 다음을 볼 것. Baron & Richardson(1994): 177~179; Green(2001): 36~37. 폭력 비디오 게임에 대해서는 다음을 볼 것. Giumetti & Markey(2007). 남은 환경적 요소들의 목록에 대해서는 다음을 볼 것. Anderson(1987): 1161; Baron & Richardson(1994): 167~185; Krahe(2001): 86~87; Carver 외(1983); Baron & Richardson(1994): 167; Anderson & Bushman(2002): 37~38.

18 Milgram(1974).

19 Milgram(1974): 21.

20 Milgram(1974): 60.

21 Milgram(1974): 56~57.

22 Milgram(1974): 61, 66~70.

23 Milgram(1974): 61~63. 다른 관련 연구로는 다음을 볼 것. Doris(2002): 47; Burger(2009).

24 Brown(1986): 4; Meeus & Raaijmakers(1986): 312.

25 Burger(2009).

26 Gallardo-Pujol 외(2015): 662. 물론 아바타가 실제 인간이 아니라는 점에서, 이 실험이 밀그램의 연구를 완벽하게 모사했다고 볼 수는 없다.

27 Milgram(1974): 6, 41.

28 밀그램은 다음과 같이 기술하였다. "책임감의 실종은 권위에 대한 복종의 가장 포괄적인 결과이다."(1974: 8).

29 Milgram(1974): 52.

30 Milgram(1974): 74~76.

31 Corwin(1982).

32 Corwin(1982).

33 Milgram(1974): 61.

34 Milgram(1974): 95, 105~107.

35 Milgram(1974): 95, 99~105.

36 Meeus & Raaijmakers(1986): 317.

37 이에 대한 개관은 다음을 볼 것. Miller(2013): 9장.

38 Corwin(1982).

39 Corwin(1982).

40 정확하게 말하자면, 로버트 해리스는 사이코패스였을 수 있다. 나는 그의 삶에 관하여 잘 알지 못하며, 구치소에 감금되어 있는 동안 그는 어떤 식으로든 정신 평가를 받았을 것이다. 만약 그가 사이코패스였다면, 나는 다른 사례를 선택했어야 할 것이다. 나는 우리 모두가 알거나 적어도 들은 바가 있는 잔인한 누군가를 생각한 것이다. 위에서 언급한 점들을 동일하게 갖춘 사람이라면 우리의 사례로 대신 사용될 수 있을 것이다.

41 Milgram(1974): 33. 또한 다음을 볼 것. Milgram(1963): 375, 377; 1974: 42~43, 148, 153~164; Miller(2004): 196.

42 Milgram(1963): 377; Miller(2004): 196, 215, 232.

43 우리가 살펴본 바와 같이, 미우스와 라아이지메이커즈는 참가자들이 "스트레스 주는 말을 하는 것을 몹시 싫어했다."라고 보고하였다(1986: 318).

5장

거짓말하기

　　미국 하원의원 앤서니 위너Anthony Weiner와 꼭 닮은 한 남성이 사각 팬티만 입고 있는 자극적인 사진을 담은 기사가 터졌다. 이는 위너가 그 사진을 시애틀 대학교의 한 학부 여학생에게 사적으로 보낸다는 것을 실수로 자신의 공식 트위터 계정에 잘못 게시하여 일어난 사건이었다.

　처음에 위너는 전부 해커의 소행이라고 주장하며 그 사진을 전송한 사실을 부인했다. 그는 "처음엔 내 사진처럼 보였을지 모르지만, 지금은 뭔가 다르죠. 어쩌면 다른 계정에서 가져온 것일 수도 있고요."[1]라고 말했다. 그러나 다른 여성들에게 전송했던 사진들 또한 등장하였고, 우리는 곧 진실을 알게 되었다. 결과적으로, 위너는 2011년에 곧바로 의회에서 사임하였다. 그는 기자회견에서 "내가 그 사진을 트위터에 올렸다는 사실을 알았을 때, 나는 매우 당황했고, 즉시 그 사진을 내렸어요. 그리고 해킹 당했다고 말했죠. 난 그 후로도 그런 일을 계속했어요. 그건 몹시 부끄러운 실수였습니다."2라고 고백하였다.

더욱 황당한 사실은, 위너가 사임 이후에도 섹스팅 행동을 계속하였고, 비밀과 기만 또한 지속하였다는 점이다. 그는 2013년 뉴욕시 시장 선거에 출마하여 열심히 뛰는 동안에도 22세 여성과 물의를 빚는 행동을 하였다.3 그리고 2016년에 위너는 깊이 잠든 자신의 어린 아들 옆에 속옷만 입은 채로 누워있는 매우 불순하고 충격적인 자신의 사진을 또 다른 여성에게 전송하였다.4

다른 무엇보다 위너가 자기 아내에게 거짓말을 했다는 사실은 의심의 여지가 없다. 그런 말들이 거짓임을 잘 알면서도 카메라를 쳐다보며 말을 했다는 점에서, 그는 대중에게도 거짓말을 한 셈이다. 위너는 그 사진들을 직접 보냈고, 스스로 내렸다! 그는 분명히 이런 거짓 진술을 하면서 사람들을 속이려고 했다. 그는 아내를 결코 속이지 않을 성실한 남편으로서의 자신의 이미지를 유지하고자 무슨 짓이든 기꺼이 하였다. 위너는 타당하지 않은 이유로 동기부여가 된 거짓말을 일관되게 하는 행동의 전형을 보여주었다. 그는 부정직한 사람의 확실한 본보기로 보인다.

앤서니 위너의 사례는 거짓말의 핵심적인 두 가지 특징을 이끌어 내는 데 도움이 된다. 첫째, "그 사진 속의 인물은 내가 아닙니다."라는 말 같이, 거짓말쟁이는 스스로 그 말이 거짓임을 알면서 진술한다. 둘째, 그는 다른 사람들을 속이기 위해 고의로 거짓말을 한다.『옥스퍼드 영어 사전Oxford English Dictionary』(1989)은 이를 다음과 같이 잘 요약하고 있다. 거짓말이란 "의도적으로 속이고자 한 거짓 진술"이다.

내가 볼 때, 이 두 가지의 특징은 거짓말의 진수를 정확하게 짚어준다.5 사람들이 포르노그래피 중독을 숨기기 위해, 누군가에게 자신의 새 그림이 얼마나 좋은지를 확신시키기 위해, 혹은 면접에서 자신이 경험이 풍부하다는 것을 과장하기 위해 하는 거짓말들을 한번 생각해 보라.

그런 점에서 앤서니 위너는 틀림없이 부정직한 사람으로 보인다. 그런데 그는 예외적인 사람일까 아니면 누구나 다 그럴 수 있을까?

거짓말하는
행동

다행히 우리는 거짓말 연구의 유명한 심리학자 벨라 드파울로Bella DePaulo6의 수십 년에 걸친 연구 덕분에, 우리를 안내해 줄 몇 가지 단서를 확보하고 있다. 오랫동안 버지니아 대학교에서 학생들을 가르쳤던 드파울로는 샬로츠빌 지역에 사는 자원봉사자들에게 일주일 동안 매일 그들의 모든 사회적 상호관계와 그들이 한 거짓말을 기록해 달라고 요청하였다. '사회적 상호작용'은 최소한 10분(10분이 될 때까지 거짓말을 하지 않는 한)을 지속해야 했다. 그뿐만 아니라, 이 자원봉사자들은 상호작용이 얼마나 친밀했는지, 얼마나 많은 계획이 거짓말이 되었는지, 거짓말하기 전, 도중, 이후에 그들의 감정은 어떠했는지, 그들은 거짓말을 얼마나 심각하게 평가했는지를 기록해 달라는 요청을 받았다. 그 결과는 매우 놀라웠다.

드파울로와 그녀의 동료들이 발견한 것은 그들이 말하는 '일상적인'

거짓말과 '심각한' 거짓말 사이에는 실제로 차이가 있다는 것이다. 일상적인 거짓말부터 논의를 시작해 보자. 1에서 9로 심각성을 구분한 척도에서 일상적인 거짓말은 3.08로 평가되었다.[7] 다음과 같이 사람들이 말하는 경우가 실제 사례에 해당한다.

그녀가 만든 머핀이 내가 먹어본 머핀 중에 최고라고 말했다.

늦어서 너무 미안하다고 과장하여 말했다.

고객에게 색상이 잘 어울린다고 말했다.

일상적인 거짓말과 관련하여, 여기 드파울로가 일주일 동안 70명의 참가자로부터 축적하였던 자료가 있다.[8]

각 사회적 상호작용에서의 거짓말의 수	0.2
그들이 거짓말을 했던 사람들의 백분율	30%
거짓말을 전혀 하지 않았다고 말한 참가자들의 인원수	6

따라서 만약 이 자료가 우리의 문화를 보다 일반적으로 대표한다면, 일주일 동안 일상에서 내가 만나 이야기하는 사람들의 약 3분의 1 정도가 나에게 거짓말을 하고 있다고 가정해야 한다. 이건 정말 놀라운 일이다.

이 자료의 한 가지 문제점은 자료의 형식이 스스로 보고하는 형식을 취하고 있었다는 것이다. 이런 형식의 보고는 분명히 선입견이 작용할 수 있다. 예를 들면, 아마 누군가는 자신이 나쁜 사람이라는 인상을 주는 걸 원치 않아서, 혹은 거짓말이 너무 사소한 것이라 언급할 만한 가치가 없다고 생각해서 자신이 했던 거짓말 수를 정확하게 보고하지 않을 수도 있다. 타당한 지적이라고 생각한다. 그러나 이런 선입견에도 **불구**하고 거짓말의 수가 보고되었다는 것은 여전히 놀랄 만한 일이다.

여기 몇 가지의 다른 결과가 있다. 자원봉사자들은 거짓말을 했을 때 평균적으로 중간 정도의 괴로움을 겪었다고 보고하였다('매우 편안하다'의 1부터 '매우 괴롭다'의 9까지의 척도에서).

	70명의 참가자
거짓말 이전의 괴로움	4.09
거짓말 도중의 괴로움	4.65
거짓말 이후의 괴로움	4.54

실제로 거짓말을 하고 있는 동안 괴로움이 증가하는 경향이 있었고, 거짓말을 한 이후에도 그 괴로움이 별로 줄지 않았다는 것은 흥미로운 결과이다.9

한 가지 더 이야기하자면, 그 일주일이 지난 후에 자원봉사자들은 자신이 거짓말을 하다 들키는 것은 아닌지 주의하였다. 그들의 일상적인 거짓말의 57%가 아무에게도 들키지 않았던 것으로 나타났다. 그들은 그 사람들에게 다시 그런 거짓말을 선뜻 하고 싶었을까? 82%가 그렇다고 말했다!10

이런 것들은 일상적인 거짓말에 대한 일부 조사 결과였다. 드파울로는 '심각한 거짓말'에 초점을 둔 별도의 연구를 진행하였는데, 그녀는 서면 형식을 이용하여 지역사회의 자원봉사자들이 이전에 말한 적이 있는 거짓말 중에 가장 심각한 것을 기록하도록 한 후, 반드시 우편으로 보내도록 하였다.[11] 이 거짓말들은 1에서 9의 심각성에서 6.97에 해당하였고, 47%는 8이나 9였다.[12]

잠시 멈춰서 여러분이 했던 가장 심각한 거짓말은 무엇과 관련된 것이었는지 생각해 보라. 여기 가장 많은 사람이 공유하는 범주가 있다.

비행(23%)

업무(22%)

돈, 직업(21%)

개인적 문제, 감정(16%)[13]

당연히 이런 심각한 거짓말을 할 때 괴로움이 훨씬 더 높았다(1에서 9까지의 척도 중 5.05).[14]

드파울로는 심각한 거짓말과 일상적인 거짓말에 따른 결과를 비교하는 노력을 하는 과정에서 새로운 결과를 추가로 발견하였다. 그녀는 이 자원봉사자들이 주로 조금 아는 사람이나 낯선 사람에게 일상적인 거짓말을 하는 경향이 있다는 것을 알았다.[15] 왜 그럴까? 아마도 우리를 잘 아는 사람에게 거짓말할 경우에 들통 날 위험이 더 커지기 때문이 아닐까? 어쩌면 우리가 가까운 사람에게 관심이 더 많거나 사소한 거짓말에서 얻을 수 있는 혜택이 그들과의 관계에 미치는 어떠한 폐해보다 더 적다고 보기 때문일 것이다.

심각한 거짓말의 경우, 드파울로는 그런 경향이 정확히 반대로 작용한다는 것을 발견하였다. 우리는 심각한 거짓말을 우리와 가장 가까운 사람에게 훨씬 더 자주 하는 경향이 있다는 것이다.16 그 이유를 아는 것은 어렵지 않다. 업무에 관한 진실과 돈의 출처가 드러나면 관계가 깨질 수 있기 때문이다. 많은 사람의 눈에는 관계를 유지하려고 노력하는 것이 진실을 말하는 것보다 더 가치 있어 보인다.17

재미있는 사실은 대학생들의 경우, 주로 낯선 사람에게 일상적인 거짓말을 하는 경향과 사뭇 다르게 자신의 어머니에게 일상적인 거짓말을 한다는 것이다. 그들은 **어머니와의 매일 두 번의 상호작용 가운데 한 번 꼴로 일상적인 거짓말**을 하였다.18 놀라운 일이다. 나도 부모로서 약간 놀랍다.

거짓말과 동기

거짓말은 대부분의 사람이 흔히 하는 것으로, 일상적인 거짓말은 매우 자주 사용되고 있다(그래서 그런 명칭이 붙었다!). 우리는 또한 어떤 거짓말은 다른 거짓말보다 훨씬 더 심각하고 말하기가 괴로우며, 우리는 그저 단순히 알고 있는 사람보다는 우리와 가까운 사람에게 그런 거짓말을 더 많이 하는 경향이 있다고 생각한다.

그런데 우리는 애초에 왜 거짓말을 할까? 어떤 동기에서 우리는 그러는가? 위너의 경우를 보면, 그 대답이 분명해 보인다. 그는 창피한 상황에 부닥치지 않기 위해, 그리고 자신의 결혼과 직업을 유지하기 위해 거짓말을 했다. 그는 끔찍한 일을 이미 저질렀으며 자신이 했던 그런 일들에 대한 대가를 치르길 원치 않았다. 대부분의 사람은 어떨까?

다행히 드파울로는 이런 의문에도 관심을 가졌다. 그녀는 사람들에게 자신이 한 거짓말을 단순히 보고만 하지 말고, 왜 그런 거짓말을 했는지 그 이유를 함께 밝혀 달라고 요청하였다.[19] 그녀는 사람들이 거짓말을 하는 이유가 매우 다양하였지만, 자기 지향적인 이유와 타자 지향적인 이유로 정리될 수 있음을 발견하였다.[20]

거짓말하고자 하면 자연스럽게 떠오르는 한 가지 자기 지향적 이유는, 돈 같은 것을 얻거나 유지하는 것과 관련이 있다.[21] 여기 자원봉사자들 가운데 한 사람의 사례가 있다.

"전화 속의 여성은 나에게 전화번호가 나의 현재 전화번호냐고 물었어요. 나는 사실이 아닌데 그렇다고 말했죠."

왜 거짓말을 했어요?

"그녀가 나를 찾기 어렵게 하려고 그랬죠. 그들은 돈 때문에 나를 뒤쫓고 있어요."[22]

이것이 거짓말하는 자기 지향적인 유일한 이유는 아니다. 사실, 그 이유는 가장 흔한 것도 아니다.

가장 흔한 이유는 심리학자들이 '인상 관리'[23]라고 부르는 것과 관련이 있다. 예컨대, 우리는 자신을 좋은 사람으로 보이게 하고 싶어서 젊은 시절이나 지난밤 클럽, 혹은 주말에 했던 일에 대해 거짓말을 하고 싶을 수 있다. 이와 마찬가지로, 우리는 또한 우리의 이미지에 손상을 줄 수 있는 창피함, 수치심, 혹은 다른 악영향으로부터 우리 자신을 보호하고 싶어 한다. 여기 그런 사례가 있다.

> "테드가 나를 좋아하는지 전혀 알지 못하면서 나는 그녀에게 테드와 내가 여전히 서로 좋아한다고 말했어요."
>
> 왜 거짓말을 했어요?
>
> "그가 나를 더 이상 좋아하지 않는다는 사실에 자존심이 상해서 그렇죠."[24]

우리가 거짓말을 하는 이유에는 자력으로 권력을 잡거나 처벌이나 책임을 회피하고자 하는 것도 포함된다.[25]

거짓말을 하는 '타자 지향적' 이유들 또한 주변에서 쉽게 접할 수 있다. 그 초점이 자기 자신보다는 궁극적으로 다른 사람에 있게 된다. 여기 두 가지 사례가 있다.

> "그녀는 며칠 전보다 더 안 좋아 보였는데, 나는 그녀에게 예쁘고, 목소리가 좋다고 말했죠."
>
> 왜 거짓말을 했어요?
>
> "그녀가 항암 화학요법 처치를 받는 중이라 걱정을 끼치고 싶지 않아서 그랬죠."[26]

이 사람의 마음은 그녀의 친구에게 초점을 맞추고 있다. 그 거짓말은 그녀가 걱정하지 않도록 하려는 의도였다. 혹은 이런 반응을 생각해 보자.

"제곱미터당 비용에 대해 거짓말을 했어요."

왜 거짓말을 했어요?

"회사를 위해 돈을 벌려고요."27

이것도 회사의 발전에 초점을 두고 있는 타자 지향적 이유에 속한다. 만약 거짓말하는 이유가 누군가를 처벌, 책임, 창피함, 수치심, 혹은 물질적 손실로부터 보호하는 데 있거나 그의 긍정적인 이미지나 재정적 복지를 증진하는 데 있다면, 이런 것들은 모두 타자 지향적 이유로 간주될 수 있다.

그렇기 때문에 우리가 거짓말을 하는 이유는 매우 다양할 수 있다. 어떤 유형의 이유가 우위를 차지하는 경향이 있을까? 다시 말해서, 사람들이 자기 지향적인 이유로 거짓말을 더 많이 할까 아니면 타자 지향적인 이유로 거짓말을 더 많이 할까? 여기 드파울로가 일상적인 거짓말에 대해 발견한 것이 있다.

57%의 자기 지향적 이유

VS

24%의 타자 지향적 이유28

아마 그리 놀랄 일도 아닐 것이다.

심각한 거짓말은 어떨까? 여러분의 판단은 어떨까? 단언컨대, 여러분은 백분율이 한쪽으로 훨씬 더 치우칠 것으로 예상할 것이다. 지금

— 인간의 품성

우리는 사업, 돈, 직업에 관하여 이야기하고 있다. 실제로 그렇게 나타났다. 드파울로는 심각한 거짓말과 관련하여 94.4%가 자기 지향적 이유였으며, 오직 5.6%만이 타자 지향적 이유라는 것을 발견하였다.[29]

심란한 마음으로 마무리하고자 한다. 난 처음에 '타자 지향적'인 이유에서 하는 거짓말에 대해 들었을 때, 그런 이유는 틀림없이 칭찬받을 만한 거짓말일 것이라고 생각했다. 예컨대 레오폴드 소차는 리보프의 하수구에 숨어있는 유대인들을 보호하기 위해 기꺼이 거짓말을 하였다.

그러나 '타자 지향적'이란 바로 단어 그대로를 의미한다. 초점이 다른 사람에게 있다. 초점이 다른 사람에게 있다는 말은 그 초점이 긍정적인가 부정적인 것인가에 대해서는 말해주지 않는다는 것이다. 타자 지향적인 이유는 아주 고약할 수 있다. 타자 지향적인 이유는 오직 누군가에게 해를 끼치고자 하는 목적에서 거짓말을 충동질할 수 있다. 다음은 자원봉사자 가운데 한 사람이 말했던 사례이다.

그녀는 자신의 여동생에게 그녀를 길러준 사람은 생부가 아니라고 말했다.[30]

여동생에게 마음의 상처를 주기 위해 이런 말을 하는 한 소녀를 상상해 보라. 그런데 그것이 거짓말이란 것을 기억하라. 그녀는 그 말이 사실이 아니라는 것을 알고 있다는 점에서, 여동생에게 그저 아무 의미 없이 그 말을 한 것은 아닐 것이다. 그녀는 악의와 앙심에서 그런 말을 한 것이다. 그건 정말 도덕적으로 끔찍한 일이다.

타자 지향적인 이유이긴 하지만 다른 사람의 **마음**에 **상처**를 주는 거짓말은 얼마나 자주 등장할까? 드파울로는 그녀의 연구에 기록된 모든 심각한 거짓말 가운데 약 4%가 그에 해당한다고 보았다.31 물론, 우리는 거짓말을 하는 이유에 관한 이와 같은 자료나 기타 다른 자료를 볼 때 관련 조건을 잘 고려해야 한다. 드파울로는 오직 사람들이 자기 스스로 보고했던 자료만을 수집한 것이다. 사람들이 그녀에게 보고했던 것은 거짓말하는 자신의 동기를 좀 더 장밋빛으로 포장하여 표현하는 자신의 편견에 의해 영향을 받았을 가능성이 있다. 그뿐만 아니라 그들이 당시에는 거짓말에 대해 인식하지도 못했던 무의식적인 동기들이 존재할 수도 있을 것이다.32

그런데도 드파울로의 연구는 주목할 만하다. 그녀의 연구는 우리가 매우 다양한 다른 이유로 거짓말을 한다는 강력한 증거를 제시해 주고 있다. 대개 이런 이유는 우리 자신과 관련이 있긴 하지만, 때로는 그것이 다른 사람을 돕거나 해치는 일과도 관련이 있음을 보여준다.

거짓말하기와
품성

대부분의 사람은 거짓말을 하거나 진실을 말할 때 매우 다양한 의도가 있다. 여기 몇 가지 사례가 있다.

때때로 우리는 쑥스러운 감정을 피하기 위해 거짓말을 하고 싶다.
때때로 우리는 창피를 당하지 않으려고 거짓말을 하고 싶다.

때때로 우리는 돈이나 다른 물질적 부를 잃지 않기 위해 거짓말을 하고 싶다.

때때로 우리는 다른 사람들의 기분을 좀 더 좋게 하기 위해 거짓말을 하고 싶다.

때때로 우리는 다른 사람들에게 마음의 상처를 주기 위해 거짓말을 하고 싶다.

나는 잘 알지 못하는 사람들과 함께 하는 파티에서 그들에게 좋은 인상을 주기 위해 거짓말을 하고 싶어질 수도 있을 것이다. 혹은 어떤 사람이 나를 대중 앞에서 아주 난처하게 만들 경우, 나는 그의 감정을 상하게 하거나 주의를 나로부터 다른 곳으로 돌리기 위해 거짓말을 할 수도 있다. 혹은, 위너처럼, 나의 직업, 가족, 이미지를 보호하기 위해 거짓말을 할는지도 모른다.

다시 말해서, 사람들은 이러한 각기 다른 욕구를 지니고 있기 때문에 우리가 진실을 말할 것인가의 여부는 상황에 따라 매우 **달라질 수 있**다. 어떤 상황에서는 내가 진실을 말할 가능성이 매우 크지만, 또 다른 상황에서는 거짓말을 할 가능성이 클 수 있다. 그런 두 가지 유형의 상황은 일상생활에서 너무나 많다.

우리의 상상 속 친구인 프랭크의 거짓말 행동 변화를 보여주는 그림 5.1은 이런 생각을 가시화하는 데 도움이 된다. 이것은 심리학자들이 말하는 거짓말 행동의 '프로필'이다. 네 가지 상황만을 골라 그가 특정한 1년 동안에 얼마나 자주 거짓말을 했는지 간단히 설명해 보자.

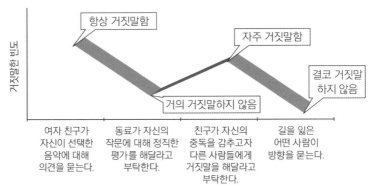

그림 5.1 프랭크가 1년 동안 네 가지 다른 상황에서 거짓말했던 빈도

보이는 바와 같이, 프랭크는 상황에 따라 거짓말을 하기도 하고, 진실을 말하기도 한다. 그는 어떤 상황(예컨대, 방향을 알려줄 때)에서는 항상 정직한 행동을 보여주지만, 다른 상황(예컨대, 그의 여자 친구가 자신이 선택한 음악에 대하여 그의 의견을 물을 때)에서는 항상 부정직한 행동을 보인다. 아울러 또 다른 상황에서는 때로는 정직하고 때로는 부정직한 행동을 보인다.

사실 이 일은 앤서니 위너에게서 일어났던 것과 유사하다. 아마도 위너는 사람들에게 항상 진실을 말하는 사람으로 신뢰를 받을 수 있었던 많은 상황이 있었을 것이다. 트위터에 성적으로 자극적인 자신의 사진들을 전송하다 들통난 것은 그런 상황 중 하나가 아니었다. 그는 이 사진들에 대한 진실을 알고 있었고, 만약 진실이 밝혀진다면 그에게 대단히 난처한 상황(자신의 직업을 잃을 수 있고, 이혼을 당할 수 있는 등의 상황)이 벌어진다는 것을 인식하고 있었다. 따라서 우리는 그림 5.2를 활용하여 그의 마음속에서 일어나고 있었던 몇 가지 요소를 이해할 수 있을 것이다. 위너에 관한 이러한 심리 줄거리는 지나치게 단순화된 것이긴 하지만, 우리의 목적에 비추어 볼 때는 적절하다.

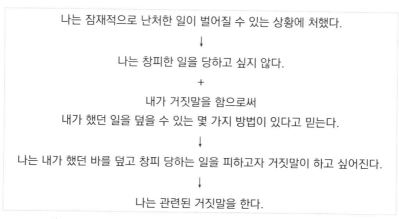

나는 잠재적으로 난처한 일이 벌어질 수 있는 상황에 처했다.

↓

나는 창피한 일을 당하고 싶지 않다.

＋

내가 거짓말을 함으로써
내가 했던 일을 덮을 수 있는 몇 가지 방법이 있다고 믿는다.

↓

나는 내가 했던 바를 덮고 창피 당하는 일을 피하고자 거짓말이 하고 싶어진다.

↓

나는 관련된 거짓말을 한다.

그림 5.2 거짓말과 관련한 앤서니 위너의 대표적인 사고 줄거리의 요소

우리는 거짓말을 하고자 하는 마음과 진실을 말하고자 하는 마음이 어떻게 작용하는지를 설명하는 이 그림의 기간을 더 확장하여 고려해 볼 수 있다. 예컨대, 우리의 친구 프랭크의 경우, 우리는 1년 동안 그가 서로 다른 행동을 보여주었다고 말했다. 그러나 만약 우리가 그다음 1년과 비교한다면 어떤 일이 벌어질까? 우리는 그가 많은 변화를 보여줄 것으로 기대하는가, 아니면 거의 유사한 양상을 보여줄 것으로 예상하는가?

물론 거짓말과 관련한 프랭크의 행동은 그의 생활에 어떤 일이 일어날 것인가에 달려 있다. 프랭크가 근본적인 방식으로 자신의 삶을 변화시키는 경험(예를 들면, 심오한 영적 전환)을 했다고 가정해 보자. 그러면 1년 후에 우리는 다른 방식으로 행동하는 그를 볼 수 있을지도 모른다.

그러나 우리 중 대부분은 해마다 거의 그대로 양상을 유지하는 경향이 있다. 다시 말해서, 나는 그림 5.3과 비슷할 것으로 예상한다.

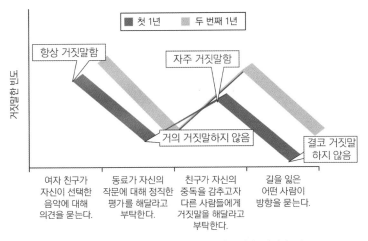

그림 5.3 똑같은 상황에서의 프랭크의 2년간 거짓말 비교

프랭크의 품성(최소한 그의 도덕적 삶 가운데 거짓말과 관련한 영역에서의 품성)은 시간이 지나도 상당히 안정적이다. 우리는 올해에 그가 했던 바를 토대로 동일한 상황이라면 내년에도 똑같이 행동할 것이라고 예측할 수 있다. 이렇게 말하는 것은 역설적으로 들릴지 모르지만, 프랭크는 행동의 **가변성에서 상당한 정도의 안정성**을 보여준다.

그러한 행동 양식은 정확하게 프랭크를 묘사해 준다. 그러나 모든 사람이 이런 상황에서 정확하게 똑같은 방식으로 행동하지는 않을 것이다. 드파울로가 밝혔던 바와 같이, "다른 사람들이 자신을 어떻게 생각할 것인가에 대해 매우 관심이 많은 사람이 거짓말을 한다(가능성이 더 크다). 성격이 외향적(?)이고 다른 사람을 조종하는 데 능한 사람들

— **인간의 품성**

또한 거짓말을 할 가능성이 크다. 책임감이 있는 사람 그리고 다른 사람과의 관계에서 … 고마움을 경험한 사람은 거짓말을 할 가능성이 더 낮다."33 예를 들면, 존스Jones는 대부분의 사람에게 정직할 것이며, 프랭크와 달리, 자신의 여자 친구에게 자신은 음악 취향이 그녀와 다르다고 말할 것이다.

그래서 우리는 모든 사람의 품성이 다를 수 있으며, 특히 사람들은 거짓말과 관련하여 서로 다른 프로필을 지닐 수 있다는 교훈을 얻는다. 우리는 모든 사람이 일반적으로 똑같은 상황에서 똑같은 거짓말을 할 것이라고 가정하기 전에, 사람마다 품성이 어떤지 시간을 들여 알아 둘 필요가 있다. 일단 우리가 그 사람이 어떤 사람인지 알게 되면, 우리는 그 사람이 일주일이든, 한 달이든, 혹은 일 년이든 미래에 어떤 행동을 할 것인지에 대해 꽤 잘 알 수 있다.

모든 사람의 품성이 어떻게 서로 다른지에 관한 관찰에도 불구하고, 우리가 일관되게 한 가지를 놓치고 있는 것으로 보인다. 그것은 곧 정직의 미덕이다.

거짓말하기,
미덕과 악덕

정직의 미덕은 범위가 매우 넓다. 정직의 미덕은 진실이나 거짓말을 하는 것과 관련이 있지만, 더불어 도둑질이나 사기와 같이 훨씬 더 많은 것과도 관련이 있다. 우리는 진실을 말하는 것을 '진실성

veracity'34이라고 부르곤 하지만, 그렇게 자주 그 단어를 듣지는 못한다. 오늘날 우리에게는 정직이라는 단어가 더 익숙하므로 나는 이 단어를 고수할 것이다. 다음 장에서 부정행위에 관하여 다루기로 하고, 여기에서는 오직 진실을 말하는 것과 관련한 정직에만 초점을 두고자 한다.

우리는 신중을 기해야 할 필요가 있다. 대부분의 사람이 거짓말을 하는 경향이 있다는 이유로 우리가 사람들을 정직하지 않다고 섣불리 결론을 내릴 수는 없다. 대부분의 철학자는 어떤 거짓말들은 도덕적으로 용납이 되므로 정직한 사람의 가치를 떨어뜨리지 않는다고 생각한다.35

사실, 때로는 거짓말을 하는 것이 오히려 도덕적으로 **의무이거나 요구되기도** 한다. 임마누엘 칸트Immanuel Kant는 이웃을 찾고 있는 살인자에게 거짓말을 하여 지하실에 있는 무고한 사람의 생명을 보호할 수 있다는 유명한 예를 들었다. 내가 담당하는 윤리 수업에서 학생들에게 그 상황에 닥칠 경우 어떻게 할 것인지에 대해 투표를 했는데, 살인자에게는 거짓말을 하는 것이 괜찮을 뿐만 아니라 반드시 거짓말을 해야 한다고 주장하는 학생들이 압도적으로 많았다.36

심각한 거짓말에 대해 논의를 시작해 보자. 만약 심각한 거짓말이 도덕적으로 허용되지 않는다면, 내가 생각할 때 정직한 사람은 진지한 문제에 대하여 심각한 거짓말을 자주 하지 않을 것이다. 예컨대, 그는 배우자에게 반복적으로 혼외정사에 대해 거짓말하거나 직업을 갖기 위해 자신의 이력에 대해 거짓말을 하지 않을 것이다.

유감스럽게도 드파울로와 그녀의 동료들은 심각한 거짓말에 관한 연구를 수행할 때 참가자들에게 본인이 지금까지 했던 거짓말 중에서 가

— 인간의 품성

장 심각한 거짓말 한 가지를 말해달라고 요청했다. 그 초점은 그들이 심각한 거짓말을 얼마나 많이 어떤 상황에서 했는지를 알아보고자 하는 데 있는 것이 아니었다. 그런데도 연구 결과는 우리의 정직을 의심할 만한 몇 가지 근거를 제공해 준다. 우리가 거짓말하는 행동에 대해 논의를 시작했던 초반부를 기억해 보면, 심각한 거짓말의 22%는 업무와 관련된 것이었으며 21%는 돈이나 직업과 관련된 것이었다. 심각한 거짓말의 4분의 3이 나쁜 행동을 은폐하려는 것이었다.37 그런 거짓말들의 대부분은 도덕적으로 괜찮을까? 그렇지 않을 것이다. 나는 ― 만약 우리가 스스로 정직하다면 ― 우리 역시 지난 1년 동안에 도덕적으로 잘못된 심각한 거짓말을 최소한 한 번은 했다고 인정할 것으로 예상한다.

하지만 우리가 최소 한 번은 거짓말을 한 것이 사실이라고 하더라도, 그런 사실이 곧 우리가 정직하지 않다는 것을 입증하지는 않는다. 엄격하게 정직하다는 것과 느슨하게 정직하다는 것 사이에는 차이가 있다. 미덕은 어느 정도에 이르렀을 때 비로소 갖추어진다는 점에서, 여러분이 가끔 심각한 거짓말을 한다면 어쩌면 아직 정직의 정도가 느슨한 사람일 수 있다.

그러나 그것이 이야기의 끝이 아니다. 심각한 거짓말을 하는 경향과 일상적인 거짓말을 하는 경향을 함께 생각해 보자. 여러분은 에이브러햄 링컨 같은 정직한 사람이 도덕적으로 잘못된 일상적인 거짓말을 자주 할 것으로 예상하는가?38 그렇지 않을 것이다. 그런 거짓말의 사례는 친구에게 멋있어 보인다고 말하거나 숙제를 하지 않은 이유에 대해 변명을 늘어놓는 것 같이, 우리의 일상생활에서 흔히 볼 수 있다. 드파울로의 자료는 우리가 이런 일상적인 거짓말을 자주, 습관적으로, 별생각 없이, 적당한 수준의 괴로움만 경험하며, 특별한 거리낌 없이 다시 한다는 것을 시사하고 있다. 이 말이 여러분 자신을 가리키는 것처럼 들리지 않는가? 난 어느 정도는 우리 모두가 이러한 서술과 관련이 있을 거라고 생각한다.

그러나 다시 말하지만, 우리는 정직하지 못하다는 결론을 성급히 내려서는 안 된다. 여기서도 까다로워지는데, 나는 괜찮다고 하는 일상적인 거짓말을 자주 하기 때문이다. 만약 내가 어떤 사람이 감정적으로 매우 여리다는 것을 안다면, 그녀가 입고 있는 새 옷이 좋아 보이지 않는다고 하더라도 그녀에게 새 옷이 멋지다고 말하는 것은 괜찮다고 생각한다. 거짓말은 매우 논쟁적인 문제이기 때문에, 독자들은 이와 정반대의 타당한 입장을 취할 수도 있을 것이다.

어쨌든, 우리가 이것에 대해서는 어느 정도 동의할 수 있다고 생각한다. **때때로** 우리는 일상적인 거짓말이 도덕적으로 허용된다고 하더라도, 우리가 흔히 하는 거짓말은 도덕적으로 허용될 수 있는 범주에 속하지 않는다. 거짓말을 할 때, 나는 누군가를 내 목적에 맞게 조종하려고 하거나, 결국 나 자신이나 다른 사람을 해치거나, 상대방의 자율권을 침해하거나, 다른 사람들이 나에 대해 가지고 있는 신뢰를 무너뜨린다. 또는 거짓말을 통해 도덕적 손상을 유발하는 무언가를 한다.

그뿐만 아니라, 일반적으로 내가 생각하는 거짓말의 심각성 정도(별것 아니다!)와 다른 사람이 생각하는 심각성의 정도(중대 사건!) 사이에는 큰 차이가 있다. 마이애미 대학교의 심리학자인 앤 고든Anne Gordon과

아서 밀러Arthur Miller는 이를 다음과 같은 사례의 구성을 통해 보여주었다. 어떤 사람이 "다시는 만나지 않을 것이라고 약속한 이후에 예전 연인과 레스토랑을 나서고 있는" 자신에게 특별한 의미가 있는 사람을 보고 있다고 상상해 보라. "만남을 인정할 기회가 주어졌을 때 그 사람이 이를 인정하였다면 거짓말을 하는 상황이 더 이상 진전되지 않았을 텐데 그렇지 않음으로써 상황이 심각한 수준으로 발전하였다."39

이제 여러분이 거짓말을 하는 사람, 거짓말을 듣는 사람, 혹은 중립적인 관찰자의 역할에 있다고 상상해 보라. 여러분이 자신의 머리에 있는 모든 것을 추적할 수 있다면, 위에서 언급했던 데이트 시나리오에 대한 다음과 같은 해석의 관점은 이 세 가지 역할 가운데 어느 역할일 가능성이 가장 큰지 스스로 물어보라.

1. 자기 자신을 아주 대단하게 생각한다.
2. 자신의 행위를 정당한 것으로 본다.
3. 자신의 행위가 오해를 받고 있다고 주장한다.
4. 거짓말을 해서 자신을 변명하거나(즉, "당신은 또 과잉반응하고 있어.") 일어났던 일을 도덕적 측면에서 다소 이타적인 방식으로 설명하려고 하는(즉, "난 단지 당신이 감정이 상하는 걸 원치 않았어.") 여러 가지 이유를 생각해 낸다.

이 연구에서 답은 분명했다. 그것은 거짓말을 하는 사람의 역할이었다.40 고든과 밀러의 기술에 따르면, "거짓말을 하는 사람은 그 사건의 중요성을 최소화하는 데 초점을 두고 설명하는 경향이 있다. 반면에 거짓말을 듣는 사람은 관계에 손상을 끼칠 수 있는 측면에 초점을 두고 설명을 하는 경향이 있다. 관찰자는 거짓말을 하는 사람이나 거짓말을 듣는 사람보다는 좀 더 공평하게 그 상황을 기술하고자 하는 경향이 있었다."[41] 따라서 우리는 일상적인 거짓말이 큰 문제가 아니라고 생각할 수도 있지만, 이는 잘못된 판단일 수 있다.

요약하면, 일상적인 거짓말은 널리 행해지고 있고, 그것이 정당하지 못하다는 증거가 여럿 있다. 정직한 사람은 반복적으로 그러한 거짓말을 하지 않을 것이다.

아울러 우리는 심각한 거짓말과 일상적인 거짓말이 도덕적으로 용납될 수 없다는 증거 또한 갖고 있다. 게다가 우리는 사람들이 왜 거짓말을 하는지에 대한 동기를 일부 살펴보았고, 그 가운데 창피함에 대한 두려움 같은 동기는 도덕적인 것 같지도 않아 보인다. 이와 함께 우리는 해를 끼치고자 하는 이유로 거짓말을 하기도 한다. 어떻게 사람이 정직한데 **그렇게 거짓말을 할 수** 있을까? 하지만 그것이 바로 우리의 모습이다. 나는 우리가 모두 자신의 일상에서 그런 경험이 있을 거라고 생각한다. 드파울로는 사람들이 말했던 **가장 심각한 거짓말**의 4%는 뒷전에서 상대를 해치고자 하는 목적을 가졌음을 발견하였다. 만약 그녀가 가장 심각한 거짓말을 한 가지가 아니라 몇 가지를 더 요구했더라면 아마 마음을 아프게 하는 다른 많은 거짓말이 보고되었을 가능성이 크다.

하지만 솔직히 우리는 대부분의 사람이 진실을 말할 때 정직하지 않다고 생각했을 것이다. 우리는 자신이 살아온 삶의 여정을 되돌아볼 수 있고, 다른 사람들이 우리를 어떻게 대우했는지, 정치인이나 유명 인사가 어떻게 살고 있는지, 그리고 역사에서 정직의 미덕이 사라진 많은 증거를 바로 찾아볼 수 있다. 우리가 잘못 알고 있다고 생각할 이유가 전혀 없다고 본다.

사실 오늘날 상황은 우리가 사람들에 대해 갖고 있었던 일반적인 인식과 정반대이다. 우리 주변에 있는 대부분의 사람이 부정직(혹은 예전에 흔히 사용되었던 '거짓된 행동mendacity', 비록 '정직성veracity'이라는 말처럼 오늘날에는 우리가 거의 듣지 못하는 단어이긴 하지만)의 **악덕**을 지니고 있는 것처럼 보일 수 있다.

몇 년 전에 주식 시장에 투자하여 7천 2백만 달러를 번 뉴욕시에 사는 한 고등학생에 관한 기사가 여러 신문에 대대적으로 보도된 바 있다. 그는 곧장 유명한 인물이 되었다. 나중에 우리는 그것이 모두 장난질이었다는 것을 알게 되었다.42 이제 이런 보도가 정말 우리를 놀라게 할까? 절대 그렇지 않을 거라고 생각한다. 그것은 마치 우리가 대중에게서 진실보다는 거짓말을 할 거라고 예상한다는 것과 다를 바 없다.

그러나 다시 말하지만, 우리는 신중해야 한다. 나는 우리 대부분이 부정직한 사람이라는 결론을 섣불리 내려서는 안 된다고 생각한다. 내가 그렇게 생각하는 데에는 세 가지 이유가 있다. 첫째, 앞 장에서 보았듯이, 악한 사람은 악한 일을 할 때 갈등을 일으키거나 비탄에 젖지 않는다. 그는 진심으로 악한 일을 한다. 특히나 부정직과 관련하여, 여러분은 대개 거짓말을 하는 동안 (그리고 그 후에) 괴로움을 느끼는 부정직한 사람을 발견하기 어려울 것이다. 특히 발각될 위험이 거의 없는 일상적인 거짓말일 경우에는 더더욱 그렇다.

그렇지만 우리는 많은 사람이 거짓말을 하는 동안 괴로워한다는 것을 알고 있다. 일상적인 거짓말의 경우, 보고된 괴로움의 수준이 거짓말 이전에는 4.09(9점 만점에서), 하는 동안에는 4.65, 거짓말을 한 이후에는 4.54였음을 상기해 보라. 심각한 거짓말의 경우, 거짓말을 하는 동안에 5.05 수준으로 높아졌다.[43] 그래서 괴로움은 대부분의 사람이 부정직하다는 것을 의심하게 하는 첫 번째 이유이다. 우리는 거짓말할 때 기분이 좋지 않다.

도움이 되는 거짓말은 두 번째 이유이다. 다시 말해서, 때때로 우리는 매우 선한 이유에서 다른 사람을 도와주고자 거짓말을 한다. 여기에 그러한 사례가 있다.[44] 프랭크에게 자신과 아주 깊은 비밀을 공유하고 있는 친구가 있다고 가정해 보자. 그 친구는 기독교인이 되면 죽음으로 처벌받는 나라에서 기독교인으로 살고 있다. 불행하게도, 프랭크의 친구와 관련된 의심은 곧 불거진다. 그의 신앙이 발각될 위기에 처했을 때, 마지막 순간에 프랭크가 친구를 위해 거짓말을 해서 대중의 관심을 다른 곳으로 돌리는 데 성공하고 그 비밀을 유지할 수 있다. 나는 이런 거짓말을 도덕적으로 수용할 수 있을 것이라고 생각한다. 그리고 프랭크가 친구에 대한 진정한 배려와 관심이 있어 이타적인 이유로 거짓말을 했다고 가정해 보자. 그런 행동은 악한 사람이 할 것으로 보이지 않는다.

물론, 이 사례는 꾸며낸 이야기이다. 그러나 우리는 앞에서 '타자 지향적'인 이유가 일상적인 거짓말 중 24%도 안 되는 것을 보았다.[45] 친

― 인간의 품성

한 친구나 가족과 연관되었을 때, 사람들은 자기 지향적인 거짓말보다는 타자 지향적인 거짓말을 더 많이 하였다.[46] 그리고 여러분이 지금까지 살면서 했던 거짓말 가운데 가장 심각한 거짓말 한 가지와 관련해서도, 심각한 거짓말 중 5.6%는 거짓말을 하는 사람에게 어떠한 이득도 있을 것 같지 않고, 다른 사람을 위한 타자 지향적인 거짓말이었다.[47] 5.6%가 놀랄 만큼 높은 비율이 아니라는 것은 인정하지만, 나는 그게 사람들이 지금까지 했던 가장 심각한 거짓말의 비율이라는 것을 생각하면 엄청나다고 본다. 첫 번째와 두 번째 이유 중 어느 것도 내가 부정직한 사람에 대해 가진 심상과 어울리지 않는다.

마지막으로, 세 번째 이유는 때때로 사람들은 놀랄 만큼 정직해 보인다는 것이다. 여기에 하나의 사례가 있다. 1996년에 드파울로DePaulo와 캐시 벨Kathy Bell은 미술 작품을 심사하는 것과 관련한 연구 결과를 발표하였다. 우리의 용감무쌍한 프랭크는 몇몇 작품을 바라보고 있다. 그는 가장 좋아하는 두 작품과 가장 싫어하는 두 작품을 골라야 한다는 말을 듣는다.

이후, 그는 미술 전공 학생(사실은 연기자이다)과 그림에 관하여 이야기할 기회를 얻는다. 여러분이 추측했는지 모르지만, 그 학생은 어떤 그림들이 프랭크의 목록에 들어 있는지 알고 있다. 그래서 그 학생이 "이것은 제가 그린 것 중의 하나입니다. 어떤가요?"라고 말했을 때, 그 학생이 프랭크가 좋아했던 그림을 가리키고 있다면, 그때 프랭크는 훌륭하다고 말한다. 그리 놀랄 일도 아니다. 사실, 연구에 참가한 사람 중 누구도 그런 경우에는 거짓말을 하지 않았다.

그러나 그 미술 전공 학생이 프랭크가 가장 **싫어했던** 그림 중의 하나를 가리킬 때는 어떨까? 이런 곤란한 상황에서 여러분이라면 어떻게 할 것인가?

우리는 여기서 조금 놀라운 결과를 볼 수 있다. 참가자의 40%가 그 그림을 싫어한다고 진실을 말했다. 이 비율은 미리 사전에 정직해야 한다는 분명한 지시가 있었던 여러 연구에서는 더 올라갔다. 그때는 62%가 진실을 말했다. 반대로, 단지 3%만이 그 그림을 '정말로' 좋아한다고 말하는 용기를 발휘하였다.[48] 진실을 말하는 이런 사례는 내가 부정직한 사람에게서 기대하기 어려운 것이다.

그러므로 나의 마음과 세상살이 경험에 대한 고찰과 더불어 심리학 문헌에 대한 검토 결과, 나는 이런 결론에 도달하였다.

우리 대부분은 정직한 사람이 아니다. 우리는 또한 거짓말을 하거나 진실을 말하는 것에 대해서 부정직하지도 않다.

어쨌든 이 분야는 우리가 좀 더 많은 자료를 수집할 필요가 있는 것이 분명하다.

결론

우리는 도와주기를 살펴보았다. 해 끼치기도 살펴보았다. 그리고 우리는 지금 거짓말하기를 검토하였다. 이들은 도덕성의 서

— 인간의 **품성**

로 다른 측면이다. 그러나 미덕과 악덕 사이의 긴장 양식은 똑같이 유지된다. 유용한 증거들에 따르면, 우리의 품성은 매우 복잡해 보인다. 따라서 우리의 품성이 도덕적이거나 사악한 것으로 단정되어 꼬리표가 붙는 것은 적절치 않다. 오히려 우리는 나쁜 일을 행할 수 있는 강력한 역량과 함께 선을 행할 수 있는 강력한 역량 또한 지닌 것으로 보인다. 이 장에서 우리는 거짓말로 다른 사람들을 도와줄 수 있는 ― 혹은 그들의 가슴을 갈가리 찢어버릴 수 있는 ― 우리의 능력을 보았다.

우리는 이러한 복잡한 그림을 이해하려고 노력하기 전에 한 걸음 뒤로 물러나 다음 장에서 도덕적 영역을 한 가지 더 검토할 것이다.

1 http://www.dailymail.co.uk/news/article-1393505/Anthoy-Weiner=admits-Twitter-photo-taken-context.html. (검색: 2015.9.29.)

2 http://www.nbcnewyork.com/news/local/Weiner-Admits-Confesses-Photo-Twitter-Relationships-123268493.html. (검색: 2015.9.29.)

3 http://www.usatoday.com/story/news/politics/2013/07/23/weiner-more-lewd-message/2579631/. (검색: 2015.9.29.)

4 http://www.nypost.com/2016/08/28/athony-weiner-sexted-busty-brunette-while-his-son-was-in-bed-with-him/. (검색: 2017.2.10.)

5 이 두 가지가 거짓말과 관련한 모든 것을 내포한다고 보기는 어렵겠지만, 우리의 목적에는 충분하다. 더욱 깊은 철학적 논의에 대해서는 다음을 볼 것.
Sorensen(2007); Carson(2010): 1장.

6 DePaulo 외(1996, 2004); DePaulo & Bell(1996); Kashy & DePaulo(1996); DePaulo & Kashy(1998); DePaulo(2004).

7 DePaulo 외(1996): 989.

8 DePaulo(2004): 306; DePaulo 외(1996): 984.

9 DePaulo 외(1996): 989. 이것은 평균이기 때문에 거짓말 하는 것에 대한 개인의 다양한 괴로움을 반영하지 못하고 있다는 것을 유념할 필요가 있다. 예를 들면, 어떤 사람은 특정한 일주일 동안 거짓말하는 것과 관련하여 매우 다른 수준의 괴로움을 느낄 수 있었을 것이다. 또한 무슨 거짓말을 했는지에 따라 불편함을 더 혹은 덜 느낄 수 있었을 것이다. 우리는 참가자 중의 한 사람이 자신에게 화요일의 일상적인 거짓말과 금요일의 일상적인 거짓말은 불편함의 정도가 결코 같지 않다고 말했을 수도 있다고 상상할 수 있다.

10 DePaulo 외(1996): 989.

11 DePaulo 외(2004): 150~151.

12 DePaulo 외(2004): 151.

13 DePaulo 외(2004): 156.

14 DePaulo 외(2004): 159.

15 특히 자원봉사자들은 배우자와 자녀와의 매일 10분간의 사회적 상호작용에서 평균적으로 한 번 이하의 거짓말을 하였다(DePaulo & Kashy 1998: 72).

16 DePaulo 외(2004): 160.

17 DePaulo 외(2004): 148~149; DePaulo(2004): 317~318, 324~325.

18 DePaulo & Kashy(1998): 72.

19 다른 여러 동기에 관한 개략적인 검토에 대해서는 다음을 볼 것. Millar & Tesser(1988): 263~264.

20 DePaulo 외(1996): 983; DePaulo(2004): 309~311. 보다 포괄적인 범주의 세트는 다음을 볼 것. DePaulo 외(2004): 152.

21 Rick & Loewenstein(2008): 645.

22 DePaulo 외(1996): 983.

23 DePaulo 외(1996): 991; 2004: 148~149, 157: DePaulo & Kashy(1998): 63.

24 DePaulo 외(1996): 983.

25 권력이나 성취를 위해 거짓말을 하는 것과 관련하여서는 다음을 볼 것. Gillath 외(2010). 처벌이나 책임 회피를 위해 거짓말을 하는 것과 관련하여서는 다음을 볼 것. DePaulo 외(1996): 983; 2004: 152.

26 DePaulo 외(1996): 983.

27 DePaulo 외(1996): 983.

28 DePaulo 외(1996): 987. 백분율의 합이 100이 되지 않은 이유에 대해서는 그들의 연구 표 5에 대한 각주를 볼 것.

29 DePaulo 외(2004): 157.

30 DePaulo 외(2004): 152; DePaulo 외(1996): 983, 각주 5.

31 DePaulo 외(2004): 163.

32 Gordon & Miller(2000): 46~47.

33 Kashy & DePaulo(1996): 1050.

34 Baier(1990). 또 다른 후보는 '참됨Truthfulness'이 될 수 있다. Adams(2006): 190.

35 보다 철저하고 세심한 논의는 다음을 볼 것. Carson(2010).

36 Kant(1996). 물론 칸트 자신은 그건 잘못이라고 말했다!

37 DePaulo 외(2004):156.

38 아리스토텔레스가 이미 오래 전에 지적했던 것처럼, 사람은 "정의에 관한 어떤 것도 위태롭지 않을 때 단지 그것이 그의 성품 상태이기 때문에 그가 말하는 것과 그가 사는 방식 모두에 대해 진실"해야 한다(1127b1-2).

39 Gordon & Miller(2000): 49.

40 Gordon & Miller(2000): 50.

41 Gordon & Miller(2000): 51.

42 http://time.com/money/3633433/72-million-high-school-stock-traser/. (검색: 2015.9.24.)

43 DePaulo 외(1996): 989; (2004): 159.

44 이것은 내가 Miller(2013)의 304쪽에서 활용했던 사례의 버전이다.

45 DePaulo 외(1996): 987

46 DePaulo & Kashy(1998): 71.

47 DePaulo 외(2004): 157. 물론, 우리는 이 모든 자료가 자기 보고 형식이기 때문에 편견이 있을 수 있다는 것을 기억할 필요가 있다.

48 더 자세한 내용은 다음을 볼 것. DePaulo & Bell(1996); DePaulo(2004): 319~323.

6장

부정행위하기

    만약 부정행위자와 관련해 분명한 한 가지 사례가 있다면, 그건 타이거 우즈일 것이다. 물론 우즈가 지닌 품성의 어두운 측면이 딱히 골프 과정에서 노출된 건 아니었다. 그가 지닌 성품의 어두운 측면은 그가 자신의 아내와 가족을 일상적으로 속였던 방식에 있었다.

    우즈 관련 사건의 상세한 내용은 여전히 불확실하며, 우리는 우즈가 결혼 생활을 하는 동안 성적으로 관계를 맺었던 여성이 모두 몇 명인지 결코 알 수는 없다. 대체로 대부분은 약 10명의 칵테일 바 웨이트리스와 포르노 스타였지만, 실제 숫자는 그보다 더 많을지도 모른다. 보도에 따르면, 이들은 단순히 한 번의 만남으로 끝났던 것이 아니라 몇 달, 심지어는 몇 년 동안 만남을 계속 이어왔다.

    그래서 우즈는 불륜의 악덕을 지닌 것처럼 보인다. 그는 동일한 여성 및 서로 다른 여성들과, 시간이 지나면서 일관되고 확실하게, 교묘하고 기만적인 방식으로 바람을 피우며 자신의 아내를 반복해서 속였

       — 인간의 품성

다. 그것이 도덕적으로 끔찍한 이유는 더 말할 필요가 없다. 불륜의 악덕은 항상 자신의 쾌락과 관련된 것이었다.

우리의 바람기?

물론 불륜과 관련된 유명 인사는 우즈 외에도 많다. 혼외정사는 빌 클린턴Bill Cliton, 존 F. 케네디John F. Kennedy, 엘리엇 스피처Eliot Spitzer, 존 에드워즈John Edwards, 엘리자베스 테일러Elizabeth Taylor, 찰스Charles 왕세자, 휴 그랜트Huge Grant, 코비 브라이언트Kobe Bryant, 주드 로Jude Law 등 즐비하며, 이는 긴 명단의 시작에 불과하다.

이런 방식으로 부정행위를 저지르는 사람들은 비단 유명인사뿐만 아니다. 애슐리 매디슨Ashley Madison 웹사이트가 해킹을 당한 이후(그 사이트는 기혼자들을 대상으로 한다. "인생은 짧다. 바람을 피우자."), 우리는 혼외정사가 얼마나 만연한지를 좀 더 확실히 알 수 있었다. 비록 그 숫자가 얼마나 가짜였는지는 불분명하지만, 추측하건대 그 사이트는 당시 전 세계적으로 약 3천 7백만 명이 이용하고 있었다.[1] 현재 그 웹사이트는 2002년 이후 이용자가 5천 1백만 명이라고 자랑하고 있다. 경쟁 웹사이트인 글리덴 컴Gleeden.com은 현재 3백만 명을 넘어섰다고 공표하였다.

물론 혼외정사는 대단히 심각한 일이지만, 부정행위의 단지 한 가지 종류에 불과할 뿐이다. 우리는 찰스 랭겔Charles Rangel, 버나드 매도프Bernard Madoff, 케네스 레이Kenneth Lay 등이 다양한 형식의 금융 사기로 유죄 판결을 받은 사실을 알고 있다. 스포츠에서는 랜스 암스토롱Lance

Armstrong과 알렉스 로드리게스Alex Rodriguez 같은 우상들이 금지 약물을 복용함으로써 우리를 실망시켰다.

그리고 학업 부정행위가 있다. 나는 교수로서 내 강좌에서 부정행위가 일어나고 있는지가 늘 걱정된다. 최근에, 내 철학 개론 강의를 듣는 두 명의 학생이 이전에 내가 냈던 시험의 사본을 이용하여(그것은 우리의 명예 제도를 위반하는 것이다) 중간고사를 준비하는 것을 발견하였다. 아이러니하게도, 내가 부정행위와 관련하여 가장 애를 먹었던 강의가 윤리이다. 그 수업을 하며 부과했던 첫 번째 과제에서, 나는 다른 수업에서 부과했던 과제보다 훨씬 더 많은 표절 사례를 찾아낼 수 있었다. 이는 결코 내가 지어낸 말이 아니다.

물론 내가 부정행위를 고민하는 유일한 선생은 아니다. 모든 선생이 이러한 문제에 직면하고 있고, 부담을 느끼고 있다. 대학에서 부정행위를 고발하는 공식 절차는 복잡하고, 보통 오랜 시간이 소요된다. 그래서 많은 교수는 학생들의 일탈 행위를 눈감아 주거나 공식 채널을 통한 절차가 귀찮아서 개인적으로 처벌을 가하는 방식을 취하고 있다.

그러나 가끔 학업 부정행위가 대규모로 발생하여 이를 무시하기가 어려운 경우도 있다. 서던 미시시피 대학교에서 심리학 개론 강의를 담당했던 패트리샤 폴켄더Patricia Faulkender와 그의 동료들이 생생하게 기록한 자료를 보자.2 그 학기의 두 번째 시험지가 학과 프린터에서 출력되어 널리 유통되었던 것이 드러났다. 폴켄더는 첫 번째 시험과 비교했을 때 학생들이 더 높은 수준으로 훨씬 더 빨리 답안을 완성한 것을 보고 이를 의아해했다. 폴켄더는 공식적으로 조사를 개시하였고, 모든 학생은 재시험을 치렀다. 그 과정에서 폴켄더는 그 수업을 수강했던 633명의 학생을 대상으로 설문조사를 하였다. 설문조사에 참여한 익명의 학생 중 22%는 시험지 복사본으로 도움을 받은 적이 있다고 보고하였다. 그 밖의 35%의 학생들은 만약 자신에게 그런 기회가 온다면 역시 같은 행동을 했을 것이라고 응답하였다. 그러므로 57%의 학생들은 만약 그들에게 기회가 있었다면 이 시험에서 부정행위를 했거나 하고자 했을 것이다. 그뿐만 아니라 폴켄더는 그 학기의 수학 강의(이 강의에서는 부정행위의 증거가 없었다)를 듣는 학생들에게 만약 그런 일이 가능하다면 도난 당한 시험지의 복사본을 이용하여 부정행위를 저지를 것인지를 물었다. 그 결과, 49%의 학생들이 그렇다고 대답하였다.3

일반적으로, 북아메리카나 유럽의 학생들을 대상으로 한 학업 부정행위에 관한 연구 결과는 오늘날 부정행위가 만연해 있음을 시사한다. 최근에 수행된 연구에 따르면, 대학생들의 평균 부정행위 비율은 60%, 70%, 심지어는 86%에 이르는 것으로 밝혀졌다.4 캘거리 대학교의 사회학자 발레리 헤인즈Valerie Haines는 대학 캠퍼스에 부정행위가 전염병처럼 번지고 있다고 말했다.5 나는 그 분야의 연구자 대부분이 헤인즈의 말에 동의하지 않을까 생각한다. 학업 부정행위는 특별하지 않다. 오히려 대부분의 사람은 학업이든, 운동이든, 재정이든, 혹은 그 밖의 다른 어떤 분야이든 다양한 상황에서 기꺼이 부정행위를 하고자 하는 마음이 있는 것으로 보인다.

하지만 지금쯤 여러분은 내가 섣불리 어떤 결론을 내리는 데에 조심한다는 것을 알 것이다. 우리는 위의 사례들이 곧 우리 모두의 품성에 대해 말해주는 것이라고 단정할 수는 없다. 유명 인사들은 그저 소수에 불과하며, 조금 특별할 수 있다. 부정행위와 관련하여 그들이 우리 대부분의 모습을 그대로 반영하지 않을 수 있다. 서던 미시시피 대학교의 학생들도 마찬가지다. 내가 강좌를 운영하며 부정행위를 저지르는 학생을 몇 명 찾아내기는 했지만, 그 외 대부분의 학생은 명예 제도를 잘 준수하고 있는 것으로 보인다. 그래서 우리가 이 분야와 관련한 보다 정확하고 포괄적인 우리의 품성의 실체를 발견하기 위해서는 주도면밀하게 통제된 실험을 활용하여 더 깊이 탐색해 볼 필요가 있다.

부정행위의 일부 형식은 다른 형식들보다 실험에 더 적합하다. 혼외정사는 그리 적절하지 않다. 하지만 경기나 과제의 규칙을 어기는 것은 다른 이야기이다. 이것은 우리가 아래에서 검토할 주요 부정행위의 형식이 될 것이다.

그동안 규칙 준수에 관한 많은 연구가 수행되어 왔고, 적어도 표면상으로는 광범위한 부정행위의 증거를 발견했다고 알려졌다. 다소 오래된 연구 하나를 예로 들면, 심리학자인 에드워드 디너Edward Diener와 마크 월봄Mark Wallbom(1976)은 사람들에게 철자의 순서를 바꾼 말들을 포함한 시험을 시행하였다. 그들은 제한 시간 5분이 끝나기 전에 겨우 절반만 마칠 수 있도록 시험을 설계하였다. 참가자들이 막 시험을 치르려고 할 때, 시험을 주관하는 실험자는 다른 참가자들을 도와주기 위해 자리를 떠야만 한다고 말한다. 그리고 그는 타이머 벨을 5분으로 맞춘 후 "벨이 울린 후엔 더 이상 문제를 풀어서는 안 된다는 것을 기억하세요."라고 분명하게 주의를 주었다.[6]

여러분은 어떤 일이 일어났을 거라고 생각하는가? 대부분의 사람은 그 지시를 따랐을까, 아니면 벨이 울린 이후에도 계속 문제를 풀었을까?

그 방의 한쪽 면에는 양면 거울이 설치되어 있어서 디너와 월봄은 그 대답을 알 수 있었다. 참가자의 71%가 타이머가 울린 이후에도(잠깐도 아니었다) 계속 문제를 풀었던 것으로 드러났다.7

그래서 앞 장들과는 달리, 우리는 악덕이 우리의 문화 속에 얼마나 광범위하게 퍼져 있는지를 보여줄 수 있을 것 같다. 아마도 사람들은 적어도 이런 유형의 부정행위와 관련하여 정직하지 않을 수 있다. 우리는 위험을 감수할 가치가 있고, 발각되지 않을 수만 있다면 늘 속이고 싶고, 그렇게 하고자 노력할 것이다. 그건 분명히 악의적이다.

상황을
복잡하게 하기

부정행위에 관한 효과적인 실험 연구는 그렇게 오래 전에 개발된 것이 아니다. 연구자들은 최근에야 부정행위를 검증할 수 있는 보다 현명한 전략을 개발하였다. 그런데 적어도 지금까지의 결과는 매우 곤혹스럽다.

새 전략은 런던 비즈니스 스쿨의 리사 슈Lisa Shu와 그녀의 동료들이 2011년에 발표했던 연구에 잘 드러나 있다. 여러분이 다수의 사람과 함께 시험을 이제 막 치르려 한다고 상상해 보라. 여러분은 20개 문항이 들어 있는 문제지와 함께 10달러를 받는다. 문제를 풀 수 있는 시간은 4분뿐이며(실험자들은 4분이 문제를 풀기에 충분한 시간이 아님을 분명히 알고 있다), 여러분이 정답을 맞힐 때마다 받은 10달러 중에서 문항당 50센트의 인센티브를 준다는 말을 듣는다. 주어진 4분이 끝나면, 여러분은 시험지를 채점하고, 실험자는 여러분이 채점한 것이 정확한지 확인한 후 정답을 맞힌 문항 수에 따라 돈을 계산한다. 문항들의 난도와 시간제한을 고려하면, 아마 여러분은 평균적으로 8개 문항 정도를 맞힐 것이다.[8]

부정행위를 할 기회가 없음.
= 평균적으로 7.97개 문항의 정답을 맞힘.

자, 결과 그 자체로는 그다지 흥미롭지 않다. 하지만 여기 반전이 있다.

여러분의 가장 친한 친구인 프랭크가 다시 그 실험에 참가하여 바로 옆방에서 이와 똑같은 시험을 치르고 있다고 생각하라. 앞에서와 같이, 시험이 끝나고, 프랭크와 다른 모든 참가자는 답안을 채점하라는 말을 듣는다. 그러나 그들은 채점이 끝난 답안지를 찢어버리고 정답 문항 수에 따라 그들 스스로 돈을 계산하라는 말을 듣는다. 방 안에 있는 실험자는 그들의 답안을 전혀 검사하지 않는다. 다시 말해서, 참가자들은 이처럼 '시험지가 갈가리 파쇄된 조건'에서 그들이 맞힌 정답이 몇 문항인지는 오직 그들만이 알 수 있고, 그들이 알고 있는 바에 따라 돈 계산을 한 후 방에서 나올 수 있다. 여러분은 프랭크와 참가자들이 어떠했을 것으로 생각하는가?

　　　　　　　　　　　　　　　　　— 인간의 품성

자, 분명히 그들은 첫 번째 집단의 사람들보다 훨씬 더 많은 문항을 맞혔다.[9]

부정행위를 할 수 있는 기회가 있음.
= 평균적으로 13.22개 문항의 정답을 맞힘.

아니면 원래 그들이 더 잘했나? 프랭크와 참가자들이 여러분의 집단보다 문제를 더 잘 풀 수도 있을 것이다. 그러나 우리 스스로 솔직해 보자. **실제로** 그들은 부정행위를 할 수 있는 유리한 위치에 있었고, 그들은 그 기회를 이용했다. 그들은 받아야 할 금액보다 더 많은 돈을 받고 싶었던 것이다.

다시 한번 이것은 광범위한 부정직의 증거처럼 보인다. 어쨌든 이 두 번째 집단과 관련하여 특별한 것은 아무것도 없다. 즉, 그들은 그저 무작위로 모집한 사람들일 뿐이다. 동일한 실험 조건으로 비슷한 결과를 발견한 연구는 이 밖에도 많이 있다.[10]

이 연구의 참가자들처럼, 만약 우리가 그런 '파쇄 조건'에 있었다면 우리 중 많은 사람은 그들과 똑같은 행동을 하였을 것이다. 그런데 여전히 여기에 알쏭달쏭한 수수께끼 같은 뭔가가 있다. 평균적으로, 그들은 자신이 맞힌 정답이 대략 13개 문항이라고 하였는데, 왜 그들은 20개 문항 모두를 맞혔다고 말하지 않았을까? 만약 여러분이 어떻게든 속이고자 하고, 절대 들키지 않을 것을 확신한다면, 왜 나머지 3.50달러를 마저 받고자 하지 않을까? 그건 좀 불합리해 보이지 않는가? 그런데 사실, 총 791명의 참가자가 참여했던 6가지의 서로 다른 실험 결과에 대한 연구자들의 보고에 따르면, 참가자 중 단지 5명(!)만이 기꺼이 끝까지 속임수를 썼다.[11] 나는 그런 전면적인 부정행위를 이해할 수 있다 (내가 그런 부정행위를 지지하는 것은 아니다). 내가 잘 이해가 되지 않는 것은 제한적인 부정행위를 했던 나머지 참가자들은 무슨 생각으로 그렇게 행동했냐는 것이다. 애초에 그들은 이미 부정행위를 하고자 했는데, 왜 그런 행동을 했을까? 이를 제한된 부정행위의 수수께끼라고 부르자.

이제 여러분은 발각될 두려움이 모종의 역할을 했을 것이라고 생각할지 모른다. 아마 참가자들은 모든 문항에 대해 정답을 맞혔다고 주장할 경우, 그들이 속이고 있지 않나 하고 실험자들이 혹여 의심할지 모른다는 걱정을 할 수 있을 것이다. 그래서 그들은 발각될 위험을 최소화하기 위해 자신의 부정행위를 제한하였을 수 있다.

하지만 분명히 그렇지 않다. 또 다른 연구의 경우를 보자. 토론토 대학교 경영대학원의 니나 마자르Nina Mazar와 그녀의 동료들은 참가자들에게 평균적인 문제 해결력을 지닌 사람이라면 제한 시간 내에 8개 문항 정도 정답을 맞힌다고 거짓말했다. 그런데도 답안지 파쇄 상황에서 참가자들이 맞힌 정답의 문항 수는 겨우 4.8개에 불과하였다. 물론 그것은 통제집단의 3.4개 문항보다는 더 많은 수치이다. 지금쯤이면 예상할 수 있을 것이다. 그러나 부정행위 참가자들이 전혀 의심받지 않고 얻을 수 있었던 것보다 훨씬 적다.[12]

제한된 부정행위의 수수께끼가 그동안 등장했던 유일한 수수께끼는 아니다. 내가 앞에서 언급했던 바와 같이, 이런 종류의 실험이 최근 몇 년 동안 많이 수행되었다. 마자르가 2008년에 발표했던 또 다른 버전은 속일 수 있는 기회가 봉쇄된 통제 혹은 기본 집단을 두고 있었다. 이전처럼, 그들의 답안지를 찢어버림으로써 그들이 원하는 만큼 속이고 그에 따라 돈을 지급받을 수 있는 학생 집단 또한 있었다. 그러나 흥미로운 새로운 유형은 제삼의 학생 집단이었다. 그들은 시험을 시작하기 전에 "나는 이 짧은 검사가 (학생들 학교의 이름) 명예 제도에 해당된다는 것을 압니다."라는 메시지를 읽게 된다. 그리고 계속하기 위해서는 그 밑에 자신의 이름을 쓰고 서명을 해야 했다. 명예 제도란 구성원들이 단체의 명예를 위하여 자발적으로 지키기로 한 제도를 의미한다. 여기 그 결과가 있다.[13]

	정답(맞힐 때마다 인센티브 0.50달러)
통제 조건	3.4
파쇄 조건	6.1
파쇄 + 명예 제도 조건	3.1

비록 제삼의 집단에서 그들이 부정행위를 저지를 수 있는 조건과 관련하여 아무런 변화가 없었지만, 평균적으로 참가자들은 통제 집단의 학생들보다 약간 더 나쁜 성적을 거두었다.

흥미롭게도 우리는 정답 문항에 대해 2달러로 금액을 높였음에도 똑같은 양상을 볼 수 있다.

	정답(맞힐 때마다 인센티브 2달러)
통제 조건	3.2
파쇄 조건	5.0
파쇄 + 명예 제도 조건	3.0

명예 제도가 부정행위를 저지하는 데 큰 역할을 한 것으로 보인다.

이 대단히 흥미로운 자료 덕분에 연구자들은 명예 제도를 매우 진지하게 채택하는 학교에서는 부정행위를 감소시킬 수 있다는 신념을 오랫동안 유지할 수 있었다. 예를 들면, 명예 제도와 관련한 유명한 연구자들 가운데 두 사람인 뉴저지 러트거즈 대학교 비즈니스 스쿨의 도날도 맥캐이브Donald McCabe와 펜스테이트 스밀 비즈니스 칼리지의 린다 트레비노Linda Treviño는 명예 제도를 갖추고 있지 않은 대학교 학생들의 28%가 시험에서 다른 사람을 도와준다고 보고한 반면, 명예 제도를 갖추고 있는 학교에서는 단지 9%의 학생들만이 그에 해당한다는 것을 발견하였다. 비슷한 경향이 다른 부정행위의 방식인 표절(18% 대 7%), 승인되지 않은 커닝 페이퍼(21% 대 9%), 허용되지 않은 공동 작업(39% 대 21%) 등에서도 비슷하게 나타났다.[14] 특히, 그들은 명예 제도가 진정으로 효과를 발휘하기 위해서는 그들의 표현대로 그저 한낱 "겉치레(쇼윈도 장식)"에 그쳐서는 안 되고 "명예 제도가 학생들의 문화 속에 잘 구현되어 깊이 뿌리를 내리고 있어야 한다."[15]는 것을 알아냈다.

이것도 수수께끼이다. 왜냐하면 만약 우리가 들키지 않고 잘 빠져나갈 수 있는 환경에서 기꺼이 부정행위를 하려 한다면, 명예 제도가 어떻게 그렇게 극적으로 사정을 변화시킬 수 있단 말인가? 달리 말하면,

사람들이 명예 제도가 없을 때 부정행위를 하고자 하는 마음이 있다면, 왜 그들은 이전처럼 처벌의 두려움이 없는데도 명예 제도에 서명하고 나면 부정행위를 저지르려 하지 않는 것인가? 부정행위를 할 수 있는 기회 그 자체는 전혀 변화가 없는데 말이다. 우리는 이걸 **명예 제도의 수수께끼**라고 부르자.

벽에 있는 거울이 이 수수께끼에 대한 답을 일러줄 것이다.

부정행위의
심리

우리의 친구 프랭크는 방금 단어 구성 시험을 신청하였다. 실험자는 프랭크가 시험을 치르는 동안 자리를 비워야 해서 프랭크에게 제한 시간 5분이 끝나면 시험을 멈춰야 한다고 매우 분명하게 말을 해준다. 그러고 나서 프랭크는 시험을 치르기 시작한다. 프랭크가 책상 앞에 앉으면, 바로 앞에는 거울이 있다(양방향 거울인데, 프랭크는 그 사실을 알지 못한다). 그래서 거울을 흘깃 쳐다볼 때마다 거울 속에서 자기 자신을 본다. 5분 후, 타이머가 울린다. 프랭크는 어떻게 했을까? 그는 들었던 지시대로 바로 멈춘다.

프랭크 혼자만 그런 것이 아니다. 사람들이 잇따라서 5분에 멈췄다. 실제로 모든 참가자의 단지 7%만이 타이머가 울린 이후에도 계속하는 부정행위를 하였다.

이 연구는 매우 익숙하게 들릴 것이다. 이는 사실 우리가 이 장을 시작할 때 접했던 심리학자인 디너와 월봄이 1976년에 했던 바로 그 실험이다. 첫 번째 버전에서는 참가자들의 71%가 타이머가 울렸음에도 멈추지 않고 계속했다는 것을 기억하라. 지금은 겨우 7%이다.[16] 얼마나 극적인 차이인가!

그들이 두 번째 버전에서 주었던 변화는 무엇인가? 단지 거울 앞에 앉아있다는 사소한 변화 외에는 아무것도 없다. 바로 그것이다.

사소한 변화가 어떻게 이런 차이를 가져왔을까? 난 이 의문이 정말 중요하다고 본다. 또한 우리는 적어도 그 답의 일부는 알고 있다. 그러나 이 의문은 우리의 마음이 어떻게 작동하는지에 대한 약간의 설명을 요구할 것이다. 설명의 줄거리는 기본적으로 세 가지로 이루어진다.

무엇보다 우리는 추상적으로도 그렇고 다른 사람의 시험지를 베끼거나 불륜관계를 맺는 것과 같은 구체적인 특별한 경우에도 그렇고 어떤 경우든 부정행위는 나쁘다고 믿는다. 올바른 도덕적 신념이 바로 우리의 마음속에 존재하며, 그러한 도덕적 신념은 부정행위를 저지를 기회가 왔을 때 우리를 억제할 수 있게 해준다. 실제로, 부정행위를 할 수 있는 '파쇄' 기회를 동반한 연구에서 연구자들이 참가자들에게 시험 시작 전에 먼저 십계명을 회상하도록 한 경우, 연구자들은 그들에게서 부정행위의 어떤 증거를 발견하지 못하였다.[17] 그런 결과가 함축하는 바는 분명해 보인다. 도덕적 회상이 우리의 도덕적 책무에 대한 관심을 떠올리는 데 기여함으로써 우리 스스로 마음속에서 부정행위 같은 나쁜 일을 저지르는 것에 대한 정당화를 더욱더 어렵게 만든다.

부정행위를 반대하는 신념이 우리 마음속 어딘가에 있다고 하더라

— 인간의 품성

도, 그와 동시에 우리는 여전히 부정행위가 얼마나 나쁜지를 인식하도록 자극해 주는 십계명 같은 도덕적 조언이 필요하다. 우리는 이런 도덕적 조언이 제시되지 않을 때 부정행위가 더 잘 일어날 수 있다는 것을 보아왔다. 왜 그럴까? 난 그 답이 우리에게 혜택이 될 일, 즉 우리가 이익을 추구하고자 하는 깊은 욕망에 있다고 생각한다. 우리는 부정행위에 따른 비용과 편익이 어떨지를 계산하며(흔히 무의식적으로), 만약 그 계산의 결과가 자신에게 이득이 될 것 같으면 그에 따르는 경향이 있다. 잘 알다시피, 부정행위로부터 나올 수 있는 혜택은 여러 가지가 있다. 예컨대 실패(그리고 실패와 관련된 쑥스러움이나 수치심)를 면할 수 있고, 프로젝트의 성공이나 경쟁우위를 점할 수 있으며, 규칙을 위반하는 데서 그리고 발각될 위험에서 오는 심리적 긴장을 즐기는 것 등이 있을 수 있다. 바로 이게 심리적 이야기의 두 번째 부분이다.

지금까지의 이야기는 전혀 복잡하지 않다. 우리 모두는 옳은 일을 상기하였을 때 어떤 기분인지 잘 안다. 또한 우리는 옳은 일에 관심을 기울이지 않고 부정행위를 저지를 때 어떤 기분인지도 잘 알고 있다. 따라서 이 두 부분이 모두 심리적 설명의 줄거리가 되어야 한다면, 이는 매우 복잡할 것이고 우리의 수수께끼는 여전히 그대로 남게 될 것이다. 우리는 부정행위를 하고자 하는 마음을 가진 사람들이 그런 행동을 해도 빠져나갈 수 있다면, 될 수 있는 한 부정행위를 많이 저지를 것으로 예상할 수 있다. 그런데 거울은 어떻게 부정행위가 감소되는 그런 큰 차이를 만들어 내는가?

내가 생각하기에, 심리적 설명의 세 번째이자 가장 흥미로운 부분으로, 우리는 전반적으로 자신에게 이득이 된다고 판단되면 부정행위를 하고자 하지만, 다른 사람들은 물론 결정적으로 자기 자신에게도 도덕적으로 보이기를 바라는 마음 또한 갖고 있다는 것이다. 우리는 자신의 눈에 자신이 정직한 사람으로 비치는 데 많은 신경을 쓴다.[18] 이것은 우리에게 중요하다.

이제, 여러분은 스스로를 기회가 오면 적극적으로 부정행위를 하는 사람이긴 하지만 동시에 정직한 사람이라고 생각해 보라. 그건 정말 힘든 일일 것이다. 왜냐하면 그 두 가지가 함께 공존하는 것은 어렵기 때문이다. 그렇지만 좀 더 사소한 부정행위는 이야기가 다르다. 약간의 자기기만은 도움이 될 수 있다. 사소한 부정행위를 할 경우, 나는 이 행위가 도덕적으로 옳은지 그른지에 대해 깊이 생각하지 않은 채 나 자신을 기만할 수 있다. 나는 잠시 그런 도덕적 문제를 잊어버리고 부정행위에 따른 혜택을 즐길 수 있다. 그러나 내가 뻔뻔스럽게 부정행위를 할 경우에는, 또 다른 이야기가 된다. 도덕적으로 말해서 뻔뻔하게 부정행위를 할 때는 별일 아닌 것처럼 행동하는 것이 매우 힘들며, 따라서 나 자신을 도덕적인 사람으로 생각하기가 더더욱 힘들다. 이것이 제한된 부정행위의 수수께끼에 대한 답이다.

벽에 있는 거울 같이 사소한 것이 우리가 하는 바에 그런 커다란 차이를 만들어 낼 수 있는 이유가 바로 거기에 있다. 내 앞의 거울로 인해 내가 숨을 수 있는 여지가 별로 없다. 내가 원하든 혹은 원하지 않든, 거울은 내가 하는 행동을 직시하도록 해준다. 결과적으로, 나는 부정행위를 하고 나 자신을 정직한 사람으로 생각하는 것을 포기하거나 아니면 (거울 연구에서의 대부분의 사람처럼) 정직한 사람으로서의 나의 긍정적인 자아상을 유지하고 타이머가 울릴 때 멈춘다.

우리는 이제 십계명을 회상하거나 명예 제도에 서명하는 것이 어떻게 그런 극적인 효과를 가져오는지 이해할 수 있다. 그런 행동들은 우리의 도덕적 신념을 우리 자신에게 더욱 가시화시켜준다. 따라서 우리는 실제로 그런 신념에 따라 살기를 바라게 된다. 우리는 이런 도덕적 조언 덕분에 부정행위를 하면서 여전히 자기 자신을 정직한 사람으로 생각하는 것이 얼마나 모순인지를 깨닫게 된다. 이제 우리는 **명예 제도의 수수께끼**에 대한 답도 알게 되었다.

물론, 우리는 이러한 우리의 해석에 너무 지나치게 기대해서는 안 된다. 공격적으로 부정행위를 했던 타이거 우즈 같은 사람들이 있다. 만약 그들이 부정행위로부터 오는 이득 ─ 말하자면, 성적 쾌락이나 졸업에 필요한 과정을 통과하는 ─ 이 충분히 크다고 생각한다면, 그들의 이기적 욕망은 그들이 옳다고 믿는 바에 따라 행동하는 모든 동기를 간단히 압도해 버릴 수 있다. 그들 자신을 정직한 사람으로 생각하려는 동기마저도 싹 무시해 버린다. 그런 사람은 자신이 현재 부정직하지만, 그에 대해 전혀 개의치 않음을 인정할 수 있을 것이다.

그래서 우리가 도덕적 삶의 이런 영역과 관련하여 우리의 품성을 고찰할 경우, 우리는 정직과 부정행위의 이야기가 매우 복잡하게 얽힌다는 것을 발견할 수 있다.

우리가 결국
부정직하지 않은 이유

　　　　　내 생각에 어떤 사람이 이 장에서 기술된 행동과 동기의 전형을 지녔다면, 그는 분명히 정직한 사람이 아니다. 이는 아마 분명한 사실이다. 만약 그렇다면, 몇 단락 건너뛰어 보자. 만약 그렇지 않다면, 우리가 부정직한 사람인지 아닌지에 대해 훨씬 더 흥미롭고 논란의 여지가 있는 질문으로 넘어가기 전에 조금 더 확장하겠다.

　내가 생각하기에 정직한 사람은 관련된 규칙이 공정하고 적절할 경우 부정행위를 통례적으로 회피하고자 한다. 이것은 **설령 부정행위로 인해 자신에게 이득이 돌아올 것이 확실한 경우라도 마찬가지다.**[19] 그런 사람은 자신의 세금을 속이지 않을 것이고, 집에서 시험을 볼 때 부정행위를 저지르지 않을 것이며, 남편을 속이고 바람을 피우지 않을 것이다.

　이제, 나는 예외가 있다는 것을 인정하지 않을 수 없다. 예를 들면, 만약 부정행위가 절대적인 도움이 필요한 여러분의 친구나 사랑하는 사람을 도와줄 수 있는 유일한 방법이라면, 그건 괜찮을 수 있다. 혹은 어떤 정보원이 테러리스트의 공격을 중단시키기 위해 회사의 컴퓨터 체계를 해킹하는 것은 괜찮을지도 모른다. 그것은 회사를 속이는 것이지만 정직의 미덕에 반하는 것은 아닐 수 있다. 여러분 혼자서 카드놀이를 할 때처럼, 여러분의 부정행위로 인해 누구도 해를 입지 않는 경우도 이와 마찬가지로 허용될 수 있을 것이다. 그러나 나는 이와 같은 경우에 대해서는 별로 신경 쓰지 않는다. 중요한 것은 우리가 이 장에서 논의했던 모든 사례 — 간통, 도핑, 시험 부정행위 등등 — 가 도덕적으로 정당화되기 어렵다는 것이다. 특히 여러 실험으로부터 알 수 있었던 건 — 적어도 연구자들이 시험했던 상황에서 — 대부분의 사람은 빠져나갈 수 있다고 생각되면 부정행위를 저지를 수 있다는 것이다. 또한 우리는 도덕적으로 타당하지 않은 이유로 속임수를 쓸 것이다.

정직하지 못한 행위에는 또 다른 측면이 있다. 우리의 동기가 단순히 선하지만은 않다는 것이다. 나는 정직한 사람을 선한(칭찬할 만한, 감탄할 만한) 이유에서 속이지 않는(혹은 속이는) 사람으로 생각한다. 예컨대 정직한 사람은 자기 팀 동료들과의 형평성 차원에서, 혹은 회사에 손해를 입힘으로써 다른 사람들에게 폐를 끼치는 것을 원하지 않기 때문에, 혹은 자신의 배우자를 사랑하기 때문에 부정행위를 삼간다. 그러나 부정행위를 하는 사람의 경우에는 타이거 우즈처럼 자신의 쾌락을 위한, 혹은 실패를 모면하기 위한, 혹은 자신의 경쟁상대에 대해 우위를 점하기 위한 이기적 동기가 생각보다 훨씬 더 큰 역할을 한다. 심지어 자신을 정직한 사람으로 생각하는 예민한 효과도 사실은 정직한 사람에게는 그리 중요한 요소가 아니다. 그러나 우리가 깨닫든 깨닫지 못하든 상관없이, 자신이 정직한 사람이라는 신념은 우리 대부분에게 매우 중요하다.

내가 정직한 사람에 대해 기대하는 점이 한 가지 더 있는데, 정직한 사람은 자신의 도덕적 책무를 상기할 기회가 있든 없든 **상관없이** 부정행위를 하지 않을 것이라는 점이다. 여러분도 역시 그것을 기대하지 않았는가? 다시 말해서, 정직한 사람은 당연히 부정행위를 원하지 않는다. 정직한 사람이 부정행위를 삼가는 것은 바로 그 사람의 제2의 천성 때문이다. 그 사람은 행동 전에 해야 할 옳은 일이 무엇인지를 먼저 상기해야 할 필요가 없다. 하지만 우리는 여러 연구를 통해 그와 관련한 행태를 정확히 보았다. '파쇄 조건'을 갖춘 여러 실험에서는 부정행위가 공통적으로 더 많이 행해졌지만, 십계명이나 명예 제도가 도덕적 조언으로 역할을 했던 경우에는 부정행위가 많이 사라졌다.

요약하면, 오늘날 대부분의 사람, 적어도 여러 연구가 수행되었던 곳에 사는 사람들은 부정행위에 관한 한 정직하지 못하다.

품성에 관한 이런 그림은 도덕적인 관점에서 보면 다소 암울해 보일 수 있다. 하지만 나는 이런 암울함이 우리가 연구로부터 얻는 유일한 교훈이 아니라고 생각한다. 여러분도 이쯤 되면 나의 이런 생각을 짐작할 수 있을 것이다. 사실 거기에는 적어도 우리의 품성에 대한 네 가지의 매우 긍정적인 측면이 존재하고 있다. 첫 번째는 바로 앞의 논점에 기초하고 있다. 정직한 사람은 도덕적 신념이 그 사람의 마음속에 얼마나 생생하게 작용하는지의 여부에 따라 행동에서 어떤 차이를 보이지 않을 것이 분명하지만, 부정직한 사람은 애초에 그런 특별한 신념을 갖고 있지 않을 것이다! 부정직한 사람은 일반적으로 부정행위가 나쁘다고 생각하지 않으며, 시험에서 커닝하거나 배우자를 속이고 바람을 피우는 것이 특별히 나쁘다고 생각하지도 않는다. 아니면, 만약 그가 혹시라도 그런 신념을 갖고 있다면, 그 사람은 그런 신념에 별다른 신경을 쓰지 않고 있을 것이며, 그렇기 때문에 그런 신념은 그의 심리에서 어떤 중요한 역할을 하지 못할 것이다. 그러나 십계명을 상기하는 것처럼 아주 간단하게 도덕적 신념을 회상하는 기회가 있으면, 사람들은 부정직의 징후를 훨씬 덜 드러낸다. 따라서 나는 우리의 도덕적 신념이 부정행위와 관련된 상황에서 행동에 매우 큰 역할을 할 수 있다고 생각한다.

또 다른 긍정적인 신호는 명예 제도의 역할에서 나타난다. 한 연구에서, 슈Shu는 먼저 명예 제도에 서명을 한 22명의 참가자 가운데 오직 한 사람만 파쇄 조건에서 부정행위를 했다는 사실을 발견하였다. 나로서는 부정적인 사람이 발각되지 않고 부정행위를 통해 경제적 이익을 얻을 수 있는 기회가 왔을 때 어떻게 진심으로 정직하게 행동하겠다고 서약하는지 ― 그리고 나중에 그 약속을 이행하는지 ― 도무지 이해할 수 없다. 대신, 부정직한 사람은 명예 제도를 단순한 형식으로 인식하고 서명한 다음 곧바로 부정행위를 한다.

여기에 내가 부정직한 사람에 관하여 갖는 세 번째 견해가 있다. 부정직한 사람들은 매우 제한적으로 부정행위를 하는 경향과 거리가 멀다. 오히려 그들은 부정행위를 하는 것이 가치 있고, 무사히 빠져나갈 수 있다고 생각되면 부정행위로부터 얻는 보상을 최대화하려고 노력한다. 타이거 우즈 같은 사람은 오직 한 번의 성적 도피에서 멈추지 않는다. 단지 한 여성에 그치지도 않는다. 그는 계속해서 그런 행동을 한다. 그러나 대부분의 사람은 그렇지 않다. 이것이 우리의 첫 번째 수수께끼, 즉 제한된 부정행위의 수수께끼였다. 분명히, 대부분의 사람은 부정행위를 했을 것이다. 그러나 그들은 오로지 적당한 범위에서 부정행위를 한다.

우리는 그 이유를 설명하고자 노력하였다. 그리고 그에 관한 설명은 여기에서 최종적인 요점으로 기여한다. 부정행위는 우리 자신을 정직한 사람으로 생각하고자 하는 바람에 의해 억제된다. 그러나 나는 **자신을 정직한 사람으로 생각하고자 하는 바람에 대해 신경 쓰는** 부정직한 사람을 보지 못했다.

이것이 바로 내가 부정직한 사람에 관하여 갖는 의견이다. 아마 여러분은 동의하지 않을지 모른다. 여러분은 부정직한 사람도 여전히 자기 자신을 정직한 사람이라고 생각할 수 있다고 말할지 모르겠다. 사실 나는 여러분에게 마음을 바꾸라고 할 만큼 강력한 논거를 갖고 있지는 않다. 나는 단지 부정직한 사람에 관한 나의 견해가 부정직한 사람들도 자신의 생활에서 많은 심리적 긴장을 지닐 수 있음을 암시하고 있다고 말할 뿐이다. 부정직한 사람은 더 많이 속이고자 하는 욕망을 가지고 있고, 이와 동시에 자신의 부정행위를 억제함으로써 여전히 자기 자신을 정직한 사람이라고 생각하고자 하는 또 다른 욕망을 갖고 있다. 즉, 부정직한 사람은 마음속에서 서로 씨름하는 두 측면 사이의 끊임없는 갈등에 직면할 수 있음을 의미한다. 그러나 사실 나는 정직하지 못한 사람이 이처럼 갈등한다고 생각하지 않는다. 내가 보기에 그들은 자신이 하는 일에 아주 진지하다. 헌신적이고 자신감 있다. 그렇지 않은가?

그러나 여러분이 이 마지막 의견에 관하여 의문을 품는다고 하더라도, 네 가지 견해에 관한 전체적인 결론에 대해서는 반대하기 힘들 것이다. 대부분의 우리는 단순히 부정직한 사람이 아니다.

결론

이 장에서 본 것처럼, 부정행위에 관한 연구로부터 부각되는 이야기는 도와주기, 해 끼치기, 거짓말하기에서 보았던 것과 많이 유사하다. 여기에서도 마찬가지로 우리가 규칙을 준수하고 어떤 상황에서는 부정행위를 하지 않을 수 있는 강력한 역량을 지니고 있다고 믿을 만한 타당한 이유가 있다. 하지만 다른 상황에서는 우리 자신의 이익을 위하여 부정행위를 저지를 수 있는 강력한 역량 또한 바로 그 곁에 지니고 있다. '정직'은 그저 곁에 붙어있는 단순한 꼬리표처럼 보인다. '부정직' 또한 마찬가지다. 우리의 품성에 관하여 기존과는 다르게 생각하는 방식이 요구된다.

이제 또 다른 실험을 소개하는 일은 그만하자. 인간의 품성에 관한 세부 내용으로부터 한 발짝 물러서자. 그리고 우리가 이미 검토하였던 연구 결과들을 활용하여, 우리 대부분의 진정한 품성의 모습이 무엇인지 좀 더 큰 그림을 그려보기로 하자.

한 마디로 말해, 우리의 품성은 여러 요소가 복잡하게 얽혀있다.

1 http://www.bbc.com/news/magazine-33738020. (검색: 2016.8.8.)

2 Faulkender 외(1994).

3 Faulkender 외(1994): 212.

4 Klein 외(2007); McCabe 외(2006); Rokovski & Levy(2007).

5 Haines 외(1986): 342.

6 Diener & Wallbom(1976): 109.

7 Diener & Wallbom(1976): 110. 그들은 문제를 풀던 행동을 바로 멈추지 않았다. 타이머가 울린 후 추가적으로 풀었던 문제의 평균 문항 수는 2.71개였다(110).

8 Shu 외(2011): 339.

9 Shu 외(2011): 339.

10 Miller(2014): 3장.

11 Mazar 외(2008): 643. 이와 비슷한 결과에 대해서는 다음을 볼 것. Vohs & Schooler(2008): 52; Gino 외(2009, 2011); Mead 외(2009); 595~596; Zhong 외(2010): 312; Gino & Margolis(2011); Shu 외(2011).

12 Mazar 외(2008): 640.

13 Mazar 외(2008): 637. 더욱 흥미로운 것은 당시에 그 학교가 명예 제도를 정비하고 있지 않았다는 것이다. 그래서 부정행위가 발각되더라도 명예 제도를 위반한 것으로 인해 실제적인 어떤 처벌을 받을 위험이 없었다. 좀 더 철저한 연구를 위해, 마자르는 '엄격한' 명예 제도를 정비하고 있던 또 다른 학교에서도 연구를 진행하였다. 그 결과는 비슷하였다. Mazar 외(2008): 637.

14 McCabe 외(2001): 224.

15 McCabe 외(2001): 224. 명예 제도와 부정행위에 관한 더 많은 자료는 다음을 볼 것. McCabe & Treviño(1993); McCabe 외(2001); Thorkildsen 외(2007): 191. 위의 인용문은 다음에서 발췌한 것임. Miller(2014): 66~67.

16 Diener & Wallbom(1976): 110.

17 만약 여러분이 관심이 있다면 여기 몇 가지 더욱 상세한 것이 있다. 통제 집단의 참가자들은 도덕과 무관한 일을 상기시키는 일(여러분이 고등학교 때 읽었던 책 10권을 적으시오)이나 도덕과 연관된 일을 상기시키는 일(십계명 중 가능한 한 많은 것을 적으시오) 중 한 가지를 요구받았다. 이것은 그들이 20개 문항에 대해 답하는 데에는 아무런 차이를 만들지 않았다. 그들은 평균적으로 3.1개 문항을 풀었다. 이 설정에서는 부정행위를 할 기회가 없었다는 점을 기억하라. 그러나 파쇄 조건에서는 참가자들 간에 차이가 드러났다. 도덕과 무관한 일을 상기했던 참가자들은 평균적으로 4.2개 문항(어느 정도 부정행위를 시사하는)을 '풀었다.' 그러나 도덕과 연관 있는 일을 상기했던 참가자들은 평균적으로 단지 2.8개 문항만 풀었다(Mazar 외, 2008: 636).

18 Gordon & Miller(2000): 47.

19 같은 말을 하고 있는 최근의 철학자들에 대해서는 다음을 볼 것. Hursthouse(1999): 10; Adams(2006): 121; Miller(2014): 77.

7장

종합적 논의

　　지난 60여 년 동안 심리학자들이 기울였던 노력 덕분에 우리의 품성이 시험대에 오르고, 사람들이 각기 다른 상황에서 어떻게 행동하는지에 대하여 상당히 많이 알게 되었다. 사실 앞의 몇 개의 장은 우리가 현재 알고 있는 것 중 단지 시작에 불과하다.

　이 장에서 우리는 한 발짝 뒤로 물러서서 지금까지 밝혀졌던 것들을 종합하여 좀 더 일반적인 이야기로 구성해 보고자 한다. 이 이야기는 두세 가지 중요한 측면에서 충분하지 않을 것이다. 우선, 이 이야기는 최근의 우리 역사에서 수행된 연구들에 의지하고 있기 때문에, 그것이 우리의 먼 조상들에게도 적용되는지(그냥 내 생각일 뿐이지만, 내 직감으로는 그렇다)에 대해서는 알지 못한다. 또한, 도덕적 행동에 관한 연구의 대부분이 북아메리카와 유럽 출신의 참가자들을 대상으로 이루어졌다는 점에서, 나는 모든 사람에게 이를 지나치게 일반화시키지 않도록 주의하고자 한다. 마지막으로, 이 이야기는 앞으로 수행되어야 할 필요가 있는 많은 연구가 아직 남아 있기 때문에 완전하지 않다. 예컨대, 사람들이 다른 사람의 것을 훔치고자 하는 의향을 검증하는 주도면밀하게 통제된 실험이 지금까지 거의 없다.

이렇게 불충분한데도, 지금 우리가 여기에서 할 수 있는 이야기는 풍부하고, 고상하며, 매우 중요하다.

우리의 행동에 대한 이야기는 무엇을 의미하는가?

우리는 모두 프랭크를 기억하고 있다. 그는 연구자들이 수행하고자 하는 연구를 돕고 싶은 마음에서 그런 친절한 행동을 보여주었다. 그에게는 정말 우여곡절이 많은 여정이었다. 충격적인 낯선 자들부터 시험에서의 부정행위, 동료 학생을 돕는 일에 이르기까지 프랭크는 엄청나게 많은 일을 겪었다. 그 과정에서 그는 자신과 자신의 품성에 관하여 많은 것을 알게 되었다.

물론 프랭크는 실제 인물이 아니다. 그러나 프랭크는 자신이 직면했던 상황을 우리가 똑같이 직면하게 될 경우 일반인들 — 아마도 여러분과 나 — 이 어떻게 행동할 것인가를 보여주는 데 있어서 매우 중요한 역할을 하였다. 우리는 그가 겪은 많은 모험으로부터 무엇을 배울 수 있는가?

먼저, 대부분의 사람은 가슴속에 선을 향한 거대한 역량을 지니고 있다는 것이다. 우리는 너무나 많은 부정적인 이야기로 공격을 당하고 있어서 이 교훈은 가장 중요한 위치에 배치할 만한 가치가 있다.

심리 연구의 측면에서 선을 향한 역량을 가장 분명하게 보여주는 사례는 공감에 관한 연구에서 나온다. 우리는 프랭크처럼 한 번도 만난 적이 없는 누군가를 돕고자 자원봉사를 나섰던 사람들의 76%가 그 미술 전공 학생이 처한 상황에 대한 공감 때문이었다는 것을 알았다. 그들은 자원봉사 활동에 참여할 경우 자신들이 큰 비용을 지출해야 함에도 기꺼이 행동에 나섰다. 또한 우리는 ─ 누구도 우리의 부정행위를 알아채지 못할 수 있다고 하더라도 ─ 우리의 가치를 회상할 때 기꺼이 부정행위를 거부하려는 의지 같은 또 다른 측면에서 우리의 품성의 선한 측면을 엿볼 수 있었다.

선을 향한 우리의 이런 역량은 흔히 실제 생활로 이어진다. 노르웨이 정부는 사람들에게 곤경에 처한 아동을 돕고자 하는 마음을 장려하기 위해 영화를 제작하려고 했다. 그래서 그들은 노르웨이 오슬로의 혹독한 겨울에 10살 전후의 아동 연기자 한 명을 버스 정류장에서 혼자 버스를 기다리도록 하였다. 그 소년은 장갑이나 모자도 없이 셔츠 하나만 달랑 입고 있어서 몸이 얼어붙고 있었다. 이후 영화 제작자들은 실제 사람들이 그 소년을 보았을 때 어떤 행동을 하는지 비밀리에 녹화하였다.

사람들이 버스를 기다리기 위해 버스 정류장에서 그 소년을 만날 때마다 놀라운 일이 벌어졌다. 낯선 사람들이 계속해서 그에게 자신의 장

갑, 모자, 심지어는 상의까지 벗어주었다. 사람들은 소년의 고통을 외면하지 않았으며, 그 과정에서 자비롭게 행동하였다. 소년의 고통은 그들의 내면에 있는 무언가를 촉발시켰으며, 이에 사람들은 옳은 일을 하였다.[1]

여기에 내가 도덕적 품성에 관한 연구에서 알게 된 첫 번째 교훈이 있다.

> 교훈 1: 인생에는 대부분의 사람이 가장 훌륭한 형태의 도덕적 행동을 보여줄 많은 상황이 존재한다.

나는 나 자신의 삶에도 이 교훈이 해당됨을 안다. 2009년 어느 늦은 여름날, 나와 내 아내가 옐로우스톤 국립공원을 떠날 때, 밖은 어둡고 안개가 자욱했다. 길거리에는 사람이 거의 없었으며, 우리는 지쳤고 얼른 호텔로 돌아가고 싶었다. 그때 우리는 갑자기 렌터카 바퀴에서 큰 소리가 나는 것을 듣고 차를 세워야만 했다. 뭔가 일이 꼬이는 것 같았고, 상황은 더 안 좋아졌다. 예비용 바퀴를 꺼내려고 트렁크 안을 들여다보았는데, 그곳에서 온전한 바퀴 하나와 그 위에 올려진 커다란 해골을 발견하였다. 나는 말도 못하게 깜짝 놀랐으며(두렵기도 하고, 정신이 하나도 없었다), 한참 후에서야 이전에 이 차를 대여한 운전자가 남겨놓은 사슴 두개골이라는 것을 알게 되었다. 렌터카 회사가 자동차를 깨끗하게 정리하지 않아 일어난 불상사였다.

내가 칠흑 같은 어둠 속에서 바퀴를 갈아 끼우는 동안 나와 아내는 커다란 해골과 함께 길가에 있었다. 다른 차가 오더니 우리 차 뒤에 정차하였다. 짧게 말하자면, 우리처럼 공원을 방문하였던 영국에서 온 두 명의 낯선 사람 덕분에 우리는 20분 후에 다시 길을 떠날 수 있었다. 나는 그들을 앞으로 절대 다시 만날 수 없을 것이다. 그러나 한 가지 확실한 것을 알게 되었다. 그날 밤 그들은 정말 훌륭한 품성을 보여주었다.

교훈 1이 우리가 도덕적으로 어떻게 행동하는지에 관한 이야기의 끝이라면 좋겠지만, 우리는 끝이 아니라는 것을 안다. 밀그램의 실험은 우리의 마음속에 있는 정반대 경향의 분명한 사례를 우리에게 보여준다. 권위 있는 밀그램의 실험 상황에서, 프랭크는 기꺼이 무고한 사람을 죽일 수도 있는(그럴 것처럼 보였다) XXX 수준까지 내내 충격을 가하고자 하였다. 그러나 나는 '방관자 효과' 연구가 어떤 면에서는 훨씬 더 문제가 많다는 것을 안다. 왜냐하면 그와 같은 실제 상황에서는 명백한 비상사태가 벌어지고 있고, 프랭크에게 해야 할 일을 지시하는 실험자 같은 권위자도 없기 때문이다. 반응을 보이지 않는 구경꾼과 합류했을 때, 프랭크는 거기에 앉아 아무 일도 하지 않고 그 사람이 고통받는 것을 그대로 방치한다. 우리는 감정을 상하게 하는 거짓말과 시험에서의 노골적인 부정행위에 관한 연구로부터 수집된 다른 자료를 보았다.

이런 결과들은 단지 실험실에만 국한되지 않는다. 나는 사람들이 블랙 프라이데이에 사우스 찰스턴에 있는 지역 타겟 매장의 바닥에 누운 채로 죽어가는 월터 밴스를 방치했던 이야기로 이 책을 시작하였다. 뉴욕 시내에서 공격을 받고 있던 한 여성을 구하기 위해 고군분투하다 등을 찔린 휴고 알프레도 테일-약스Hugo Alfredo Tale-Yax의 이야기도 있다. 그는 1시간 이상 길가의 인도 위에 쓰러져 있었지만 그 옆을 지나가던 20여 명의 사람들이 그를 도와주고자 하는 어떤 행동도 취하지 않아 결국 과다 출혈로 목숨을 잃었다.[2] 혹은 밴에 치인 중국 출신의 2살 난 여자아이인 왕 유에Wang Yue는 누구도 그녀를 도와주지 않아 트럭에 치여 즉사하였다. 18명의 사람은 누군가가 개입하기 전까지 그 아이를 방치하고, 심지어 아이의 피로 흥건한 땅 위를 아무 일 없는 것처럼 걸어갔다.[3] 이것들은 일화일 뿐이며 이전 장들에서 하였던 논의의 주된 근거는 아니다. 그러나 이 사례들은 그 논의에서 일어날 것이라고 예견하는 바와 일치한다.

결론적으로 여기에 내가 도덕적 품성에 관한 연구로부터 알게 되었던 두 번째 교훈이 있다.

교훈 2: 대부분의 사람이 최악의 형태의 윤리적 행동을 보여줄 수 있는 다른 많은 상황이 존재한다.

이제, 여러분은 아마도 '여기 새로운 것이 아무것도 없잖아.'라고 생각할 수 있다. 사실 우리는 이 두 가지 교훈을 굳이 심리학자들로부터 배울 필요도 없다. 그런 교훈들은 우리의 일상생활, 저녁 뉴스, 인류 역사에서 얼마든지 터득할 수 있다.

아마 그럴 수도 있다. 하지만 언뜻 보기와는 달리 여기에는 더 많은 것이 있다. 우리는 교훈 1과 교훈 2가 **바로 같은 사람**에게 적용된다는 것을 기억할 필요가 있다. 다시 말하면, 주로ㄴ 바르게 행동하는 다수의 '좋은 사람'이 있고, 주로 좋지 않게 행동하는 다수의 다른 '나쁜 사람'이 따로 있다는 것이 아니다. 오히려 그 결론은 다음과 같다.

교훈 3: 우리 대부분은 어떤 상황에서는 훌륭하게 행동하지만, 돌아서서 또 다른 상황에서는 개탄스러울 정도로 행동할 것이다.

프랭크는 공감하는 순간에는 매우 이타적인 사람이 될 수 있다. 하지만 프랭크는 일주일 후에 고통 속에서 울부짖는 한 낯선 자를 구경하고 있는 사람들의 집단에 끼어 있을 때는 비상사태임에도 아무런 조치를 취하지 않을 수 있다. 그림 7.1은 이런 생각을 시각적으로 설명하는 데 도움을 주는 것으로, 프랭크가 1년 동안에 사람들을 도와주는 것과 관련된 네 가지 서로 다른 상황에서 어떻게 행동할 것인지를 보여준다.

더 많은 상황을 넣은 그림 7.2는 프랭크가 1년 동안 겪었던 **모든** 도와주는 상황에서 어떻게 행동할 수 있는지를 보여주고 있다. 그의 도와주는 행동이 1년 동안 상황에 따라 변동을 몹시 거듭한다는 점에 주목하라. 프랭크는 두서없는 사람으로 보인다.

이런 행동 양식은 우리가 앞 장들에서 보았던 바와 같이 도와주는 일에만 그치는 것이 아니다. 그림 7.3은 프랭크와 그의 공격적 행동들에 대한 도해이다. 우리가 볼 수 있는 바와 같이, 프랭크는 폭력적이거나 해를 끼치는 사람이 아니었다. 그는 보통 아주 괜찮은 사람이었다. 그가 다른 사람들에게 해를 끼치는 것이 발각될 경우 처벌을 받을 수 있다는 것을 고려하면, 그리 놀라울 일은 아니다. 하지만 핵심은 1년

동안 프랭크가 언제라도 **모든 영역**의 공격적인 행동을 보일 수 있다는
것이다.

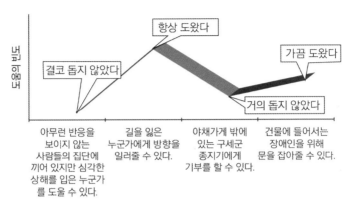

그림 7.1 프랭크가 1년 동안 네 가지 상황에서 도움을 주었던 정도

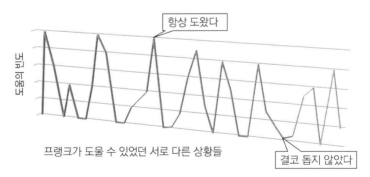

그림 7.2 프랭크가 1년 동안 도울 수 있었던 모든 상황에서 도움을 주었던 정도

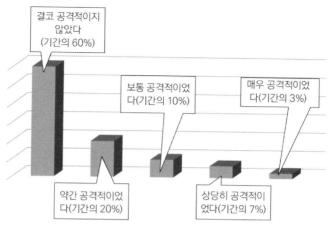

그림 7.3 1년 동안의 프랭크의 공격성

이것은 모두 도와주기와 해 끼치기의 도해이다. 우리가 프랭크를 제대로 인식하는 데 필요한 것은 그의 이런 행동이 자신의 도덕적 삶의 모든 영역에서 두서없이 나타난다는 것이다. 프랭크는 때때로 부정행위를 하고, 거짓말하고, 다른 사람에게 해를 끼친다. 또 다른 때에는 규칙을 따르고(비록 그 과정에서 손해를 볼지라도), 진실을 말하고(비록 그렇게 하는 것이 고통스러울 수 있더라도), 공격적으로 행동하지 않는다(비록 그 상황을 모면할 수 있었다고 하더라도). 프랭크가 어떤 상황에서 어떻게 행동했다는 사실이 곧 그가 다음에 새로운 상황에서 어떻게 행동할 것임을 정확하게 예견해 주지는 못한다. 도덕적으로 말하자면 그는 복잡한 사람이다. 그리고 그건 우리도 마찬가지다. 도덕적으로 말하자면 우리는 복잡한 사람이다.

이것은 아마 네 가지 가운데 가장 놀라울 것으로 보이는 다음의 교훈으로 이어진다.

교훈 4: 우리의 변화하는 도덕적 행동은 우리의 환경적 특징에 매우 민감하며, 우리는 종종 그러한 특징이 무엇인지조차 깨닫지 못한다.

분명히, 프랭크는 우연히 마주치는 모든 사람을 돕지는 않는다. 이건 놀라운 일이 아니다. 우리 중 누가 그렇게 오래 지속할 수 있겠는가? 그럴 경우 우리의 에너지는 모두 소진되고 지칠 것이다. 그래서 그는 누군가를 돕기도 하지만 또 다른 누군가에게는 도움을 주지 못할 수 있다. 그리고 그는 때때로 부정행위도 하지만 다른 때는 그렇지 않다. 정말, 뭐가 문제일까?

문제는 **언제** 그런 일이 일어나느냐다. 흥미로운 실험이 언제 일이 일어나느냐에 따라 행동이 달라진다는 점을 잘 보여준다. 렌셀러 폴리테크닉 대학의 로버트 바론Robert Baron은 사람들이 쇼핑몰에서 간단한 방법으로 도움을 줄지 ─ 1달러 지폐를 잔돈으로 바꾸어 주기 ─ 여부를 알아보고자 하였다.4 그는 연기자들에게 쇼핑몰 안의 서로 다른 두 장소에서 쇼핑객들에게 접근하여 도움을 요청하도록 하였다. 내가 여러분들에게 두 장소 사이에 어떤 차이가 있었는지에 대해 말하기 전에, 여기 그 결과가 있다.5

	첫 번째 장소	두 번째 장소
도와주는 남성	22%	45%
도와주는 여성	17%	61%

도움을 청하는 연기자가 두 장소에서 우연히 마주쳤던 사람들 사이에 큰 차이가 있었을까? 혹시 한 집단의 쇼핑객은 더 많은 대학 교육을

받은 것일까? 더 높은 사회 경제적 지위를 누리는 사람들일까? 더 나은 도덕적 훈육을 받으며 성장한 사람들일까? 그렇지 않다. 이와 관련한 유일한 차이는 그 쇼핑객들이 이제 막 시나본Cinnabon이나 미세스 필드 쿠키Mrs. Field's Cookies(두 번째 장소) 가게 앞을 지나왔느냐 아니면 의류 가게 앞을 지나왔느냐(첫 번째 장소)이다. 다시 말하면, 도와주는 행동에 의미 있는 영향을 미쳤던 것은 쿠키와 계피 롤의 냄새였다. 정말이지, 누가 그런 생각이나 했겠는가!

우리가 이런 유형의 결과를 처음 본 것은 아니다. 화장실에서 나오는 경우가 도와주는 행동에 미쳤던 차이를 회상해 보라. 혹은 누군가의 카메라를 고장 낸 행동, 아무런 반응을 보이지 않는 낯선 자와 함께 있을 때의 행동 혹은 방의 온도, 거울 앞에 앉을 경우, 십계명을 회상하는 경우 혹은 명예 제도에 서명하는 경우를 회상해 보라.

이 결과들 중 일부가 여러분을 놀라게 하지는 않았는가? 나는 그런 결과들을 처음 알게 되었을 때 놀라웠다. 일반적으로 우리는 그런 요소들이 우리가 어떻게 행동할 것인가에 그런 큰 차이를 만들 것으로 예상하지 않을 것이다. 분명히, 나는 명예 제도에 서명을 했든 하지 않았든 상관없이 부정행위를 하지 않으리라고 생각해 왔다. 누구도 도와주지 않는다고 하더라도, 나는 극심한 고통 속에 있는 누군가를 도와줄 것이라고 믿었다. 나는 온도가 어떤가에 따라(물론, 온당한 범위 내에서), 혹은 쇼핑몰 안에 어떤 냄새가 나는가에 따라 행동이 달라질 것이라고는 미처 예상하지 못했다. 나는 거울의 존재가 나와는 아무런 관련이 없을 거라고 생각했다.

그러나 명백히 내가 틀렸다.

우리의
동기에 관한
이야기는 무엇을
의미하는가?

　　　　그런데 이게 이야기의 끝이 아니다. 우리는 정말 사람들이 무엇을 하는가(혹은 하지 않는가)뿐만 아니라 그들의 행동 뒤에 있는 동기가 무엇인가에 대해서도 관심이 많다. 한 친구가 병원에 입원한 나를 방문할 경우, 그 친구가 내가 걱정돼서 보러 온 것인지 아닌지는 매우 중요하다. 만약 여러분이 그저 '자선' 행위의 대상이었을 뿐이고, 그 친구는 오로지 직장을 구하는 데 필요한 자신의 이력을 돋보이려고 그런 행동을 한다는 것을 알게 되면 어떤 기분이 들 것 같은지 상상해 보라!

　　나는 심리학자들의 연구 덕분에 일상생활에서의 품성과 동기에 관한 몇 가지 중요한 사항을 지금 이야기할 수 있다고 믿는다. 그 첫 번째는 이것이다.

　　교훈 5: 우리는 항상 이기심에 의해서만 동기를 부여받는 것이 아니라 몇
　　　　　 가지 다른 방식에서 동기화될 수 있는 역량을 지니고 있다.

　　3장에서 말했던 '우리는 오직 자신의 이익을 증진하려 할 뿐'이라는 심리적 이기주의의 개념은 이제 극복될 수 있다. 우리는 자기의 이익 외에도 종국적으로 다른 것들에 대해 서로 관심을 갖는 복잡한 존재이다.

　　특히 우리는 사심 없이 이타적인 방식으로 다른 사람들에게 관심을

기울일 수 있다. 이것은 정말 경탄할 만한 역량이다. 우리에게 돌아올 아무런 이익이 없다고 하더라도, 버스정류장에서 몸이 얼어가는 그 소년에게 사람들이 한 행동처럼 처음 본 낯선 사람에게 따뜻한 관심을 베풀 수 있다. 우리는 3장에서 언급되었던 공감과 도와주기에 관한 연구 덕분에 이를 잘 알고 있다.

그것이 전부가 아니다. 여러분의 친구가 병원에 입원한 여러분을 방문한다고 가정해 보자. 그리고 그녀에게 병문안을 온 까닭이 무엇인지 물었을 때, 그 친구가 솔직하고 직접적으로 "그건 당연한 일이기 때문"이라고 말한다. 병문안은 친구의 의무이다. 이것은 독특한 제삼의 도덕적 동기이다. 그런 동기는 우리가 해야 할 일 혹은 일반적으로 옳은 일이 무엇인가에 호소한다. 그러한 도덕적 동기는 자기 자신의 이득을 취하거나 다른 사람에게 이득을 제공하는 데 주된 목적이 있는 것이 아니다. 도덕성이 무엇을 해야 한다고 일러주는가에 초점이 있다. 이는 아래와 같이 세 가지 범주로 요약된다.6

동기의 유형

이기적	궁극적으로 나 자신에게 좋은 것과 관련이 있다.
의무적	궁극적으로 무엇이 옳은가 혹은 해야 할 일이 무엇인가와 관련이 있다.
이타적	궁극적으로 다른 사람에게 좋은 것과 관련이 있다.

그러므로 심리적 이기주의만이 유일한 동기라는 생각은 사실이 아

니다. 이기적 동기에 대한 대안이 한 가지 이상 존재한다.

우리가 상황에 따라 이 동기 사이를 꽤 빨리 옮겨 다닐 수 있다는 것도 밝혀졌다. 사실, 이는 **동일한 상황**에서도 일어날 수 있다. 애초에 내 친구는 의무감으로 병문안을 온 것일 수도 있다("그것은 해야 할 일이고 옳은 일이다"). 그런데 그 친구는 내가 겪는 고통에 마음이 바뀌어 연민 어린 관심에서 계속 내 곁에 머물렀다. 이처럼 우리의 동기는 복잡하며, 빠르게 변화할 수 있다.

그런 점에서 프랭크는 일주일 혹은 1년 동안 다양한 상황에서 적어도 겉으로 보기에는 옳은 행동을 할 수 있을 것이다. 하지만 마음 깊은 곳에서는 그가 하는 행동에 대한 동기가 서로 다를 수 있다. 겉으로 드러나는 프랭크의 행동이 한결같이 탁월하다고 하더라도, 프랭크가 가진 동기의 질은 탁월함과 개탄스러움을 수없이 오갈 수 있다.

이런 생각을 보여주기 위해, 그림 7.4는 프랭크에 관한 보다 폭넓은 관점을 채택하고 그의 전 생애 과정에서 세 가지 다른 방식(이기적, 의무적, 이타적)에 얼마나 자주 동기부여를 받는지를 고려하고 있다. 보이는 것과 같이, 이기적 동기가 가장 많았다. 그러나 의무적 동기와 이타적 동기 또한 그 기간에 다양한 점에서 중요한 역할을 하였다.

— 인간의 품성

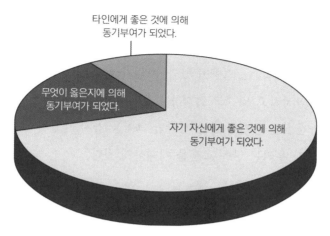

무엇이 옳은지에 의해
동기부여가 되었다.

타인에게 좋은 것에 의해
동기부여가 되었다.

자기 자신에게 좋은 것에 의해
동기부여가 되었다.

그림 7.4 1년 동안 도덕적 상황에서 일어난 프랭크의 동기부여 유형

교훈 5와 여러 종류의 동기에 대한 이러한 견해에도 불구하고 떠오르는 그림은 여전히 너무 단순하다. 여기 이야기의 다른 부분이 있다.

교훈 6: 우리의 많은 도덕적 행위는 그저 하나의 동기만으로 추동되는 것
이 아니라 오히려 그 뒤에 복합적인 동기가 있다.

병원에 입원한 나를 방문한 친구의 주요 동기는 나에게 관심이 있어서 내가 어떻게 지내고 있는지 궁금하기 때문이었을 수 있다. 그러나 또한 그 친구는 나를 보러 오지 않는다면 죄책감에 시달릴 수 있어 이를 피하고자 한 이유도 있다. 따라서 여기에는 주도적 역할을 하는 전자의 동기와 더불어 이타적 동기와 이기적 동기가 전반적으로 혼합되어 있다. 또 다른 상황에서는 주도적 역할이 바뀔 수 있을 것이다. 상상

컨대 우리는 사리사욕, 의무, 이타적 관심이 일시에 어떤 행동에 대한 동기로 작용할 수도 있을 것이다. 그런데 우리는 그 가운데 오직 한 가지만 있다고 생각하는 경향이 있다. 우리가 **실제로** 부여받는 동기는 우리를 동기화시키고 있다고 **생각하는 것**과 다를 수 있다. 사실, 우리는 우리가 가진 **모든** 동기에 관한 정확한 그림을 가지고 있지 않은 경우가 많다. 따라서 우리는 다음 교훈을 채택하게 된다.

교훈 7: 때때로 우리는 행동의 배후에 있는 무의식적 동기를 인식하지 못한다. 그래서 우리는 자신의 동기를 완전히 잘못 이해할 수 있다.

우리는 이미 앞에서 검토했던 몇 가지 도와주기에 관한 연구, 예컨대 화장실 출구나 쇼핑몰의 가게에서 나오는 계피 냄새 등에서 이런 일이 일어난 경우를 보았다.

더욱 주목할 만한 것은 방관자 효과 연구들에서 사람들이 했던 말이다. 예컨대, 참가자들에게 옆방에서 고통에 겨워 비명을 지르고 있는 누군가를 도와주는 어떠한 조치도 취하지 않았던 까닭이 무엇이냐는 질문을 했을 때, 온갖 종류의 서로 다른 대답이 제시되었다. 그러나 어떤 대답도 참가자들과 함께 방에 있으면서 아무런 반응을 보이지 않았던 낯선 자의 역할에 대해서는 언급하지 않았다.[7] 이 참가자들은 미처 쑥스러움에 대한 자신의 두려움을 이해하지 못한 것이다. 그 실험에 참가했던 사람들이 유독 유별난 것도 아니다. 만약 우리가 그들과 같은 상황에 있었더라면, 우리 또한 자신의 마음속에서 진행되고 있던 것을 이해하지 못하고 놓쳤을 가능성이 크다.

상세히 들어가려면 많은 이야기가 필요하다. 그러나 이것만큼은 확실하다. 우리가 도덕적 동기에 관하여 말하고 있는 이야기는 도덕적 행동이 그런 것처럼 모든 종류의 방식에서 놀랍고 복잡하다.

우리의
품성에 관한
이야기는 무엇을
의미하는가?

이러한 모든 복잡성은 왜 우리 대부분이 근본적으로 선하고 미덕이 있는 사람이 아닌지를 나에게 다시 한번 상기시켜 준다. 여러분 스스로 다음과 같은 질문을 해보라. 이 장에서 행동과 동기에 관하여 말했던 것이 진정으로 우리가 미덕이 있는 사람에게서 기대했던 것인가? 미덕을 갖춘 사람에 대해 내가 예상했던 것은 선한 행동을 비교적 일관되게 실천하는 행동 양식이다. 그 행동 양식은 미덕으로서 완전하거나 결점이 없는 행동일 필요는 없지만, 그렇다고 정당화되지 않은 부정행위, 거짓말, 공격적 행동, 타인에 대한 무관심이 자주 일어나는 분화된 행동 양식은 더더욱 아니다. 그뿐만 아니라 방의 온도나 공기의 냄새와 같이 도덕과 무관한 요소에 민감하지 않을 것이다.

이는 동기에도 똑같이 적용된다. 그 동기가 완벽하게 이타적이거나 의무적일 필요는 없지만, 그렇다고 도덕적으로 중요한 수많은 상황에서 주로 자신만을 고려하는 지나치게 분화된 동기에 경도되는 것 또한 좋지 않다. 도덕적으로 관련이 없는 요소에 민감한 것도 좋지 않다.

이를 다른 방식으로 표현하면, 나는 비교적 일관된 칭찬할 만한 동기의 양식에서 이끌고, 비교적 일관된 선한 행동의 양식을 수반하는 도덕적 품성을 기대한다. 이러한 동기와 행동은 하찮은 우리의 환경적 요소보다는 가장 중요한 도덕적 요소에 반응할 것이 분명하다. 그러나 불행하게도, 심리학에서 나타난 증거는 우리 대부분이 그런 그림과는 거리가 있음을 보여준다.

이제 악덕 행위로 돌아가서 그 증거가 대신 우리를 그런 방향으로 이끄는지 검토해 보자. 앞에서 살펴보았던 네 개의 장이 제시하는 교훈은 그래서 결론적으로 우리 대부분이 냉담하고, 잔혹하며, 부정직한 사람이라는 것인가?

악한 사람의 도덕적 품성에 대해 잠시 생각해 보고자 한다. 첫째, 악한 사람은 그의 나쁜 행동이 비교적 일관된다는 것을 보여주어야 한다. 그는 대중 속에 있을 때는 그렇지 않을 수 있다. 왜냐하면 다른 사람들이 바라보고 있을 때는 그가 선한 사람인 양 행동할지도 모르기 때문이다. 중요한 것은 그것이 무엇이든 자기 자신이 하길 원하고 책임으로부터 빠져나갈 수 있을 때 어떻게 행동하느냐이다. '파쇄 상황'에서 부정행위를 하는가? 남에게 해를 끼치는 거짓말을 하는가? 버스 정류장에서 몸이 얼어가고 있는 소년을 의식적으로 무시하는가? 무방비 상태의 개를 발로 차는가? 매번 그러는 것은 아니지만, 시간이 지나면서 그런 행동들이 꽤 일관성을 보이는가? 위와 같은 행동들이 바로 내가 악덕을 지닌 사람에 대해 예상하는 것이다.

마찬가지로 악덕을 지닌 사람의 동기는 대체로 이타적이지 않을 것이다. 그것은 분명해 보인다. 여러분은 악덕을 지닌 사람이 자신의 의무를 실천하는 일이나 도덕적으로 옳은 일을 하는 데 관심이 있다고 생각하는가? 나는 그렇지 않다고 본다. 오히려 나는 그의 동기가 사리사욕 — 자신의 쾌락이나 명예, 지위, 부 등에 초점을 두는 — 에서 비롯되었을 것으로 예상한다.

어쩌면 악덕을 지닌 사람에 대하여 이렇게 이야기하는 것이 추상적으로 들릴지 모르겠다. 구체적으로 이야기해 보자. 제프리 다머Jeffrey Dahmer는 실제로 명백하게 악덕을 지닌 사람이었다. 다머는 1978년부터 1991년까지 최소한 17명의 사람을 살해했고, 살아있던 사람이든 죽었던 사람이든 다머가 신체를 처리한 방식은 우릴 몸서리치게 하였다. 여기에 다머가 자신의 첫 번째 희생자였던 18살 스티븐 마크 힉스Steven Mark Hicks에게 했던 행동에 대한 간략한 묘사가 있는데, 힉스는 히치하이킹을 하는 중에 그의 차에 동승했었다.

다머는 10파운드짜리 아령으로 힉스를 때렸다. 나중에 다머는 힉스가 의자에 앉자 뒤에서 그를 아령으로 두 차례 가격했다고 진술했다. 힉스가 의식을 잃고 쓰러지자, 다머는 힉스가 숨을 거둘 때까지 아령 봉으로 그의 목을 눌렀다. 그리고는 힉스의 시체 위에 서서 자위행위를 하기 전에 그의 옷을 벗겼다. 다음 날, 다머는 그의 집 반지하에서 힉스의 사체를 해체하였다. 그는 이후 자신의 집 뒤뜰에 유해를 묻고 얕게 무덤을 만들었다. 몇 주 후, 그는 유골을 파내고 뼈에서 살을 발라내었다. 그는 살점을 산성 액으로 녹인 후 변기에 넣고 물을 내렸다. 그는 큰 망치로 뼈를 부순 후 가족이 사는 집 뒤 숲에 뿌렸다.[8]

이것은 아주 극단적인 사례이다. 많은 사람은 **그처럼** 악 – 혹은 이런 특별한 경우에서처럼 잔혹 – 하지는 않는다고 하더라도 악할 수 있다. 그리고 다머는 아마 정신적으로 병들어 있었을 것이다. 그러나 그는 내가 말하고자 하는 일반적인 요지를 보여주는 데는 기여하고 있다.

요약하면, 악덕을 지닌 사람은 도덕적으로 문제가 있는 비교적 일관된 행동 양식을 보이고, 도덕적으로 문제가 있는 비교적 일관된 동기 양식을 지니고 있을 것이다. 적어도 그가 아무도 보고 있지 않다고 생각할 때는 그렇다. 그래서 우리는 심리학으로부터 나오는 증거를 근거로 대부분의 사람이 다머처럼 악하다고 생각해야 할까? 여러분은 지금쯤 내가 말하고자 하는 바가 무엇인지를 알고 있을 것이다. 나는 그렇지 않다고 생각한다.

우리가 바로 앞의 몇 개의 장에서 근거 자료로 첨부했던 행동과 동기의 양식이 여러분이 악덕을 지닌 사람에 대해 예상했던 것과 같은 것인지 스스로 반문해 보라. 우리는 때때로 매우 공감적이고, 다른 사람을 위해 비용을 많이 들이며 사심 없이 일하는 사람들을 보았다. 우리는 본인이 하고자 하는 만큼 얼마든지 충격을 가할 수 있을 때도 전기 충격을 가하는 것을 삼가는 사람들을 보았다. 우리는 홀로 비상사태에 처해있는 사람을 돕는 사람들을 보았다. 그리고 우리는 더 많은 돈을

　　　　　　　　　　　　　　　　　— 인간의 **품성**

받고자 한다면 얼마든지 가능함에도 명예 제도에 서약한 후 부정행위를 하지 않는 사람들을 보았다. 만약 우리 대부분이 악한 사람이라면, 이것은 내가 그들에 대해 예상했던 바와는 다르다.

따라서 내가 보기에 대부분의 사람은 도덕적이지도 **않**고 악하지도 **않**은 품성을 지니고 있는 것 같다. 대신에 대부분의 사람은 미덕과 악덕의 **중간** 지대에 있는 것으로 보인다. 우리는 이를 그림 7.5에서 확인할 수 있다.

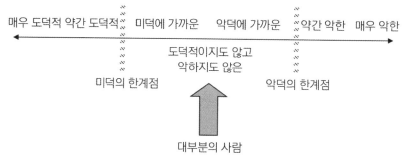

그림 7.5 대부분 사람의 성품이 위치하는 곳

물론 여러분은 아마도 '대부분의 사람'에 대한 기준이 무엇인지 묻고자 할 것이다. 나는 그 질문에 대해 어떤 정확한 대답이 있는 것은 아니다. 다만 나는 이렇게 말할 수 있다. 만약 내가 옳다면, 여러분은 누군가를 처음 만날 때마다 그 사람이 이 중간 지대에 속할 것이라고 가정할 필요가 있다. 다시 말하면, 여러분은 한 사람의 품성에는 일부 선한 특성과 일부 나쁜 특성이 많이 혼합되어 있다고 추측해야 한다. 우리는 왜 이것이 중요한지를 이 장의 후반부에서 보게 될 것이다.

이제 나를 오해하지 않았으면 한다. 나는 '모든' 사람이 아니라 '대부분'의 사람을 강조한다. 아마도 소수의 일부 사람은 스펙트럼의 양쪽 끝단에 속할 것이다. 예컨대 나는 마더 테레사, 레오폴드 소차, 폴 파머 같은 사람은 연민의 미덕을 갖춘 사람이라고 생각한다. 그리고 나는 로버트 해리스와 제프리 다머 같은 사람은 잔혹의 악덕을 갖춘 사람이라고 추정하는 것이 무방할 거라고 생각한다. 어쩌면 과거의 어느 시대에는 오늘날보다 더 많은 사람이 덕의 양극단에 속했을지도 모른다. 아마도 오늘날 어떤 국가들에서는 다른 국가들에 비해 시민들에게 미덕을 함양하고자 하는 일에 더욱 매진하고 있을 것이다. 그런데도 관련된 증거가 우리에게 알려주는 바에 따른다면, 미덕을 갖춘 사람은 극히 소수에 불과한 것으로 보인다.

대부분 사람의 품성은 그렇지 않다. 미덕과 악덕이 혼합된 복합적인 품성의 이 광대한 중간 지대에 대해 더 말할 수 있는 것은 무엇일까? 특히, 우리 대부분이 상황에 따라 매우 다양한 단편적인 품성을 가진 것처럼 보이는 이유는 무엇일까?

안타깝지만 그 대답은 매우 까다롭다. 미덕이나 악덕을 지니고 있다기보다, 우리 대부분은 다양한 호불호, 감정과 정서, 신념과 가치, 확신과 책무를 지니고 있으며, 그것들의 일부는 도덕적으로 칭찬할 만하고 또 다른 일부는 그렇지 않은 것들도 있다. 예컨대, 다른 사람을 도와주는 것과 관련하여 우리가 일찍이 보았던 욕구의 일부에는 다음과 같은 것들이 있다.

나는 다른 사람을 도와주면 죄책감을 덜 느낄 것이기 때문에 도와주고
싶다.

나는 다른 사람을 도와주면 기분이 좋아질 것이기 때문에 도와주고 싶다.

나는 나를 바라보고 있는 사람들의 비난을 받을 것 같아서 도와주고 싶지
않다.

나는 누군가의 괴로움을 덜어주기 위해 도와주고 싶다(공감의 여러 경우에서).

전체적으로 볼 때 이런 욕구는 연민 어린 사람이 지닌 것으로 보이
지는 않는다.

이와 마찬가지로 진실을 말하는 것과 관련하여, 정직의 미덕보다는
다음과 같은 욕구를 발견하는 경우가 아주 흔하다.

나는 쑥스러운 감정을 피하고자 거짓말을 하고 싶다.

나는 다른 사람들 앞에서 창피를 당하기 싫어 거짓말을 하고 싶다.

나는 어떤 상황에서 다른 사람의 마음을 상하게 하고자 거짓말을 하고 싶다.

그러나 우리는 또한 다음과 같은 욕구가 있다는 증거도 발견한다.

나는 다른 사람이 쑥스러움을 느끼지 않도록 도와주기 위해 거짓말을 하
고 싶다.

나는 다른 사람이 해를 당하는 것을 막아주기 위해 거짓말을 하고 싶다.

첫 번째 집단에 있는 욕구는 도덕적으로 특별히 내세울 만한 것이 없는 반면에, 두 번째 집단의 욕구는 도덕적인 측면에서 내세울 만한 것이 있다. 그러나 두 집단을 종합해서 보면 욕구가 꽤 혼합되어 있다는 것을 알 수 있다. 적어도 시험이나 경기에서의 부정행위와 관련하여 우리는 다음과 같은 사람들 또한 그의 전형에 속한다는 것을 보았다.

나는 개인적인 실패와 창피함을 피하기 위해 부정행위를 하고 싶다.
나는 내가 저지른 비행이 탄로 나거나 그로 인해 처벌받는 것을 피하고자 부정행위를 하고 싶다.
나는 부정행위가 도덕적으로 나쁘다고 믿는다(적어도 대부분은).
나는 옳은 일을 하고 싶지 부정행위를 하고 싶지는 않다(적어도 대부분은).

다시 한번 말하지만, 선은 악과 더불어 섞여 있다.

요약하면, 우리의 품성은 조각조각 나뉜 단편들로 이루어져 있다. 그래서 우리는 윤리적인 문제가 개입된 상황에 직면할 경우 마음속에서 다양한 일이 전개된다. 우리가 그런 상황에 어떻게 대처하는가에 따라, 우리 마음의 보다 긍정적인 측면이 활성화될 수도 있고, 혹은 부정적인 측면이 더 활성화될 수도 있다.

이제 우리는 프랭크가 다른 사람을 도울 때 왜 두서없이 행동했는지 보다 잘 이해할 수 있을 것이다. 예컨대, 오늘 그가 우연히 구세군 종지기를 만나면 5달러를 기부한다. 왜? 그는 많은 죄책감을 경험하고 있었고, 무엇보다 근본적으로 자신의 그런 감정을 완화시키기 위해 그런 행동을 한다. 다음 날, 그는 여러 사람 앞에 나서서 도울 기회가 있지만, 그렇게 하지 않는다. 왜냐하면 그는 쑥스러워질까 봐 걱정되기 때문이다. 그러고는 프랭크는 그 다음 주에 음주 운전자에 의해 치인 아동에 관한 기사를 읽고, 그 아이에 대해 깊은 동정심을 느끼고, 이타적인 마음에서 치료비를 도와주기 위해 수표를 발행한다.

그런고로, 우리는 한 사람의 윤리적 행동에서 많은 변화를 예상할 수 있는데, 그것은 그 사람의 마음속에 있는 많은 동기로부터 기인하며, 어떤 상황에서든 일어날 수 있는 많은 다른 정신적인 '요소'에서 비롯된다. 그러나 모든 사람의 품성이 똑같은 방식에서 혼합되지는 않을 것이다. 래리Larry는 샘Sam과 달리 다른 사람에게 복수하는 일에 더 많은 관심을 가질 수 있으며, 그럼으로써 래리는 어떤 상황에서 샘에 비해 더 공격적으로 행동하게 된다. 그래서 대부분의 사람이 복합적인 품성을 가지고 있다고 말을 하더라도, 우리는 여전히 품성에 대해 알아가고 특정 품성이 어떻게 결합되는지를 정확하게 깨닫기 위해서는 시간이 더 필요하다.

일반적으로, 우리는 될 수 있었던 품성보다는 훨씬 더 나은 품성을 지니고 있지만, 그와 동시에 우리가 마땅히 되어야 할 품성보다는 훨씬 더 나쁜 품성을 지니고 있다.

우리가
이 이야기에
관심을 가져야 하는
까닭은 무엇인가?

　　　　　대부분의 사람이 이런 식이라는 것을 아는 것이 흥미롭긴 한데, 결론적으로 사람의 품성이 매우 복합적이라는 사실을 아는 것과 모르는 것 사이에는 어떤 차이가 있다는 말인가? 나는 그걸 아느냐 모르느냐가 우리의 생각과 행동에 많은 차이를 가져올 수 있는 방식을 적어도 다섯 가지는 생각할 수 있다.

우리는 잘못된 믿음을 가지고 있다

　만약 내가 말한 것이 맞다면, 우리는 주변의 많은 사람에 대해 심각한 오해를 하고 있다. 예를 들어, 여러분은 여러분의 친구들이 정직하다고 생각할 것이다. 여러분의 친구 중에 일부는 그럴 것이다. 왜냐하면 미덕을 갖추는 것이 불가능한 일은 아니기 때문이다. 그러나 사실 여러분 친구 중의 많은 사람은 정직한 사람이 아니라고 단연코 말할 수 있다. 여러분이 이 사실을 빨리 인식하면 인식할수록 더 좋다.

　그러나 여러분은 이런 내 생각에 이의를 제기하고 싶을 것이다. 예컨대, 나는 존 스미스John Smith와 10년 동안 알고 지냈는데, 그는 정말 괜찮은 녀석이다. 만약 그가 부정직했다면, 분명히 난 지금쯤에는 그 사실을 알고 있을 것이다.

　그렇게 서두르지 말자. 그렇다, 그 친구는 여러분 **주변**에서 정직했을 수 있다. 그러나 그 사실이 곧 그를 정직한 사람으로 만들지는 않는다. 이 이상 더 말하지 말자. 다시 말하지만, 중요한 것은 그의 마음이 진정으로 그와 같은지, 누구도 바라보고 있지 않고 발각될 가능성도 없다고 생각할 때 그를 이끄는 것은 무엇인지이다. 그리고 그런 진정한 마음과 마음속의 동기는 여러분이 알아내기가 결코 쉽지 않을 수 있다.

너무 속단하지 마라

우리는 그가 누구든 어떤 사람에 대해 정직하다 혹은 부정직하다, 동정적이다 혹은 냉담하다, 혹은 다른 어떤 미덕이나 악덕을 말하는 데 조심해야 한다. 그 사람의 마음속을 훤히 들여다볼 수 있는 매우 특별한 통찰력을 지니고 있지 않는 한, 보통 우리는 그 사람에 대한 평가에서 잘못을 저지를 수 있기 때문이다.

우리는 타이거 우즈의 경우에 그랬다. 그의 행동과 동기의 양식을 고려해 보면, 그를 부정직하고 성적으로 무절제한 사람이라고 말하기 어려웠다. 로버트 해리스, 제프리 다머, 아돌프 히틀러Adolf Hitler, 이오시프 스탈린Joseph Stalin, 폴 포트Pol Pot, 그리고 마오쩌둥Mao Zedong 같은 다른 사례들은 우리가 그들의 좋지 않은 품성에 관하여 얼마든지 볼 수 있는 많은 증거가 있다.

이제 온라인에서 방금 읽었던 어떤 사람을 떠올려 보라. 그 사람은 아프리카의 에볼라 피해자들의 치료를 시작하도록 5만 달러를 제공했기 때문에 그 기사에서 특집으로 다루어졌다. 우리는 그 행위 ─ 그것은 분명히 대단한 일이다 ─ 로부터 자연스럽게 그 사람의 품성에 대한 결론을 서둘러 내리는 경향이 있다. 난 이것이 큰 잘못이라고 생각한다. 우리는 그 사람의 동기에 대해 전혀 알지 못한다. 아울러 우리는 도움의 손길이 필요한 다른 상황에서는 그가 어떻게 동기부여가 되고 행동할 것인지에 대해서도 아무것도 알지 못한다. 알다시피, 실제로 그 사람은 이기적 동기에서 치료를 시작하도록 하는 아주 냉담한 사람일 수도 있다. 이것이 바로 우리가 특정 사람을 섣불리 도덕적 성인으로 떠받들어서는 안 되는 까닭이다. 그들은 그만큼 빨리 우리를 실망시킬 수 있다. 세심한 주의와 신중한 판단이 필요하다.

우리는 사람들을 더 잘 이해하고 예견할 수 있다

만약 사람들이 순전히 도덕적이거나 악하다고 생각한다면, 우리는 그들을 오해할 수 있다. 우리가 시간을 내어 그들의 어수선한 실제 심리를 파헤치고 들어가 보면, 우리는 사람들을 더 잘 이해할 수 있다. 예컨대, 우리는 미군들이 이라크 아부 그라이브Abu Ghraib 교도소의 포로들에게 저질렀던 학대 행위로 일어났던 일의 일부를 이해할 수 있다.[9] 마찬가지로 우리는 월터 밴스가 왜 블랙 플라이데이에 타겟의 바닥에 쓰러져서 누구의 도움도 받지 못한 채 죽어갔는지를 이해할 수 있다.[10]

그뿐만 아니라, 우리는 미래도 더 잘 **예견**할 수 있다. 여기에 한 가지 사례가 있다. 일부 사람이 다른 사람들에 비해 더 동정적이라는 것은 사실이지만, 우리 대부분도 다른 사람의 고통에 대해 동정심을 느낄 수 있다. 이런 사실을 인식하는 것은 미래에 다른 사람을 도와주는 데 중요할 수 있다. 내가 확언하건대, 만약 여러분이 어떤 사람들에게 인도에서 매춘업자에 붙잡힌 아동들에 대해 어떤 조치를 통해 동정심을 느끼게 할 수 있다고 가정해 보자. 그러면 여러분은 그런 조치를 받지 않은 통제 집단보다 그들이 훨씬 더 많은 시간 동안 그 아동들을 돕는 자원봉사에 참여하는 것을 발견할 수 있을 것이다. 게다가 나는 만약 사람들이 매춘업자에게 붙잡힌 인도의 아동들에게 동정을 느끼고 오늘 그들을 돕기 위해 자원봉사에 참여했다면, 그런 행동은 안정적으로 그들 품성의 일부가 되어 다음 달 혹은 심지어 내년에도 다시 나타날 것이라고 예상한다.

도덕적으로 문제가 있는 행동에 대해서도 마찬가지다. 프랭크는 퇴근 후 한 잔 하러 가는 바에서는 매우 부드럽고 조용한 사람일 수 있다. 이와 대조적으로, 그가 운전 중에 누군가로부터 교통 방해를 받는다면, 프랭크는 공격적으로 그 사람 뒤를 바짝 따라붙을지도 모른다. 이것은 그의 품성의 안정적인 특징이다. 프랭크는 그런 일이 다시 일어나는 다음 주에도 똑같은 행동을 한다. 그러므로 한 때의 어떤 상황에서 나타난 그의 공격성의 수준은 다른 때 일어나는 똑같은 상황에서 그의 공격성의 수준을 예견하는 데 활용될 수 있다.

그림 7.6에서 볼 수 있듯이, 품성의 안정적인 특징은 프랭크가 처한 다양한 상황과 더불어 거기에서 그가 얼마나 공격적으로 행동하게 되는지를 객관적으로 말해준다. 여기에서 각각의 점은 프랭크가 공격적일 수 있었던 20가지의 서로 다른 상황에 해당한다. 우리는 그 상황 가운데 어떤 상황에서는 그가 전혀 공격적이지 않았고, 또 어떤 상황에서는 다소 공격적이었으며, 극히 일부의 몇몇 상황에서는 매우 공격적이

었다(그가 도로 위에서 새치기를 당했을 때처럼)는 것을 알 수 있다.

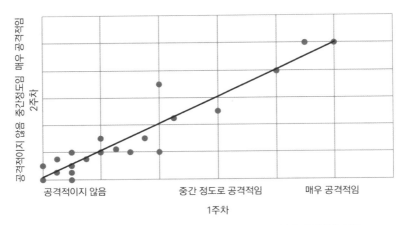

그림 7.6 2주 동안 프랭크가 20가지의 상황에서 보였던 공격성의 정도

그림 7.6의 핵심 요점은 프랭크가 여러 상황(예컨대, 바에서) 가운데 어떤 한 상황에서 보여준 공격성의 정도가 다음에 똑같은 상황에서 그가 보여주는 공격성의 정도와 매우 비슷하다는 것이다. 이것은 프랭크가 상황에 따라, 예컨대 바에서의 상황과 도로 위에서 새치기를 당했을 때의 상황에 따라 매우 다르게 행동한다는 사실에도 **불구하고** 그대로 적용된다. 그의 공격성은 **상황에 따라** 의미 있게 변동을 거듭하지만, **똑같은 상황**에서는 시간이 지나도 별다른 변화를 보이지 않는다.[11]

프랭크는 우리 중 한 명이다. 일단 누군가가 **나의** 품성을 잘 이해하면, 그는 언제가 나의 좋은 순간이고 나쁜 순간이 될지를 예견할 수 있다. 지난 결과들은 적어도 우리의 품성과 관련해서는 미래의 성공과 실패에 대한 신뢰할 만한 지침이 된다.

― 인간의 **품성**

우리는 한편으로는 우리의 기대치를 낮추고 … 또 한편으로는 우리의 기대치를 높여야 한다

우리의 품성에 미덕이 자리한 경우가 드물다는 것을 고려한다면, 우리는 사람들이 얼마나 잘 행동할 것인가에 대한 기대치를 낮춰야 한다. 이건 내가 이미 언급하였던 정치인이나 유명 인사만을 의미하는 것이 아니라(아마도 우리는 이미 그런 사람들에게는 낮은 기대치를 갖고 있을 것이다), 동료, 채팅방에서 함께 이야기하는 사람, 주말에 함께 일하는 자원봉사자, 그리고 여러분이 자주 접촉하는 다른 사람들을 뜻하는 것이다. 모든 사람이 그런 건 아니겠지만, 많은 사람이 만약 발각되지 않을 수 있다고 생각할 경우 동료를 속이거나, 온라인상에서 해로운 거짓말을 하거나, 상사나 권위자로부터 압력을 받을 경우 여러분을 배반하고 여러분에게 해를 끼치고자 할 것으로 생각해야 한다.

다른 한편으로, 적절한 조건 — 도덕적 조언, 공감하도록 하는 유인책, 혹은 거울이나 맛있는 냄새 같은 사소한 거라도 — 이 주어진다면, 우리는 기대치를 높여야 할 것이다. 그런 경우에는 선한 행동이 기대될 수 있기 때문이다. 그것은 예외가 아닌 하나의 규칙으로 나타난다.

우리의 기대치를 낮춰야 하는지 높여야 하는지는 전적으로 우리의 복합적인 품성의 어떤 부분이 활성화되는지에 달려 있다.

우리는 결핍되어 있다

우리 대부분이 미덕을 가지고 있지 않다면, 우리 대부분(물론, 나 자신도 여기에 포함된다)은 현재 선한 사람이 아니다. 2장에서 보았듯이, 덕을 갖추는 것은 매우 중요하고 가치 있는 일이다.

예를 들면, 우리는 미덕이 있는 품성이 인생에서 좋은 일과 많이 관련된다는 것을 보았다. 미덕을 갖춘 품성은 삶의 만족을 증가시키고, 건강을 더욱 증진시키며, 불안을 감소시킨다. 만약 우리가 선한 품성을 갖추지 못한다면, 우리는 그런 것들을 다 놓칠 수 있다.

또한 미덕을 갖추지 못함으로써 나타나는 결과는 끔찍할 수 있다. 만약 나쁜 유형의 상황이 생길 경우, 우리는 비상사태에 처한 누군가의 고통을 외면할 수 있다. 설상가상으로, 우리는 자신을 자진해서 학대하고 그릇된 복종심으로 무고한 사람을 죽일 수도 있다.

마지막으로 신과 내세의 가능성이 존재한다. 복합적 품성을 가진다면 다음 생에서 — 만약 내세가 존재한다면 — 많은 어려움에 빠질 수 있다.

결론

우리 대부분이 유덕하지도 않고 그렇다고 악하지도 않은 복합적인 품성을 가지고 있다는 것이 관건이다. 우리가 이 사실을 인지하고 이에 대해 뭔가 조치를 취하며 유덕한 사람이 되고자 노력하는지의 여부 또한 중요하다. 대부분의 우리가 미덕을 갖추고 있지 않다면, 우리는 어떻게 우리의 실제 자아와 마땅히 되어야 하는 도덕적인 사람 사이의 괴리를 극복할 수 있을까?

나머지 장들에서는 우리에게 도움의 손길을 제공할 수 있는 게 무엇이 있는지를 검토할 것이다.

1 http://sfglobe.com/?id=13336. (검색: 2017.2.2.)

2 http://nypost.com/2010/04/24/stabbed-hero-dies-as-more-than-20-people -stroll-past-him. (검색: 2016.8.5.)

3 http://www.telegraph.co.uk/news/worldnews/asia/china/8830790/chinese-to ddler-run-over-twice-after-being-left-on-street.html. (검색: 2016.8.5.)

4 Baron(1997).

5 Baron(1997): 501.

6 이보다 더 많은 유형이 있을지 모른다. 이 문제에 관한 심리학에서의 가장 포괄적인 논의는 다음을 볼 것. Batson(2011).

7 Latane & Darley(1970).

8 http://en.wikipedia.org/wiki/Jeffrey_Dahmer. (검색: 2016.3.7.)

9 4장과 권위자에 대한 복종과 관련한 논의를 볼 것.

10 3장과 방관자 효과에 관한 논의를 볼 것.

11 심리학에 일반화되어 있는 말을 빌린다면, 프랭크의 공격성은 이런 다양한 상황에 따라 사람들에게 내재되어 있는 매우 다양한 가변성이 드러나는 것이다. 그러나 같은 상황에서는 현저하게 안정적이다. Fleeson(2001): 1018.

THE CHARACTER GAP

제3부

우리는 어떻게 우리의 품성을
계발할 수 있는가?

8장

제한적인 전략들

　　우리가 처한 곤경이 바로 여기에 있는 것 같다. 우리는 미덕을 갖춘 사람들이 아니다. 우리는 정말로 정직하고, 연민 어리고, 현명하고, 용기 있는 사람의 자격을 갖추기에 충분한 품성을 가지고 있지 못하다. 하지만 우리는 그렇다고 해서 악한 사람 — 부정직하고, 냉담하고, 어리석고, 비겁한 사람 — 도 아니다. 그보다 우리는 일부 선한 측면과 악한 측면이 혼합된 품성을 갖추고 있다. 내가 계속 주장했듯이, 이러한 해석은 심리학이 우리의 품성에 대해 말하는 가장 그럴듯한 해석이다. 이 해석은 우리가 세상을 살면서 겪었던 경험과도 들어맞는다.

　인간의 품성이 혼합되어 있다는 것은 내가 본 사실이다. 이제 **이것은 정말 부끄러운 일**이라는 가치판단에 이르게 된다. 우리의 품성이 이런 식이라는 데 매우 유감이다. 2장에서 간략히 살펴보았던 몇 가지 이유로, 선한 사람이 되는 것은 좋은 일 — 사실은 매우 좋은 일 — 이다. 탁월한 품성을 갖추거나 도덕적인 사람이 되는 것은 우리 모두가 노력해야 한다.

　인정하건대, 뉴스가 모두 좋지 않은 것들만 있는 것은 아니다. 만약 우리 대부분이 악한 사람이라면 훨씬 더 안 좋을 것이다. 우리가 주로 잔혹하고, 이기적이고, 부정직하며, 증오에 찬 사람으로 득실대는 세상에 산다면 어떨 것 같은지 상상해 보라. 그 세상은 지옥과 다름없을 것이다.

　아래와 같은 측면에서 우리는 심각한 괴리에 직면해 있다.

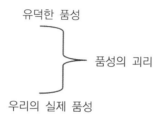

　이 책의 마지막 부분인 제3부에서, 우리는 이러한 **품성의 괴리**를 어떻게 극복할 것인가의 문제를 다룰 것이다. 다시 말하면, 보다 나은 품성을 계발할 수 있는 어떤 전략들이 있는지, 또 그런 전략 가운데 어떤 전략이 실질적으로 성과를 담보해 줄 수 있는지를 검토할 것이다. 이 장에서, 우리는 몇 가지 한계를 지니고 있는 세 가지 전략을 보게 될 것이다. 9장에서는 보다 유망한 대안 몇 가지를 검토한다. 마지막으로 10장에서는 종교적 관점에서 품성의 괴리를 좁힐 방안을 검토하고 끝맺을 것이다.

　물론, 이런 전략에 대한 나의 평가에 여러분은 동의하지 않을지도 모른다. 일부 전략은 내가 생각하는 것보다 여러분에게는 훨씬 더 전망이 좋아 보일 수도 있다. 혹은 그 반대일지도 모른다. 난 괜찮다. 나는 전략에 대한 나의 평가와 관련한 어떤 것이든 바로 잡히는 것에 대해 전혀 개의치 않는다. 하지만 최소한 서로 다른 접근법을 판단하는 데 적용할 기준에 대해서는 투명해야 한다.

1. 그 전략은 경험적 연구로부터 지지를 받는가?
2. 만약 성공적으로 사용된다면, 그 전략은 우리의 행동을 실제로 개선시킬 것인가? 아울러 그것은 유덕한 사람이 되는 데 필수적인 동기 같은 것도 잘 계발시킬 것인가?
3. 그 전략의 효과는 오래 지속될 것인가 아니면 금방 사라져버릴 것인가?
4. 그 전략은 우리가 바쁜 일상생활에서 채택하기에 현실성이 있는가?
5. 그 전략은 말하자면, 사람들을 속여야 하는 등 도덕적 측면에서 의심스러운 점은 없는가?

우리는 이 다섯 가지 외에도 더 많은 기준을 생각할 수 있을 것이며, 아마 그 가운데 일부는 이 다섯 가지보다 더 중요할지도 모른다. 하지만 지금으로써는, 이 기준들이 우리에게 많은 일을 할 수 있게 해준다.

우리가 전략들에 접근하기 전에 주목해야 할 마지막 한 가지가 더 있다. 만약 여러분이 지금 이 책을 읽고 있다면, 여러분은 그것을 깨닫든 깨닫지 못하든 이미 수년간에 걸쳐 품성을 형성해 왔다. 따라서 이 전략들은 품성이 완전히 백지상태인 사람들에게 초점을 두고 있는 것이 아니라 우리처럼 이미 매우 도덕적인 사람과 매우 악한 사람 간의 스펙트럼 위 어딘가에 위치한 품성을 지니고 있는 사람들에 초점을 맞추고 있다. 우리의 다채롭고 복합적인 도덕적 품성을 고려할 때, 문제는 유덕한 사람을 향한 점진적 진보를 위해 우리가 할 수 있는 일이 과연 무엇인가이다.

플라톤과 아리스토텔레스까지 그 기원이 거슬러 올라가는 수많은 품성론자는 아동기가 품성 발달에서 유일하게 가장 중요한 시기라고 주장하고 있다. 그래서 나는 여러분에게 이 전략들이 여러분 개인적으로 얼마나 도움이 될 것인지(혹은 그렇지 않을 것인지) 뿐만 아니라, 여러분 자신의 자녀들, 학생들, 혹은 다른 젊은이들의 품성 발달을 돕는 데 얼마나 중요할지에 대해서도 아울러 생각해 보길 권장한다.

여기에서 어떤 기적을 기대하지는 마라. 이 전략 가운데 어느 것도 어떤 사람의 품성을 단시일 내에 빠르게 변화시키지는 못할 것이다. 그러나 다행히도 품성 변화는 실제로 일어난다. 다만 그 속도가 매우 느릴 뿐이다. 품성은 우리의 도덕적 습관이며, 우리가 다른 삶의 영역(예컨대, 식사, 운동, 전화 확인 등)을 통해 아는 바와 같이, 습관은 바꾸기 참 어렵다. 느리고, 점진적인 진보는 우리가 합리적으로 기대할 수 있는 모든 것으로, 이는 몇 개월 혹은 심지어 몇 년이 걸릴지도 모른다.

이제, 전략들을 검토해 보자.

일부러 무언가를
하려 하지 않기

여기 여러 전략 가운데 가장 쉬운 전략이 있다. 사실 이 전략은 매우 단순한데, 여러분이 품성을 계발하고자 일부러 어떠한 노력을 기울일 필요가 없다는 것이다. 이는 품성 괴리를 극복하는 것과 관련하여 단순히 아무 일도 하지 않고 그저 시간이 지나면서 여러분이 자연스럽게 더 나은 사람이 되기를 바라는 전략이다.

겉으로 보기에 이 전략은 막다른 골목처럼 보인다. 나를 더 나은 사람으로 만드는데, 어떻게 아무 일도 하지 않는다는 것인가? 그것이 뭐든 어떤 노력도 기울이지 않은 채 가만히 있으면 도대체 언제 더 나은 사람이 된다는 말인가?

그러나 이 전략은 두 가지 이유에서 실제로는 겉으로 보이는 것 이상의 무언가가 있을 수 있다. 첫째, 나이가 들어가고 생활의 변화에 대한 요구가 점차 많아지면서, 우리는 그런 과정을 통해 점차 성숙해질 수 있다. 심리학 문헌에서 많이 연구된 사례 하나가 여기 있다. 자제, 질서, 사려 등과 같은 특질을 내포하는 성실성은 전 생애에 걸쳐 변화하는 것으로 나타났다. 대학생들이 이 차원에서 낮게 나타난다는 것은 널리 알려진 사실이지만, 40대와 50대를 거치면서 평균적으로 점차 올라간다.[1] 왜 그럴까? 그때에 이르면 우리가 보다 높은 수준의 성실성을 계발하는 데 많은 시간을 투입하기 때문일까?

물론 아니다. 그것은 우리의 직업과 가정의 상황이 보통 훨씬 더 많은 성실성을 요구하기 때문이다. 우리는 직장에 제시간에 출근하지 못

─ 인간의 품성

하면 그 결과를 감수해야 한다. 보고는 늦지 않는 것이 더 좋다. 회의가 5분 후에 열린다. 애들을 학교에서 데려와야 한다. 나는 장을 보지 않으면 저녁때 식사를 제대로 하지 못할 수 있다. 만약 내가 기저귀 쓰레기를 버리지 않으면, 방은 냄새로 진동할 것이다. 그 외에도 우리에게 성실성을 요구하는 일들이 정말 많다.

일부러 어떤 일을 하지 않는 것이 품성 발달을 촉진하는 데 여전히 훌륭한 전략일 수 있는 두 번째 이유는 우리가 자신의 실수로부터 인식하고 깨달을 수 있기 때문이다. 만약 우리가 세금이나 이력을 속이다 발각된다면, 그에 따른 처벌로 인해 우리는 교훈을 배울 수 있을 것이다. 우리가 파티에서 거짓말하도록 요구받으면, 그 후의 당혹감은 우리에게 교훈을 줄 수 있다. 만약 우리가 40대에 과식하여 심장마비를 겪는다면, 그에 뒤따른 두려움은 우리에게 교훈을 줄 것이다. 이러한 교훈과 그 밖의 더 많은 교훈은 우리가 더 나은 사람이 되는 데 기여할 수 있다.2

그래서 이러한 '일부러 무언가를 하려 하지 않기' 전략은 여러분의 생각이상으로 추천할 만하다.3 하지만 나는 우리가 그에 만족해서는 안 된다고 생각한다. 시간이 흐르면 흐를수록, 결국에 우리는 더욱더 자신의 방식으로 굳어진다는 것을 안다. 다시 말해서, 습관은 우리에게 점점 더 깊게 배어든다. 이것은 특히 우리의 나쁜 습관에 따라 직접적으로 나쁜 영향이 없을 때는 더욱더 그렇다.

이와 함께, 우리가 일부러 무언가를 하려 하지 않는데도 어떤 일에 매우 탁월한 사람이 되는 경우가 살면서 과연 자주 일어나는 일인지를 묻는 것은 좋은 질문이다. 나는 그런 사례를 특별히 많이 생각해 낼 수가 없다. 아마도 일부 사람은 단지 유전적으로 운이 좋거나 어려운 일을 잘 처리하는 천부적인 재능을 타고났을 수도 있을 것이다. 그러나 그런 경우는 좀처럼 드물다. 체스의 명인을 생각해 보라. 그들은 진정한 탁월함을 성취하기 위해 수천만 시간을 기술 연마하는 데 보낸다. 그들은 천부적인 재능을 가지고 태어나지 않았으며, 일부러 열심히 노력하지 않으면 체스의 명인이 될 수는 없었을 것이다. 그렇다, 그들은 그와 관련된 일을 해야만 했다.

도덕적 품성도 마찬가지라고 생각한다. 우리는 정직하거나 연민 어린 사람으로 태어나지 않는다. 일부 사람은 다른 사람들에 비해 그런 방향으로 더 많은 성향을 지니고 있을지 모르지만, 여전히 품성의 발달을 이루기 위해서는 많은 시간과 노력이 요구된다. 도덕적으로 최고인 사람은 탁월한 사람이 되는 삶의 여정에서 자신만의 힘 혹은 다른 사람(아니면 둘 다)의 도움을 받았을 것이다.

이는 품성 계발을 위한 전략을 개발하는 데 있어서 유념할 만한 가치 있는 교훈이다. 미덕이 획득된 습관이라는 것은 우리가 처음부터 그런 미덕을 타고 나지 않았으며, 미덕을 함양하는 데는 시간이 걸린다는 것을 의미한다. 반복과 연습이 중요한 것으로, 이는 체스 명인이나 미국프로풋볼 쿼터백이나 챔피언 다이버가 되는 것과 같은 이치이다. 그러므로 품성 계발을 위한 유망한 전략들은 우리가 옳은 방향에서 습관화되는데 어떻게 도움을 줄 것인가에 대해 그 개요를 일러줄 필요가 있다.

도덕적 탁월함으로 나아가는 길에 우리를 도와줄 수 있는 일은 또 무엇이 있는지 알아보자.

미덕 꼬리표 달기

내가 감히 품성의 괴리를 극복할 수 있는 것과 관련하여 여러분이 결코 생각하지 못했을 거라고 장담하는 하나의 전략이 여기 있다. 내가 지금까지 말했던 바를 믿고, 여러분이 아는 대부분의 사람은 어떠한 미덕을 갖추고 있지 않다는 것을 믿는다고 가정해 보자. 그렇다면 여러분의 친구, 상사, 이웃 등의 모든 사람에 대해 갖고 있던 견해를 바꿔야 할 필요가 있다.

여기에 흥미로운 생각이 하나 있다. 즉, 이런 새로운 관점을 마음속에 확고하게 갖고 있다고 하더라도, 여러분은 여전히 이전처럼 생각하기 쉬우며 다음에 또 보면 그들을 정직한 사람이라고 말할 것이다. 또한 여러분은 여전히 그들에게 연민 어리다고 칭찬할 것이다. 여러분은 여전히 그들의 용기에 대해 이런저런 이야기를 하려고 할 것이다.

왜 그럴까? 그건 잘못된 거 아닐까?

좀 더 두고 보자. 하나의 아이디어는 여러분이 알고 있는 사람에게 꼬리표를 붙여주는 것이다. 꼬리표는 큰 차이를 만든다. 그들에게 붙여진 그 꼬리표로 인해, 그들은 그에 부응하여 살고자 노력하는 좋은 기회가 생기게 된다. 그리고 아마 그들이 정직한 사람이라는 그 꼬리표대로 사는 데 관심이 많으면 많을수록, 실제로 그런 정직한 사람이 될 확

률이 그만큼 더 높아질 것이다.[4]

기발한 실험들 덕분에, 우리는 이런 종류의 일이 적어도 일부 맥락에서는 아주 잘 통한다는 것을 알고 있다. 여기 그 사례들이 있다.

■ 정리함 연구

가장 유명한 실험은 1975년에 네브래스카 대학교의 심리학자 리차드 밀러Richard Miller와 그의 동료들에 의해 발표되었다. 5학년 아이들의 한 집단에는 '깔끔하다'는 꼬리표를 붙여 주었다. 연구자들은 두 번째 집단의 아이들에 대해서는 깔끔한 사람이 되라고 설득하였다. 세 번째 집단의 아이들은 통제 집단으로 기능을 하였다. 그 결과는 어땠을까? 실제로 정리정돈을 가장 잘했던 아이들은 '깔끔하다'는 꼬리표를 붙여준 집단이었다.[5]

■ 탑 쌓기 연구

아동들을 대상으로 한 또 다른 연구로, 1970년대에 미네소타 대학교의 로저 젠슨Roger Jensen과 셜리 무어Shirley Moore에 의해 수행되었다. 이 연구는 '협동적'이라는 꼬리표를 부여받은 한 집단과 '경쟁적'이라는 꼬리표를 부여받은 두 번째 집단으로 나눠 이루어졌다. 이후 같은 날, 아동들은 탑 쌓기 게임을 하였다. 그들이 게임을 할 때까지는 많은 아동이 자신에게 붙여진 꼬리표를 잊고 있었지만, '협동적' 집단에 속한 아동들은 게임에서 블록 수를 두 배나 더 많이 쌓은 것으로 나타났다.[6]

■ 환경 연구

보다 최근인 2007년에 이루어진 연구로, 이탈리아 폼페우 파브라 대학교
의 경제학자 게르트 코넬리센Gert Cornelissen은 텔레비전을 시청하고 있는
일부 고객들에게 '환경에 관심이 매우 많으며 생태에 특별한 관심이 있
다'는 꼬리표를 붙여주었을 때 어떤 일이 일어나는지에 주의를 기울였다.
이 꼬리표가 붙여진 고객들은 (1) 통제 집단의 쇼핑객들과 심지어 (2) 돈
을 쓸 때 환경을 더 생각하도록 권유를 받았던 쇼핑객들보다 쇼핑할 때
훨씬 더 환경에 책임을 지고자 하는 것으로 나타났다.7

대체 왜 이러는 걸까? 이 결과들을 어떻게 설명해야 하는가?

우리가 알고 있는 한 가지는 꼬리표가 의식의 수준에서는 별다른 마
법을 부리지 않는다는 것이다. 사실, 많은 참가자는 앞서 꼬리표를 달
게 된 것을 기억조차 하지 못했다. 그러나 어쨌든 꼬리표는 차이를 만
들어 내었다. 어떤 방식으로든 꼬리표를 달게 되면, 우리는 다른 사람
들이 미래에 그런 방식에서 행동할 것으로 기대하리라는 것을 안다. 만
약 그 꼬리표가 긍정적인 것이라면, 우리는 그들을 실망시키고 싶지 않
아진다. 우리는 높게 평가되는 것을 좋아하고, 그런 평가가 계속되길
바란다.8 그러나 이 예비적인 연구를 넘어서서, 품성에 꼬리표를 붙이
는 것이 어떻게 그런 차이를 만들어 내는지를 설명하는 보다 설득력 있
고 많은 사람이 수용할 수 있는 모델을 우리는 아직 심리학 문헌에서
찾아보기 힘들다. 예컨대, 사람들이 실제로 자신이 정직하다고 **믿게 되**
고, 그 믿음을 자신의 생각과 행동에 통합하는가? 아니면 **다른 사람들이**

자신을 어떻게 생각하는지와 관계없이 그저 다른 사람들도 자신을 정직한 사람이라고 믿고 있을 것으로 알고 있는가?

유감스럽게도, 위와 같은 의문이 명료하게 풀리지 않는 것은 그렇다고 치더라도, 여러분은 앞의 연구들이 인간의 도덕적 특질과는 거리가 있는 정돈, 경쟁, 생태 의식이었다는 것을 알아챘을 것이다. 그렇다면 우리는 이러한 꼬리표 붙이기가 도덕적 영역에서도 마찬가지로 그런 효과가 일어난다고 생각할 만한 어떤 근거가 있는가? 그렇다. 우리가 그렇게 생각할 만한 이유가 있다. 명백하게 도덕적 특질과 관련된 꼬리표를 사용한 연구들에서도 같은 유형의 결과가 나타나고 있다. 예컨대, 이와 관련한 초창기 연구에서, 카네기 멜론 대학의 로버트 크라우트 Robert Kraut는 보조원들로 하여금 낮에 집을 방문하여 문을 노크하고 집에 있는 사람들에게 심장 협회에 기부해 달라는 요청을 하도록 하였다. 기부했던 사람 중 절반에게는 "당신은 너그러운 분입니다. 내가 만난 많은 사람이 당신처럼 자비롭기를 바랍니다."라는 말을 하였다.9 기부를 하지 않은 사람들의 절반에게는 '야박하다'라는 꼬리표를 붙였고 나머지 절반에게는 아무런 꼬리표도 붙여주지 않았다.

이런 꼬리표가 어떤 차이를 만들었을까? 자, 일주일 후에 똑같은 사람들이 이번에는 다발성 경화증 연구를 위한 지역기금 모금운동에 기부해 달라는 요청을 받았다. 여기에 그 결과가 있다.10

	다발성 경화증 연구에 대한 평균 기부액
기부자, '자비롭다' 꼬리표	0.70달러
기부자, 꼬리표 없음	0.41달러

| 비기부자, '야박하다' 꼬리표 | 0.23달러 |
| 비기부자, 꼬리표 없음 | 0.33달러 |

처음 두 줄에 있는 기부 금액에서의 의미 있는 차이에 주목해 보라. 이는 꼬리표로 인해 영향을 받았던 것으로 보인다.

다트머스 대학의 안젤로 스트렌타Angelo Strenta와 보스톤 대학교의 윌리엄 데종William DeJong은 일부 참가자들에게 '친절하고, 사려 깊은 사람'이라는 꼬리표를 붙이고, 수분 후에 한 연기자가 500장의 컴퓨터 편치 카드 묶음을 떨어뜨렸을 때 어떤 반응을 보이는지를 살펴보았다. 그런 꼬리표를 단 사람들은 평균적으로 163.5장의 카드를 집어 도와주었고 그렇게 하는데 30.1초의 시간을 소비하였다. 이와 대조적으로, 그런 꼬리표를 붙여주지 않았던 통제집단의 사람들은 84.4장의 카드를 집어주었고 21.6초의 시간을 소비하였다.[11]

사실, 예비적 증거가 제시하는 바에 의하면 도덕적 미덕의 용어로 꼬리표를 부여받은 사람들은 부여받지 않은 사람들과 차이를 드러내는 것으로 보인다. 이제 우리가 이런 결과를 품성 괴리를 극복하기 위한 전략을 개발하는 데 어떻게 활용할 수 있는지에 대해 잠시 생각해 보자. 한 가지 아이디어는 대충 이렇다. 우선, 여러분이 생각하기에 흡족하지 않다고 하더라도, 여러분의 배우자나 자녀가 연민 있는 사람이라고 칭찬하라. 여러분이 정말 칭찬하고 싶지 않다고 하더라도, 친구에게 "너는 정말 정직한 사람이야."라고 칭찬하라. 누구든 여러분에게 어떤 친절을 보일 경우, 그저 단순하게 감사를 표현하기보다 품위 있는 사람이나 다정한 사람 혹은 친절한 사람이라고 말하며 감사를 표현하라.

여러분이 중학교 교사라고 가정해 보자. 여러분은 일부 학생이 최근에 내준 숙제에 부정행위를 했을 것으로 의심할 만한 어떤 이유를 갖고 있다. 이제 곧 그 학생들이 중요한 시험을 치러야 하는데, 교실은 만원이다. 여러분은 학생들이 다른 사람의 시험지를 힐끗 보거나 책상 밑으로 답을 주고받고 싶은 유혹이 있을지 모른다고 걱정한다. 여러분은 그들에게 부정행위를 하지 말라고 요구할 수 있을 것이다. 여러분은 그들에게 정학이나 퇴학을 상기 시켜 줄 수도 있을 것이다. 그러나 그때 마음속에 떠오른 것은 꼬리표 붙이기의 위력에 관한 심리 연구이다. 그래서 시험을 앞둔 며칠 동안 여러분은 그들이 **정직한 사람**이라고 생각한다는 메시지를 그들에게 전달하기 위해 특별히 노력한다. 그런 후, 시험을 치르는 날 여러분은 "이 학급은 신뢰할 만하기 때문에, 나는 여러분이 남의 답안을 베낄 거라고 생각하지 않아요. 그렇기 때문에 서로 멀리 떨어져 앉도록 하고 싶지 않아요."와 같은 말을 한다. 혹은 "나는 여러분 모두가 정직에 관심이 있다는 것을 알기 때문에, 여러분들이 바른 행동을 할 것으로 확신해요."라고 말한다.

위에서 언급한 모든 사례에 대해 내가 갖고 있는 바람은 시간이 지나면서 이들 — 여러분의 가족, 친구, 학생 — 이 실제로 자신의 행동을 개선하는 방향, 즉 점진적이지만 그 꼬리표의 기대에 부응하는 삶의 방향으로 나아가는 변화를 볼 수 있으면 하는 것이다.

그런 변화는 나의 희망이다. 그런데 그 희망은 정말 어느 정도 현실성이 있을까? 그것은 분명히 좋은 발상이다. 그러나 나는 그런 방법을 채택할 때 세 가지 중요한 이유로 신중해야 한다고 생각한다. 첫째, 우리는 미덕 꼬리표 붙이기가 실제로 품성을 계발하는 하나의 수단으로서 기능을 발휘하는지 아는 바가 없다.

잠깐, 그것이 작동하는 여러 연구를 방금 내가 언급하지 않았던가? 하지만 우리는 주의를 기울일 필요가 있다. 왜냐하면 이 현상에 대해 많은 연구가 이루어지지 않았으며, 특히 우리의 주요 관심사인 미덕 꼬리표를 붙여 행해진 연구는 실제로 없었기 때문이다. 물론, 이 사실이 그 전략이 유망하지 않다는 것을 의미하지는 않는다. 여전히 기능을 잘 발휘할 수도 있다. 내가 말하고자 하는 바는 이에 대한 분명한 검증이 필요하다는 것이다.

우리는 또한 미덕 꼬리표가 오직 단기간에만 도덕적인 행동을 고무하는지, 아니면 그 효과가 지속되는지에 대한 정보가 없다.12 그렇기 때문에, 우리는 동일한 사람들을 오랫동안 추적하고, 이 꼬리표가 그들의 행동에 미치는 영향을 규칙적으로 평가하는 종단적 연구 — 말하자면, 몇 달 혹은 심지어 몇 년 동안 — 가 필요할 것이다.

그뿐만 아니라 — 그리고 이것은 우리가 이 전략을 채택해야 하는지 망설여야 할 세 번째 이유이다 — 누군가의 행동이 꼬리표 붙이기 효과로 인하여 오랜 기간에 걸쳐 점진적으로 개선된다고 하더라도, 이것만으로는 자동으로 그 사람을 미덕이 있는 사람으로 인정할 수는 없다. 1장에서 줄곧 말해왔듯이, 동기 또한 미덕의 중요한 요소이다. 연민 어린 사람 혹은 정직한 사람이라는 꼬리표가 붙었던 사람들이 시간이 지나면서 그에 적절한 종류의 동기를 계발하게 될까?

여러분은 그렇게 생각하지 않을 수 있다. 위에서 지적했듯이, 미덕 꼬리표를 부여받은 사람들은 더 나은 행동을 하는 것으로 보인다. 그런데 그것은 그들이 진정으로 다른 사람들에게 관심을 두고 있기 때문인가(연민 어린 동기), 혹은 진정으로 진실을 말하는 것에 관심을 두고 있기 때문인가(정직한 동기)? 아니면 자신들에게 주어졌던 꼬리표에 부응하는 생활을 하고자 하기 때문인가? 만약 후자라면, 그것은 미덕에 어울리는 동기라고 보기 어렵다. 그것은 누군가에 좋은 인상을 주는 데 혹은 누군가를 실망시키지 않으려는 데 초점을 두고 있는 이기적 동기이며, 그것은 미덕에 요구되는 바가 아니다.13

이러한 세 가지 기준에 따라 보면, 이 전략에 관한 우리의 이해가 제한되어 있어 아직은 마음이 썩 내키지 않는다. 그러나 향후 오랜 시간에 걸쳐 일어나기 힘든 일이 발생한다고 가정해 보자. 미덕 꼬리표 붙이기 효과에 관하여 많은 연구가 이루어지고, 그 연구들이 행동뿐만 아니라 동기를 입증하고, 그 결과는 놀랍게도 장기적으로 미덕 효과를 보여주는 데 긍정적인 것으로 밝혀질 수도 있을 것이다. 그러나 아직도, 긴장해야 할 이유가 있다.

그러한 긍정적인 결과에 이르는 과정은 어떠한가? 그렇다. 사람들이 보다 도덕적으로 되어간다는 것은 대단한 일임을 인정한다. 그런데 거기에 이르는 수단이 어떤가? 그들이 그런 미덕을 갖추고 있지 않다는 것을 여러분이 아는 경우, 여러분은 미덕의 용어로 꼬리표를 붙인 사람들에 대해 솔직히 마음속으로 불편한 어떤 것이 전혀 없는가?14

어떤 사람들에게는 결과가 가장 중요하다. 목적이 수단을 정당화한다. 이 전략은 -만약 내가 방금 기술했던 방식에서 기적이 일어난다면-

우리에게 훌륭한 결과를 제공할 것이기 때문에 정말 괜찮다.

그러나 우리는 일반적으로 그렇게까지 생각하지는 않으며 목적이 항상 수단을 정당화하지는 않는다고 말한다. 나는 그런 사람 중 한 명이다. 나는 그런 사고방식이 가치 있는 일을 성취하는 과정에서 끔찍한 잔학 행위를 변명할 때 사용될 수 있다고 본다.

물론 우리가 미덕 꼬리표 붙이기에 관해 이야기하는 것은 어떤 끔찍한 잔학 행위를 염두에 두고 있는 것은 아니다. 하지만 우리가 어떤 사람이 사실 정직하지 않다고 줄곧 믿으면서 그 사람을 정직한 사람이라고 칭찬하는 것과 관련해서는 도덕적으로 어떤 문제가 있을 수 있다. 내가 궁극적으로 말하고자 하는 바는 그 사람이 결국 더 나은 사람이 되는 데 공헌하는 어떠한 수단도 도덕적이어야 한다는 것이다. 그 목적을 성취하기 위해 내가 그 사람이 자신에 대해 어떤 것을 믿도록 해야 한다고 하더라도, 진심 어린 마음으로 접근해야 한다. 다시 말해서, 나는 그 사람이 정직하다고 생각하는 데 진정성을 가져야 하고, 그럼으로써 그 사람이 나를 신뢰하고 또한 그 사람 스스로 그것을 믿도록 할 수 있어야 한다. 내 입장에서 볼 때 하나의 계략이자 도덕적으로 대단히 불쾌하게 들릴 수 있는 그런 전략은 위선적이고, 기만적이고, 조작적이며, 누군가의 자율성을 파괴하는 것이다. 사실, 많은 사람에게 그럴 수 있다. 만약 여러분이 품성의 괴리를 극복하기 위해 이 전략에 정말로 전념한다면, 여러분은 다른 사람들에게 이 전략에 내포된 그러한 위선적 특성을 말하고 싶지 않을 것이다. 여러분은 심지어 나 같은 정보를 흘리는 사람에게 짜증을 낼 것이다. 말이 많이 나오면 나올수록 사람들은 자신의 품성에 대한 칭찬이 진위인지 조작인지에 대한 의심이 커지고, 그에 따라 꼬리표 붙이기의 효과는 더 떨어진다. 여기에는 기만의 또 다른 수준이 내포되어 있다. 여러분은 이 전략을 효과적으로 시행하기 위해 그 전략에 대해 알고 있는 다른 사람들을 **억제하기 위한 조치를** 취해야 한다!

이 중 어떤 것도 별로 좋게 들리지 않는다, 그렇지 않은가? 여러분은 정말 여러 층의 기만에 의존해야 성공하는 전략 — 결국에는, 미덕을 계발하기 위한 — 을 채택하고 싶은가?

지금쯤 여러분은 이 전략에 고개를 갸우뚱하면서 그밖에 또 다른 무언가가 있는지 기대할 것이다. 그러기 전에, 우리는 양쪽에 공정해야 한다. 나는 항상 학생들에게 앞으로 훌륭한 철학자가 되기 위해서는 이건 반드시 해야 할 일 중의 하나라고 말한다. 여기에 미덕 꼬리표 붙이기를 옹호하는 한 가지 견해가 있다.

속임약을 가정해 보자. 의사들은 수십 년 동안 환자들에게 속임약을 사용해 오고 있으며, 그런 약이 효과가 있다는 증거 또한 있다. 그것은 법적으로 금지되어 있지 않고, 임상 시험에서 사용했다고 하여 미국 의학 전문가들로부터 도덕적으로 비난을 받지도 않는다(임상 시험에 속임약을 사용하는 것에 많은 반대가 있긴 하다).15

이제 속임약을 관리하기 위해서는 흔히 어떤 요소들을 고려해야 하는지 생각해 보자. 시험을 조직하는 사람들은 어떤 참가자들이 설탕 알약을 받을 것인가를 결정할 것이다. 만약 그것이 이중 맹검 시험 '역주: 신약의 임상 시험에서 속임약을 투여하는 대조군을 두는 데 어느 것이 속임약인지 의사와 피검자 모두 모르게 하는 시험법 이라면, 참가자들을 만나는 실제 의사는 본인이 처방하고 있는 처치가 속임약인지 아닌지 알지 못한다. 그 의사는 의학적으로 권위 있고 자신감이 넘칠 것이다. 한편 참가자들은 속임약을 받을수도 있다는 것을 통지받았을지 모르지만, 실제로는 그들이 유망한 약물치료를 받고 있다고 믿기 쉬울 것이다. 당연히 시험의 조직자들은 속임약에 관한 말이 일반 대중에게 알려지는 것을 바라지 않는다. 왜냐하면 그렇게 되면 참가자들이 의심하기 시작할 것이며, 그럼으로써 애당초 속임약의 효과가 반감될 수 있기 때문이다.

속임약은 미덕 꼬리표와 매우 유사하다. 사실, 이 꼬리표는 일종의 속임약으로 볼 수 있다. 그러면 우리는 어떻게 해야 하는가? 우리는 미덕 꼬리표 붙이기와 의료의 중요한 차이를 생각하고자 할 것이다. 만약 어떤 차이가 없고 속임약이 괜찮다면, 여러분은 미덕 꼬리표 붙이기에 대해서도 같은 판단을 할 것이다. 혹은 미덕 꼬리표 붙이기가 괜찮지 않다고 생각한다면, 여러분은 속임약에 대해서도 마찬가지의 판단을 내려야 할 것이다. 여러분은 결국 어느 쪽인가?

개인적으로 나는 여전히 이러한 미덕 꼬리표 붙이기 전략을 사용하는 데 수반되는 기만은 주요 문제라고 생각한다. 그러나 이 장을 시작할 때 말했던 바와 같이, 나는 사람마다 다르게 평가한다는 것을 알고 있으며, 내가 틀릴 수 있다는 가능성 또한 받아들일 준비도 되어 있다.

미덕의 방향으로
주의 환기시키기(넛지)

방향을 바꾸어 우리의 주의를 화장실로 (다시!) 돌려보자. 최근의 책에 있는 다음 내용을 생각해 보자.

▪ 화장실의 파리

훌륭한 하나의 사례(사람들을 변화의 방향으로 주의를 환기시키는 것과 관련한)는 암스테르담의 스키폴 국제공항에 있는 소변기가 설치된 남자 화장실에서 일어난다. 그곳 관계자들은 검은 집파리 이미지를 소변기마다 새겼다. 남성들은 보통 그들이 일 보는 곳, 즉 많은 냄새를 유발하는 곳에 별로 주목하지 않는 것 같지만, 그들이 어떤 표적을 보게 되면, 그 표적에 주목하게 되어 (소변기 안으로 소변을 보는) 정확성이 훨씬 더 증가한다.16

대부분의 남성 독자는 아마 언젠가 그런 파리를 대중 화장실에서 본 적이 있을 것이다. 놀라운 일은 파리가 실제로 영향을 미친다는 것이다! 암스테르담 스키폴국제공항에 대한 한 연구 결과에 따르면, 소변을 흘리는 경우가 80%로 감소하였다.17

남자 화장실 안의 파리는 행동 경제학자 리처드 탈러Richard Thaler와 법학자 캐스 선스타인Cass Sunstein이 제공한 주의 환기의 한 사례이다. 그들의 베스트셀러인 『넛지: 건강, 부, 그리고 행복에 관한 결정을 개선하기Nudge: Improving Decisions about Health, Wealth, and Happiness』에서, 그들은 일반 독자들에게 주의 환기시키기(넛지)의 개념을 소개하였다. 그것은 독자들의 심금을 울렸고 엄청난 논의를 유발하였으며, 그 가운데 일부는 미국, 영국, 그 밖의 여러 곳에서 공공 정책 결정에 영향을 미쳤다.18

주의 환기시키기란 무엇인가? 탈러와 선스타인은 다음과 같이 정의하고 있다.

우리는 이 용어를 다음과 같은 의미로 사용하고자 한다. 주의 환기시키기는 사람들에게 어떠한 선택을 금지하거나 그들의 경제적 유인을 크게 변화시키지 않고 예측 가능한 방식에서 그들의 행동을 변경하는 일종의 선택 설계의 한 측면이다. 주의 환기시키기로 간주될 수 있으려면, 그 간섭이 쉽게 피할 수 있고 그렇게 하는 데 비용도 적게 들어야 한다. 주의 환기시키기는 명령이나 지시가 아니다.19

그들이 말하는 '선택 설계'는 결정이 이루어지는 바로 그 맥락이나 상황을 의미한다. [역주: '선택 설계자'는 사람들이 결정을 내리도록 그러한 '상황이나 맥락'을 만드는 사람을 일컫는다. 따라서 넛지는 선택 설계자가 취하는 하나의 방식에 해당한다.] 이 정의에 따르면 남자 화장실에 새겨져 있는 파리는 하나의 주의 환기시키기로 간주된다. 주의 환기시키기는 소변기가 있는 화장실에서 일어나는 상황의 한 측면이다. 그것은 어떠한 선택도 금지하지 않는다. 여러분은 여전히 원하는 방향으로 소변을 볼 수 있다. 내가 보기에, 소변기에 파리를 새김으로써 어떠한 경제적 유인이 크게 변하지도 않았다. 다시 말해, 파리를 새기는 데 큰 비용이 든 것이 아니다. 얼마든지 다른 화장실을 이용할 수 있다. 소변으로 그 파리를 맞춰야 한다는 명령이나 지시도 없다. 그런데도 그것은 예측 가능한 방식에서 사람들의 행동을 바꾼다.

여러분은 이걸 아주 사소한 사례라고 생각할지 모른다. 여기 몇 가지 주의 환기시키기의 다른 사례가 있다.

▪ 퇴직자 등록

아직 직원 신분일 경우 종업원들은 자동으로 회사의 퇴직자 연금 제도에 등록된다. 종업원들이 그 제도로부터 탈퇴하려면 양식을 작성해야 한다. "자동 등록은 미국 확정기여형 연금 제도defined contribution plan의 등록을 증가시키는 매우 효과적인 방식으로 입증되었다."[20]

▪ 장기 기증

미국에서는 통례적으로 운전면허증을 갱신할 때 장기 기증에 대해 생각하지 않아도 됐었다. 그러나 이제 운전자는 갱신하기 전에 프로그램 참여 여부를 나타내는 양식을 작성해야 한다.[21]

▪ 금연하기

흡연자의 주의를 환기시키는 한 가지 방식으로, 담배를 끊으려고 노력하고 있는 어떤 사람이 금연을 시작할 때 1달러를 입금한 은행 계좌를 개설하도록 한다. 그런 후, "6개월 동안, 그 사람은 금연을 하지 않았으면 담배를 사는 데 지출하였을 돈을 은행에 적립한다. 6개월 후, 그 사람은 그 동안 담배를 피우지 않았음을 입증할 수 있는 소변 검사를 한다. 만약 그 검사에 통과하면, 그 사람은 그 돈을 돌려받는다. 그 검사를 통과하지 못하면, 그 계좌는 폐쇄되고 그 돈은 자선단체에 기부된다."22

지금 우리는 장기 기증과 금연에 관하여 이야기하고 있으며, 아무도 이 논의에 많은 이해관계가 걸려있다는 것을 부정하지 않을 것이다.

여기 주의 환기시키기에 대해 주목할 만한 것이 있다. 탈러와 선스타인이 정의했던 바와 같이, 개인이나 집단이 일부러 주의 환기시키기를 할 필요는 없다. 주의 환기시키기는 우연히 — 말하자면, 사람들이 모여 있는 집단으로 걸어가다가 비상사태임에도 아무 일도 하지 않고 있는 것을 봄으로써 — 일어날 수 있으며, 마찬가지로 그런 상황은 여러분이 아무 일도 하지 않도록 주의를 환기시킨다.

해롭지 않은 주변 환경의 영향 또한 주의 환기시키기로 기여할 수 있다. 7장에서 논의되었던 쇼핑몰에서의 좋은 냄새 효과를 상기해 보라. 그리고 그런 냄새가 후속적으로 어떻게 쇼핑객들을 통제집단보다 훨씬 더 많이 도와주도록 이끌었는지를 생각해 보라. 그 냄새는 쿠키를 구울 때 생기는 부산물이었지만, 쇼핑객들이 도와주는 행동을 하는 방향으로 주의를 환기시켰다.

이런 사례들이 주의를 환기시키는 넛지로 간주될 수 있긴 하지만, 사람들에게서 많은 관심을 불러일으켰던 것은 학교, 회사, 정부와 같은 큰 조직체에 의해서 고의로 주의를 환기시킨 경우이다. 우리는 이를 앞의 사례들에서 볼 수 있었다. 한 회사가 종업원들에게 저축을 더 잘할 수 있도록 주의를 환기시켜 주거나, 정부가 운전자들에게 장기 기능자가 되도록 주의를 환기시키고 있다.

여기 탈러와 선스타인이 강조하는 또 다른 측면이 있다. 주의를 환기시키는 것은 우리의 심리적 불합리성과 한계를 이용한다는 것이다. 만약 우리가 완벽하게 합리적인 사람이라면, 우리는 주의 환기시키기 같은 것이 필요하지 않을 것이다. 우리는 가장 합리적인 길을 선택할 것이기 때문이다. 예컨대 우리는 퇴직자 연금 제도에 가입하고, 담배를 끊으며(혹은 더 좋은 것으로, 애초에 담배를 피우지 않는다), 남성으로서 소변기에 용변을 잘 볼 것이다.

분명히 우리는 완벽하게 합리적이지는 않다. 탈러와 선스타인이 다소 길게 기술하고 있듯이, 우리는 온갖 종류의 오류, 불합리성, 편견 등의 포로가 된다.[23] 주의 환기시키기는 특별히 이런 문제들에 편승하여 설계된다.[24] 예컨대 우리는 타성에 민감하기 때문에 흔히 기본 설정이 어디에 근거하고 있던 기본 설정을 바꿈으로써 큰 변화가 일어나는 것을 원치 않는다. 예를 들면, 매 학기마다 내 강의를 듣는 학생들은 자리를 지정해 주지 않았는데도 똑같은 자리에 앉는다. 이와 유사하게, 잡지사는 고객들이 자동 갱신에 서명하는 것을 좋아한다. 왜냐하면 잡지사는 많은 고객이 그 잡지를 안 읽은 지 오래되었음에도 절대 고객들이 전화해서 구독을 취소해 달라고 하지 않을 것을 잘 알기 때문이다.[25]

관성은 기본 설정이 좋은 경우에는 괜찮지만, 그렇지 않은 경우에는 사정이 다르다. 이런 경향성을 고려한다면, 주의 환기시키기의 팬은 다음과 같이 말할 수 있을지 모른다.

회사나 정부가 종업원이나 시민들에게 도움이 되는 기본 설정을 함으로써 사람들의 관성을 보상하도록 하게 하자. 그 방식은 그들이 원한다면 (예컨대, 퇴직자 연금 제도에서 탈퇴하기를 바란다면) 다른 선택을 할 수 있지만, 대부분의 사람이 타성 때문에 그렇게 하고자 하지 않을 것을 고려한다면, 결국에 이 사람들은 이러한 넛지 덕분에 이득을 볼 것이다.

만약 그런 게 아니라 기본 설정이 퇴직 프로그램에 자동으로 등록되지 않게 되어 있다면, 혹은 장기 기증에 관하여 묻지 않게 되어 있다면, 관성의 장기적인 영향은 훨씬 더 나빠질 것이다.

이것은 다음과 같은 하나의 요점을 부각시킨다. 주의 환기시키기는 사람들을 좋은 방향으로 향하게 할 수도 있고 혹은 나쁜 방향으로 향하게 할 수도 있다. 주의 환기시키기 자체는 둘 중 어느 한쪽을 향해 있을 필요는 없다. 그러므로 사람들은 건강한 식사나 정크 푸드(인스턴트 음식) 쪽으로 주의가 환기될 수 있다. 주의 환기시키기가 금연이 아니라 오히려 흡연을 향해 일어날 수 있다. 파리는 소변기 중앙에 새겨져 있으며 좋은 결과를 낳는다. 그러나 그 파리가 다른 곳에 새겨질 수도 있을 것이다. 그럴 경우 어떤 일이 일어날지 상상해 보라.

탈러와 선스타인이 '자유주의적 개입주의'[26]라고 부르는 넛지 사용과 관련한 철학적 입장에는 많은 것이 포함되어 있다. 여기에서는 그 세부 내용을 자세히 다루지 않는 대신에 품성 발달이라는 이 책의 주제에 초점을 맞추고자 한다.

그런데 이것이 품성 발달과 무슨 연관이 있다는 말인가? 어떤 경우에는 그 연관성이 분명하지 않다. 장기 기증은 분명히 도덕적으로 관련이 있다. 이러한 의학적 개입으로 여러 생명을 구할 수 있을 것이다. 하지만 단 한 가지만 변화시켜 보자. 여러분이 운전 면허증을 갱신할 때 그 프로그램에 가입할 것인가 말 것인가를 지금 결정해야 한다고 가정해 보자. 이것이 의미 있는 방식에서 여러분의 품성을 보다 좋게 형성하는 데 어떤 영향을 미칠지는 알기 어렵다. 여러분은 그저 확인란에 체크만 한 후, 그 사실을 잊어버리고 생활할지도 모른다.

그런데 탈러와 선스타인이 제시한 도덕적 함의가 풍부하고 품성의 괴리를 극복하는 데 도움을 줄 수 있는 다음과 같은 다른 사례들이 있다.

▪ 점차 더 기부하기

흔히 우리는 어려움에 부닥친 사람을 도와야 한다고 알고 있지만, 다른 일에 주의를 기울이다 보면 그 기회를 놓치는 경우가 많다. '점차 더 기부하기' 프로그램의 일환으로, 사람들에게 "여러분이 좋아하는 자선 사업이 곧 시작하는데, 처음에는 적은 금액을 기부하고, 해마다 기부 액수를 점차 올리는 것에 대해 약속하고 싶은지"[27]를 물었다.

▪ 예절 검사

한 컴퓨터 프로그램은 여러분이 방금 쓴 이메일이 다른 사람을 화나게 하거나 무례한지 아닌지를 확인하는 검사를 할 것이다. 만약 검사 결과가 무례하다고 나온다면, 여러분은 그 이메일이 전달되기 전에 다음과 같은 메시지를 보게 될 것이다. "경고: 이 이메일은 무례해 보입니다. 당신은 정말 이 이메일을 보낼 것입니까?"[28]

- 하루에 1달러

이 프로그램은 몇 개 도시에서 10대 임신을 줄이기 위한 방법으로 시도되었다. 만약 어느 10대 소녀가 이미 아이를 낳아 기르고 있다면, 그녀가 임신하지 않는 기간 동안 매일 정부로부터 1달러를 받는다. 그리고 그 프로그램의 세부 내용에 따라, 이는 대학 등록금을 지급하는 방향으로 지정될 수도 있다.[29]

그러나 이러한 사례들에도 불구하고, 여기에서도 나는 우리가 신중할 필요가 있다고 생각한다.

무엇보다, 우리는 그야말로 이런 주의 환기시키기의 장기적 효과가 어떨지에 대해 알지 못한다. **점차 더 기부하기**와 **예절 검사**는 현시점에서 그저 단순한 가상 프로그램이다. 누구도 실제로는 이런 방식에서 주의를 환기하고 있지는 않다. 실제로 활용되고 있는 **하루에 1달러**와 같은 다른 주의 환기시키기 사례와 관련하여 통제 집단과 주의를 환기 받는 집단을 두고 그들의 품성에서 어떤 차이가 드러나는지를 장기간에 걸쳐 연구하는 경우가 아직 없다. 그래서 첫 번째로 유의해야 할 사항은 단순히 우리가 아직 그와 관련한 자료를 갖고 있지 않다는 것이다.

자료가 없다면, 우리는 추측에 의존해야 할 것이다. 내 추측으로는, 도덕적 행동을 내포하고 있는 주의 환기시키기의 대부분은 품성에 지속해서 큰 영향을 미치지 않을 것으로 보인다. **점차 더 기부하기**의 사례를 보자. 그것은 세상을 좀 더 나은 곳으로 만들 수 있을 것이다. 하지만 그와 관련된 것은 단순히 여러분의 기부를 먼 미래에까지 점진적으로 액수를 높여 간다는 기부 약정에 서명하는 것뿐이다. 그건 내가 보기에 우리의 연민 어린 품성을 강화시키는 데 있어서 눈에 띌 정도로 커다란 변화를 가져올 것 같지 않다. 다른 주의 환기시키기가 더 나을지의 여부는 지켜보아야 한다. 그것이 내가 말하고자 하는 두 번째 유의 사항이다.[30]

또한 나는 주의 환기시키기의 동기부여로 일어나는 일이 염려스럽다. 예절 검사를 보자. 나는 이 프로그램이 나의 이메일 작성에 어느 정도 지속적인 효과를 발휘할 것으로 생각한다. 하지만 시간이 지나면, 나는 이런 경고 메시지에 피로감을 느끼기 시작할 것이며 이메일에서 나의 예절을 점검하는 일을 통제함으로써 짜증을 피하는 모습을 상상할 수 있다. 아울러 기대했던 대로, 내가 이메일을 통해 좀 더 차분하고 친절한 사람이 될 수 있을지도 모른다.

그런데 내가 도덕적 이유에서 변화하고 있지 않을 수 있다는 점에 주목하라. 그런 변화는 내가 이메일에 쓴 무례한 말들로 상대의 감정을 상하게 하거나 관계를 손상시키는 원인이 될 수 있을 것이라는 점을 인식하였기 때문이 아니다. 그건 내가 다시 경고를 받게 되는 것을 원치 않기 때문이다. 그 이유는 이기적인 것이지, 결코 도덕적인 것은 아니다. 그래서 주의 환기시키기가 꼭 행동만이 아니라, 동기를 과연 개선하는지의 여부가 나의 세 번째 유의 사항이다.[31]

마지막으로, 나는 주의 환기시키기를 하는 주체가 누구인지를 염려

한다. 이를 좀 더 생각해 보자. 누군가 혹은 어떤 집단이 우리가 보다 나은 품성을 갖도록 주의를 환기시키기 위해 우리 삶의 상황을 조성하려고 애쓰고 있다. 우리는 부모로서 항상 자녀들에게 바람직한 상황을 제공하기 위해 노력하는데, 그들은 우리가 지금 뭘 하고 있는지 모른다. 그러나 부모가 자식을 위해 주의를 환기하는 것은 회사나 정부가 성인들을 대상으로 어떤 형태로든 주의 환기시키기를 하는 것과는 이야기가 다르다.

어쨌든, 미덕을 갖춘 사람은 드물기 때문에, 주의 환기시키기는 회사와 정부에서도 사용할 수 있을 것이다. 나는 회사와 정부가 우리에게 주의 환기시키는 일을 떠맡게 하는 것이 좀 걱정된다. 그들이 좋은 의도를 가지고 있다고 하더라도, 만약 여러분이 자신의 잘못, 약점, 오류를 정부가 알고 있어서 여러분을 미덕을 갖춘 사람이 되도록 주의를 환기시키고자 그런 상황을 이용하고 있다는 것을 알게 된다면 어떤 기분일까?

만약 정부가 비밀스러운 주의 환기시키기 프로그램을 채택한다면, 아마 우리 중 많은 사람은 매우 언짢아할 것으로 짐작된다. 만약 우리가 그런 주의 환기시키기와 그것이 작동하는 방식을 알게 된다면, 그런 넛지는 결국엔 효과를 거의 발휘하지 못할 것으로 보인다. 넛지가 효과를 잘 발휘하려면, 우리는 다른 일에 주의를 기울일 필요가 있다. 그래서 정부(혹은 여러분의 회사, 학교 등등)는 그러한 주의 환기시키기에 대해 비밀을 유지하고자 하는 나름의 정당성을 가질 것이다. 그러나 난 우리가 그런 정당성을 인정할지 의문이다.

이런 네 번째 유의 사항에 비추어 볼 때, 가장 도덕적으로 인정받을 만한 품성 주의 환기시키기는 우리가 무슨 일이 진행되고 있는지를 알고 있으며, 동시에 우리가 넛지의 진행 과정에 동의하는 것이다. **점차 더 기부하기, 예절 검사, 하루에 1달러는** 아마 별문제가 없다. 그러나 부지불식간에 영향을 미치는 자선단체에 대한 기부 광고 메시지에 기대는 비밀 품성 계발 프로그램은 사정이 다를 것이다. 마찬가지로 어느 회사가 종업원들에게 회사가 지금 하는 사안에 대해 아무런 정보도 주지 않은 채, 종업원들의 과식에 대한 주의를 환기시키고자 구내식당에 전보다 더 작은 접시를 갖다놓는 경우도 문제가 있을 수 있다.[32]

분명히 말해두겠지만, 나는 품성 계발을 위해 주의 환기시키기 전략을 사용해서는 안 된다고 말하는 것이 아니다. 나는 그저 이 전략을 활용하고자 하는 사람들이 직면할 수 있는 어려운 과제를 강조하는 것이다. 어떠한 품성 주의 환기시키기가 성공적인 프로그램이 되기 위해서는 다음과 같은 몇 가지 검사를 통과해야 한다는 것을 보다 분명하게 인식하기를 바란다.

1. 사용하고자 하는 주의 환기시키기 프로그램은 유덕한 행동을 증진하는 데 있어서 지속적으로 긍정적 효과를 발휘하는가?
2. 사용하고자 하는 주의 환기시키기 프로그램은 유덕한 동기를 증진하는 데 있어서 지속적으로 긍정적 효과를 발휘하는가?
3. 이런 효과들은 프로그램에 참여했던 사람들을 몇 개월, 심지어 몇 년 동안 종단적으로 추적하는 실험 연구를 통해 입증되었는가?

4. 주의 환기시키기 프로그램의 출처가 적절하거나 신뢰할 만한 것인가?

5. 주의 환기시키기 프로그램은 비밀스럽거나 기만적이지 않고 관련된 모든 사람에게 투명한가?

여러분은 이 검사들을 보고 이 장 초반에 제시하였던 품성 계발 전략들을 평가하기 위한 기준을 떠올릴 수 있을 것이다. 나는 많은 주의 환기시키기가 이 검증을 통과할 수 있을 것인지에 대해 여전히 회의적이다. 하지만 나는 이에 대해 정정하는 것을 기꺼이 받아들일 용의가 있다.

이 모든 것을 조금 더 구체화하는 차원에서 우리는 품성 프로젝트를 통해 자금을 지원한 매우 흥미로운 넛지 연구 하나를 고려해 볼 필요가 있다. 인디애나 대학교의 심리학자로 이 연구를 수행한 사라 호프Sara Hope는 대학생들에게서 공감을 증가시킬 수 있는 방법을 찾길 원하였다. 공감이 이타적 동기에서 다른 사람을 돕는 행동을 증가시킬 수 있다는 점을 고려할 때, 공감은 연민의 미덕을 계발하는 데 있어서 최고로 유망한 출발점이라고 했던 3장을 떠올려 보라.

호프는 오늘날 학생들이 자신이 사용하는 휴대폰에 얼마나 능통한지를 잘 알고 있어, 실험 집단의 학생들이 공감과 관련된 문자 메시지를 14일 동안 하루에 6차례 받게 하였다. 통제 집단 학생들에게는 그런 메시지를 보내지 않았다. 여기에 그때 보냈던 문자들의 한 사례가 있다. "가장 최근에 여러분이 한 사회 활동을 생각해 보세요. 여러분과 함께 지냈던 사람들이 직면한 장애나 도전은 무엇이었나요? 그들의 관점에서 그런 어려움을 생각해 보세요."33

호프는 다양한 수단의 활용을 통해 이 메시지들이 통제 집단과 비교하여 실험 집단 학생들에게 어떤 영향을 주었는지를 알아보았다. 여기에서는 두 가지만 언급하고자 한다. 메시지 수신이 종료된 지 나흘 후, 실험 집단 학생들은 그녀의 연구실로 갔는데, 여러 가지 가운데 특히 그들은 "스쿨버스 안내원 캐런 클라인Karen Klein이 스쿨버스에 타고 있던 사춘기 남자아이들로부터 조롱을 당하는 모습을 담고 있는 짧은 비디오 영상을 시청할 것을 권유받았다. 이것은 집단 따돌림을 가했던 가해 집단이 찍었다가 나중에 유튜브에 올렸던 실제 영상이었다."34 이후 영상을 시청한 실험 집단 학생들은 괴롭힘 근절 기구에서 자원봉사를 할 수 있는 기회를 갖게 되었다.

또한 6개월 후, 통제 집단과 실험 집단 학생들은 모두 자신의 눈에는 무작위로 보이는 다음과 같은 문자를 받았다. "나한테 문자 그만 보내, 이 얼간아!"35 이에 대해 실제로 학생들이 호프의 연구실로 전송했던 문자들은 공격성 수준에 따라 부호화되어 처리되었다.

호프는 이 연구를 통해 무엇을 발견하였을까? 주의 환기시키기의 공감 문자를 받았던 집단의 학생들은 통제 집단보다 괴롭힘 근절 기구에서 자원봉사 하는 일에 더 많이 서명하였으며, 6개월 후, 무례한 문자 메시지에 덜 공격적으로 반응하였다.

사라 호프의 연구는 매우 유망하다. 그 학생들은 공감 문자로 주의를 환기 받았으며, 주의 환기시키기는 단기적으로나 장기적으로 모두 그들의 품성에 차이를 만들었던 것으로 보인다. 넛지의 출처가 실제 상황이란 점에서 신뢰할 만하였으며, 메시지 뒤에 숨겨진 기만 또한 없었다. 학생들은 그 문자의 목적을 분명하게 인식할 수 있었다.

아, 그렇다고 하더라도 호프가 사용하였던 공감 넛지 프로그램이 모든 검사를 통과한 것은 아니다. 왜냐하면 우리는 그 학생이 단기적으로는 괴롭힘 방지 캠페인에 참여하고 장기적으로는 무례한 문자 메시지에 대해 덜 공격적인 반응을 보였다고 하더라도, 그러한 행동 뒤에 있는 동기에 대해서는 알지 못하기 때문이다. 그리고 내가 한 가지 더 첨가하고자 하는 것은 학생들이 무례한 문자에 대해 한 번 보인 반응을 바로 그들이 얼마나 연민 어린 사람들인지에 대한 지표로 삼기에는 너무 빈약하다는 것이다. 그들이 보인 반응으로 6개월 전의 공감 넛지 프로그램이 어떠한 중대한 영향을 미쳤는지의 여부를 판단하는 것은 무리다. 훨씬 더 많은 검사가 필요하다.

다시 말하지만, 나는 주의 환기시키기와 품성 사이의 관계에 대해 너무 지나치게 부정적인 인상을 주는 것을 원치 않는다. 내가 바라는 것은 이런 논의를 통해 우리가 미래의 어느 시점에 검사를 통과할 수 있는 몇 가지 유용한 전략을 생각해 내는 것이다.36

결론

우리는 각자의 삶에서 품성의 괴리를 줄일 수 있는 방법에 관하여 일부러 무언가를 하려 하지 않기, 미덕 꼬리표 붙이기, 미덕의 방향으로 주의 환기시키기라는 세 가지 전략을 검토하였다. 나는 각각의 전략을 평가하는 데 있어서 할 수 있는 한 공정한 시각에서 접근

하고자 노력하였으며, 그 전략들은 모두 나름의 훌륭한 특징을 지니고
있다.

그러나 우리는 이 이상의 많은 도움이 필요하다. 다음 장에서는 보
다 더 유망한 몇 가지 접근을 고찰해 보고자 한다.

1   Roberts(2009).

2   여기에서도 우리가 '일부러 무언가를 하려 하지 않기' 전략을 초월하여 움직이고 있다는 것
    에 주목하라. 우리가 저지른 실수에 대해 긍정적이고 품성 함양 방식으로 대응하는 것은 '일
    부러 무언가를 하려 하지 않는 것'이 아니다.

3   이는 특히 안정적인 가정, 훌륭한 도덕적 양육, 풍부한 역할 모델 등등을 갖춘 유덕한 사회에
    서 성장한 사람도 그대로 들어맞는다. 자신이 보다 나은 사람이 되고자 의식적으로 어떤 단
    계를 밟지 않는다고 하더라도, 이 모든 것은 그 사람의 내면에 깊게 형성될 수 있다(그리고
    이런 점에서 '의도를 갖고 일부러 어떤 일을 하려 하지 않는 것'이다). 이런 주제는 플라톤이
    나 아리스토텔레스 같은 고대 그리스 철학자들의 저작에 널리 다루어져 있다. 그리고 만약
    어떤 사람이 운이 좋아 그런 환경에서 성장한다면, 나는 그것이 매우 설득력이 있다고 생각
    한다. 물론, 우리는 대부분 그렇지 않다.

4   다른 방향에 대해서는 어떨까? 어떤 악덕 꼬리표를 이용하여 사람들을 더 나쁜 짓을 하도록
    이끌 수 있을까? 우리가 아는 바와 같이 더 나쁜 짓이 자동으로 악한 사람이 된다는 것을 의
    미하는 것은 아니지만, 몇몇 예비적인 연구에 따르면 그 대답은 그렇다고 보는 것 같다. 그
    연구에 대해서는 다음을 보라. Kraut(1973); Strenta & DeJong(1981): 146.

5   Miller 외(1975).

6   Jensen & Moore(1977).

7   Cornelissen 외(2007): 281.

8   관련된 논의는 다음을 볼 것. Jensen & Moore(1977): 307; Cornelissen 외(2007): 279.

9   Kraut(1973): 554.

10 Kraut(1973): 556.

11 Strenta & DeJong(1981): 145. 도덕적 특질을 활용한 추가적인 연구들은 다음을 볼 것.
    Grusec 외(1978); Grusec & Redler(1980); Mills & Grusce(1989). 추가적인 논의는
    다음을 볼 것. Alfano(2013).

12 최소한 1~2주 동안 지속되는 효과를 발견했던 연구에 대해서는 다음을 볼 것. Kraut(1973);
    Grusec & Redler(1980). 그 효과가 매우 단기적일 것이라는 추측에 대해서는 다음을 볼
    것. Strenta & DeJong(1981): 146.

13 정확하게 말하면, 많은 경우에 그것은 여러분이 정직한 사람이라는 누군가의 인상에 부응하
    여 살고자 노력하는 것이 다른 사람들이 여러분을 어떻게 생각하든 개의치 않고 사는 것보다
    는 더 나을지 모른다. 마찬가지로, 다른 사람들이 여러분을 부정직한 사람이라고 생각하는
    것에 대해 기분이 나쁜 것은 그들이 어떻게 생각하든 개의치 않고 사는 것보다는 더 나을지
    모른다. 이러한 긍정적인 측면이 있는데도, 여전히 그 초점은 엉뚱한 곳에 있다. 그 초점은
    무엇이 진실이고 거짓인지에 있는 것이 아니라(정직의 미덕의 경우에), 다른 사람들이 여러
    분을 어떻게 생각하는지에 있다.

14 이것은 여러분이 어떤 사람에 관하여 긍정적이든 부정적이든 어느 쪽으로도 충분한 증거를
    갖고 있지 않을 때 그 사람을 미덕이 있는 사람으로 부르는 데 있어서 관대한 것과는 다르다.
    그렇게 하는 경우는 훨씬 더 거리낌이 적을 수 있다. 하지만 여기서의 초점은 처음부터 그 사

람이 유덕한 사람으로서 자격이 있지 않다는 것이 분명할 때조차도, 여러분이 미덕 꼬리표를 사용해야 한다는 데 있다.

15 미국의학협회 의료윤리강령 "Opinion 8.083 – 임상 시험에서의 속임약 사용"을 볼 것. (채택: 2006.11.)

16 Thaler & Sunstein(2008): 4.

17 Thaler & Sunstein(2008): 4.

18 이에 관한 소논문은 다음을 볼 것. Hansen & Jespersen(2013): 4.

19 Thaler & Sunstein(2008): 6. 이 정의에는 Hausmand & Welch(2010)와 Hansen(2016)이 지적한 바와 같이 몇 가지 문제가 있지만, 여기서 그런 문제에 깊게 들어갈 필요는 없다.

20 Thaler & Sunstein(2008): 111.

21 Thaler & Sunstein(2008): 182. 월터 시노트 암스트롱Walter Sinnott-Armstrong이 나에게 지적했던 바와 같이, 만약 확인란이 각자에게 요구된다면 이것이 어떻게 순전한 주의 환기시키기일 수 있는지 분명하지는 않다. 그렇지만 아직 확인란은 의무적이지는 않을 것이다.

22 Thaler & Sunstein(2008): 234.

23 그들은 그중에서도 특히 정박, 유용성, 대표성, 과신, 구상, 순응과 관련하여 일어나는 오류를 언급한다. 이런 용어들이 무엇을 의미하는지, 왜 그런 오류가 광범위하다고 생각하는지에 대해서는 다음을 볼 것. Thaler & Sunstein(2008): 제1부.

24 Thaler & Sunstein(2008): 8; Hausman & Welch(2016): 126; 특히 다음을 볼 것. Hansen(2016).

25 Thaler & Sunstein(2008): 34~35.

26 Thaler & Sunstein(2008): 5.

27 Thaler & Sunstein(2008): 231.

28 Thaler & Sunstein(2008): 237.

29 Thaler & Sunstein(2008): 236.

30 24주 상담 과정의 코카인 의존증 치료 방법에 관한 흥미로운 한 연구에서, 버몬트 대학교의 스티브 히긴스(Stephen Higgins)와 그의 동료들은 참가자들에게 소변 검사에서 마약 성분이 검출되지 않으면 상품권이나 복권을 주겠다는 형식의 넛지를 제공하였다. 그저 상담만 받았던 통제 집단과 비교했을 때, 상품권 집단의 코카인 자제는 24주 치료 기간뿐만 아니라 치료 후 18개월 기간에서도 의미 있게 더 높았다. Higgins 외(2000). 이 연구를 내게 일러준 월터 시노트 암스트롱Walter Sinnott-Armstrong에게 감사한다.

31 정확하게 말하면, 그것이 단기간에 동기를 개선하지 않는다고 하더라도, 장기적으로 보면 개선할 수 있을지도 모른다. 예컨대, 예절 검사를 어느 기간 동안 활용하다 보면, 내가 얼마나 자주 무례하게 이메일을 쓰고 있는지를 인식하게 되고, 그럼으로써 보다 예의 있는 사람이 되고자 노력할 수 있을 것이다. 경고 메시지로 인해 유발된 짜증 때문이 아니라, 예의 바름이 얼마나 중요한지를 깨달아서다.

32 이 문제에 관한 더 깊은 논의는 다음을 볼 것. Thaler & Sunstein(2008): 247~248;

Hausman & Welch(2010); Hansen & Jespersen(2013). 자유주의의 핵심 가치를 파괴하는 것으로서의 넛지에 관한 비판적 논의는 다음을 볼 것. Grüne-Yanoff(2012). 특히 그는 만약 사람들이 기부 방식을 이런 식으로 구조화시킨 이유를 인지하게 된다면 '점차 더 기부하기'와 같은 프로그램조차도 역효과를 가져올 것이라고 지적한다. 마지막으로, 작은 접시를 사용하는 넛지에 대한 더 많은 논의는 다음을 볼 것. Kallbekken(2013).

33 Hope(2015): 419.

34 Hope(2015): 423.

35 Hope(2015): 423.

36 여기에는 셀프 넛지, 즉 여러분이 미래의 행동(그리고 품성)을 향상시키고자 하는 노력의 일환으로 의식적으로 자신에게 제공하는 주의 환기시키기가 포함된다. 우리는 다음 장에서 이러한 셀프 넛지의 몇몇 사례를 보게 될 것이다.

9장

유망한 몇 가지 전략들

    나는 품성의 괴리를 극복하기 위해 우리가 바로 오늘부터 실천해야 하는 세 가지 전략이 있다고 생각한다. 그건 다름 아닌 도덕적 역할 모델 주시하기, 우리의 상황을 선택하기, 우리 자신을 알기이다. 나는 그 전략들이 나름의 올바른 방향을 유지하고 있다고 제안하겠지만, 이와 더불어 다음과 같은 이유에서 다소 신중을 기할 것이다. 첫 번째로, 이 전략들을 지지하는 실험 증거가 여전히 제한되어 있기 때문이고, 두 번째로는, 각 전략은 품성을 계발하는 데에 일정한 한계가 있기 때문이다. 이러한 한계는 마지막 장의 논의를 위한 길을 열어주는 것으로, 거기서 우리는 종교 공동체들, 궁극적으로는 신으로부터 어떠한 추가적인 도움이 제공될 수 있는지를 살펴볼 것이다.[1]

도덕적 역할 모델
주시하기

여러분의 삶에서 도덕적 역할 모델은 누구인가? 이에 대해 잠시 생각해 보는 것은 그럴 만한 가치가 있다. 도덕적 역할 모델은 여러분이 품성을 보다 발전적인 방향으로 계발하는 데 성과를 제공해 줄 수 있는 열쇠 중 하나일 수 있다.

나의 경우는 부모님이 첫 번째 역할 모델이다. 나의 어머니는 지금까지 20여 년 이상 몹시 고통스러워서 심신을 쇠약하게 하는 다리의 신경 질환과 싸우고 있다. 때로는 사나흘 밤을 꼬박 지새우게 만드는 끊임없는 고통과 경련에도 불구하고, 어머니는 우아함과 꿋꿋함을 잃지 않고, 깊은 신앙심으로 이를 잘 극복하고 있다. 어려운 일을 겪을 때마다, 내가 현재 겪고 있는 이 상황은 어머니가 매일 겪는 고통과 비교해 보면 아무것도 아니라는 생각을 하며 용기를 얻는다. 어머니의 모습은 나에게 있어서 힘과 결의의 원천으로 기여한다.

플로리다 남부에서 성장한 나는 아버지의 행동에서 영감을 받아 내가 살던 지역의 멸종 위기에 처한 바다거북을 보호하는 활동을 하였다. 우리는 1년에 최소 6개월 동안은 매일 대략 5km 정도 늘어선 해변을 순찰하고, 그냥 놔두면 스스로 살아남지 못할 갓 부화한 새끼 거북들을 구조하였다. 나는 아버지와 함께할 수 없었던(혹은 내가 워낙 게을러서) 때도 여러 차례 있었다. 그러나 아버지는 하루도 빠짐없이 매일 3시간 동안 뜨거운 모래밭에 나가 보호 활동을 하였다. 바다거북들과 함께한 수년이 지나면서, 나는 일부 언론의 관심과 인정을 받기 시작하였다. 보호 활동의 대부분은 아버지가 한 일이었고, 그에 따라 인정받을 사람은 당연히 아버지였다. 그러나 아버지는 옆에서 지켜보는 것으로 항상 만족하였다. 당시에 나는 아버지의 행동을 이해하지 못했지만, 아버지는 헌신, 희생, 책임감, 겸손이 진정으로 무엇을 의미하는지를 나에게 보여준 훌륭한 역할 모델이었다.

내 삶에는 다른 모델들도 있다. 나의 중학교 남자 영어 교사인 그레코Greco 선생님, 나의 대학 동료이자 나의 결혼식에서 신랑 들러리로 봉사했던 앤디 츄Andy Chu, 유쾌하고 사랑스러운 방식으로 세상을 바라보도록 가르치는 내 아내와 어린 자녀들이다.

그다음, 내가 결코 만난 적이 없는 사람들도 있다. 그의 적들을 용서한 예수, 인도의 나병 환자들을 보살폈던 마더 테레사, 영국에서 노예 무역을 폐지하는 데 힘썼던 윌리엄 윌버포스William Wilberforce, 우리가 앞에서 보았던 미덕의 인물 세 사람인 레오폴드 소차, 에이브러햄 링컨, 폴 파머이다.

이 목록에 문학에서 등장하는 모델들을 추가한다. 아울러 나는 다음과 같은 선한 사마리아 사람에 관한 우화가 가진 위력과 그것이 역사를 통해 얼마나 자주 자선 행위에 영감을 불러일으켰는지를 생각해 본다.

예수가 말했다.

"어떤 사람이 예루살렘에서 여리고로 내려가다가 강도를 만났다. 강도는 그의 옷을 벗기고 때려 거의 죽어가고 있는 그 사람을 버리고 갔다. 마침 한 제사장이 그 길로 내려가다가 그를 보고 피하여 지나갔다. 또 이와 같이 한 레위인도 그곳에 이르렀을 때 그를 보고 피하여 지나갔다. 그러나 한 사마리아 사람은 여행하는 중 그곳에 이르러 그를 보고 불쌍히 여겼다. 그는 가까이 가서 기름과 포도주를 상처에 붓고 싸맸다. 그러고는 그를 자기 짐승에 태워 주막으로 데리고 가서 돌보아 주었다. 그 이튿날 그는 데나리온 둘을 내어 주며 주막 주인에게 "이 사람을 돌보아 주어라, 그리고 비용이 더 들면 내가 돌아올 때에 갚으리라."라고 하였다.

"네 생각에는 이 세 사람 중에 누가 강도 만난 자의 이웃이 되겠느냐?"

율법 교사가 대답했다.

"자비를 베푼 자입니다."

예수가 그에게 말했다.

"가라. 그리고 너도 이와 같이 하라."2

『두 도시 이야기A Tale of Two Cities』 마지막 부분에서 시드니 카턴Sydney Carton의 희생은 믿기 어려울 만큼 강렬하다. 그러나 여러분이 아직 그 책을 읽지 않았을 수도 있어 내가 괜히 그 이야기를 망치고 싶지 않다. 그 대신에, 이번에는 깊은 용서와 관련한 또 다른 감동적인 문학의 사례를 들고자 한다. 그것은 빅토르 위고Victor Huge의 『레 미제라블Les Misérables』에 나오는 유명한 장면이다. 거기에서 주인공 장 발장Jean Valjean은 이제 막 감옥에서 풀려나왔다. 절박한 상황에 그는 자신을 교회로 데리고 와주었던 신부에게서 약간의 은을 훔친 후 그 현장에서 사라진다.

문이 열렸다. 특이하고 폭력적인 집단이 문지방 위에 모습을 드러냈다. 세 남자가 한 남자의 목덜미를 잡고 있었다. 세 남자는 경찰관이었고, 나머지 한 사람은 장 발장이었다. ……

"아, 당신이구려! 다시 만나게 되어 반갑소. 그런데 이게 어떻게 된 거요? 내가 당신에게 촛대도 주었잖소. 그것도 다른 그릇처럼 은제라서 200프랑은 받을 수 있을 텐데, 왜 포크하고 스푼은 함께 가져가지 않았소?"

장 발장은 눈을 크게 뜨고, 인간의 어떤 언어로도 표현할 수 없는 그런 표정을 지으며, 이 성스러운 주교를 바라보았다.

"각하!"하고 경찰 반장이 말했다.

"그럼, 이 사람이 한 말은 사실인가요? 우리는 도망치듯 걸어가는 이 사람을 붙잡았습니다. 이 자를 조사했더니 이 은식기를 가지고 있었습니다."

주교가 미소를 지으며 끼어들었다.

"그랬더니 그가 하는 말이 이 은그릇들은 어떤 늙은 신부가 주었다고 말하더란 말이군요? 그래서 이리로 데려오셨군요. 당신네들이 오해를 한 겁니다."

경찰 반장이 "그러면 이 사람을 풀어주어도 좋겠습니까?"하고 대꾸하였다.

"물론이죠."하고 주교가 대답하였다. ……

"나의 친구여, 가기 전에 여기 당신의 촛대가 있으니 가져가시오."하고 주교가 말을 이어갔다.

주교는 난롯가로 가서 은촛대 두 개를 가져다 장 발장에게 주었다. 두 여성은 주교가 하는 일을 아무 말도 없이, 아무 몸짓도 하지 않고 가만히 서서 지켜보았다.

　장 발장은 손발이 부들부들 떨렸다. 그는 얼빠진 사람처럼 멍청히 서서 기계적으로 두 개의 촛대를 받아 들었다.

　"자아."하고 미리엘 주교가 말했다.

　"조심해서 가요. 나의 친구여, 다음에 올 때에는 정원으로 올 필요가 없어요. 당신은 항상 거리로 난 문으로 오고 갈 수가 있어요. 밤이건 낮이건 걸어 두지 않고 있으니까."

　주교는 그에게 가까이 다가가 낮은 음성으로 말했다.

　"잊지 말아요. 결코 잊어서는 안 됩니다. 당신은 정직한 사람이 되기 위해 이 돈을 사용하겠다고 약속했습니다."

　장 발장은 아무 약속을 한 기억이 없어 어안이 벙벙하였다. 주교는 힘주어 그 말을 하였다. 그는 정중한 어조로 다시 말했다.

　"장 발장, 나의 형제여, 당신은 더 이상 악한 사람이 아니오. 당신은 선한 사람입니다. 당신의 영혼에 대해 내가 값을 치렀다오. 나는 당신의 영혼을 어두운 생각과 멸망의 정신에서 구출하여 하나님께 바치려 합니다."[3]

　우리는 주교의 행동에 대해 크게 감탄하지 않을 수 없으며, 내가 만약 앞으로 그와 비슷한 상황에 부닥칠 경우 용서하라는 강력한 외침을 느꼈으면 한다.

　우리는 이런 사례들로부터 몇 가지 주제를 추출할 수 있다. 첫째, 우리의 도덕적 역할 모델은 살아 있는 실제 인물일 수도 있고, 우리와 함께 더 이상 존재하지 않는 과거의 인물일 수 있다. 둘째, 그들은 시드니 카턴이나 주교처럼 단 한 번의 행동으로 역할 모델이 될 수도 있다. 혹은 예수, 에이브러햄 링컨, 폴 파머, 혹은 나와 직접적으로 연관된 내어머니, 아버지, 아내의 경우와 같이, 그들이 일반적으로 살아온 삶의 방식 때문에 역할 모델이 될 수도 있다.

셋째, 역할 모델은 그들이 **실제로 했던** 행동 혹은 **실제로 살았던 삶**뿐만 아니라, 그들이 어떤 상황에서 **했을** 행동 때문에 중요할 수 있다. 이점은 이미 수천 년 전에 고대 스토아학파 철학자인 에픽테토스Epictetus에 의해 지적된 것으로, "당신이 누군가, 특히 저명해 보이는 사람을 만나려 할 때, 다음과 같이 자신에게 질문하시오. '소크라테스나 제논은 이런 상황에서 어떻게 행동했을까?' 그러면 당신은 그럴 때 어떻게 대처해야 할지 망설이지 않을 것이다."[4] 만약 오늘날 우리가 자신에게 '제논이라면 이런 어려운 도덕적 상황에서 어떻게 행동했을까?'라고 묻는다면 당황스럽겠지만, 그 밑에 깔린 생각은 여전히 거북하지 않다. 예컨대, "예수님이라면 어떻게 하실까WWJD"라고 쓰인 손목밴드는 한때 기독교인들 사이에서 매우 유행했었는데, 그것 역시 에픽테토스가 마음속에 간직하였던 것과 같은 기능을 발휘한다고 볼 수 있다.

마지막으로, 역할 모델은 반드시 우리의 도덕적 삶에 강력한 영향력을 갖는 실제 인물일 필요는 없다. 서사, 소설 작품, 이야기, 극, 시, 영화, 텔레비전 프로그램 등등에는 도덕적으로 고무적인 행동이나 삶의 모델이 내포되어 있다. 다시 말하면, 선한 사마리아 사람의 우화와 『레미제라블』은 분명히 그런 사례에 속한다.[5]

도덕적 역할 모델은 우리에게 정확히 어떤 영향을 미칠까? 내가 아는 한, 누구도 역할 모델이 어떤 기능을 하는지에 대해 자세히 설명하지 않았다. 우리는 2장에서 도덕적 모범 인물들이 우리가 더 나은 사람이 되는 데 어떻게 도움이 되는지를 논의하는 과정에서 한 가지 아이디어를 보았다. 그건 존경 혹은 감탄의 감정과 관련이 있었다. 나는 주교의 행동, 선한 사마리아 사람의 자기희생에 감탄한다. 나는 가난한 사람들을 돕는 데 있어서 보여준 마더 테레사의 연민의 미덕, 하수구에서 반복되는 위험에도 유대인들을 보호했던 레오폴드 소차의 용기의 미덕에 감탄한다. 나는 예수와 에이브러햄 링컨의 삶을 존경한다. 이런 행동, 품성 특질, 삶은 나에게 감탄이나 존경을 불러일으킨다. 그럼으로써 내 마음속에서는 독특한 감정이 일렁인다. 여기에는 고양되고 고무된 감정이 포함되는데, 나는 그런 감정들로부터 감동받고, 생활의 활력을 얻는다. 2장 말미에서 우리는 그런 감정을 고양감이라고 말했다.

특히 중요한 것은 존경과 함께 전형적으로 나타나는 감정 중 하나가 모방 심리라는 것이다. 나도 링컨처럼 되고 싶다. 나도 주교가 했던 행동처럼 하고 싶다. 그래서 내가 이런 사람들과 그들의 행동에 대하여 그저 긍정적인 감정만 갖는 것이 아니다. 그들에 대한 존경심은 적어도 내가 그들을 존경하는 방식에서 나도 그들처럼 되고자 나 자신을 변화시키는 데 영감을 주는 작용을 한다.

품성의 괴리에 관한 한, 모방 심리는 매우 중요한 부분이다. 폴 파머에 대한 나의 존경심은 그의 품성에 대한 나의 모방 심리로 이어질 수 있다. 또한 바라건대 나의 모방 심리는 거꾸로 나를 필요로 하는 다른 사람들에게 내가 보다 연민 어린 사람이 되는 데 도움이 될 수 있다. 나는 폴 파머를 내 수준으로 끌어내리려고 하는 것이 아니라 나 자신을 그의 수준으로 끌어올리려고 노력하게 된다.

도덕적 역할 모델은 다른 방식으로도 우리의 품성을 계발시킬 수 있다. 예컨대, 도덕적 역할 모델은 우리의 도덕적 상상력을 재형성시킬 수 있다. 나는 그 역할 모델이 나에게 제공해 준 새로운 마음의 틀 덕분에 어떤 상황을 다른 방식에서 볼 수 있다. 마더 테레사가 나환자를 다루는 방식을 보고, 내가 곧바로 그녀를 존경하고 그녀처럼 되고자 하지 않을 수 있다(비록 난 그런 일이 일어나는 것도 바라지만). 그렇지만 마더 테레사는 나에게 **나환자들을 바라보는 완전히 새로운 방식**을 제공해 준다. 그녀가 보여준 사례의 렌즈를 통해 그들을 보면 다르게 보인다.6 문학과 영화는 우리의 상상력에 이러한 효과를 가져올 수 있다. 아이리스 머독Iris Murdoch이 언젠가 말했다. "문화의 가장 본질적이자 근본적인 측면은 문학에 대한 공부이다. 왜냐하면 이것은 인간 상황을 상상하고 이해하는 방식에 대한 교육이기 때문이다."7 이 모든 것 또한 품성 형성에 도움이 될 수 있다.

현실 속의 역할 모델이 갖는 한 가지 이점은 여러분이 역할 모델과 함께 생활할 수 있다는 것이다. 그런 방식을 의식하든 그렇지 않든 간에, 우리는 마치 그들의 견습생인 양 따라 한다. 보통 우리는 의식하지 않은 채 그들의 버릇, 사고하고 배려하는 양식, 세상을 바라보는 방식을 따를 수 있다. 결국 우리는 그들의 품성을 따르게 된다.8

지금까지 우리는 여러 다른 사람과 그들의 행동에 대한 존경과 관련하여 내가 겪었던 일부 경험을 공유하였다. 나는 또한 존경할 만한 역할 모델이 우리의 행동과 품성을 계발하는 데 있어서 다양한 방식으로 커다란 차이를 만들어 낼 수 있다고 제안하였다. 이 모든 것은 그럴듯하게 들릴지 모른다. 하지만 도덕적 역할 모델이 실제로 이러한 영향을 미친다는 어떠한 구체적인 증거가 있는가? 최소한 사람들의 행동을 향상시키는 측면에서라도 어떠한 증거가 있는가?

그렇다. 증거가 실제로 있다. 사실, 심리학에는 60여 년 동안 특히 도움의 손길을 건네는 사람들에 대해 연구를 해 온 풍부한 역사가 있다.[9] 여기 대표적인 두 가지 연구가 있다.

▪ 부러진 발

클리블랜드 주립대학교의 존 윌슨John Wilson과 리처드 페트루슈카Richard Petruska는 한 연기자에게 옆방에서 발이 부러진 고통으로 비명을 지르도록 지시하였다. 연구의 참가자는 그를 돕고자 어떤 일이든 하였을까? 그 참가자의 행동은 '의자에 앉아서 아무런 말도 하지 않는다'의 1점부터 '적극적으로 옆방으로 건너가 도움을 준다'의 10점까지의 척도에 따라 평가되었다. 우리는 이전에 3장에서 집단에 속한 경우 도와주는 일에 미치는 강력한 효과에 관한 연구를 고찰할 때 이런 유형의 상황을 검토한 바 있다.

수동적인 누군가("그의 의자에 앉아 있으면서 요란한 소리를 아예 원천적으로 무시하는")[10]와 함께 방에 있을 경우, 참가자들은 6.21점의 평균 수준에서 도움을 주었다. 그러나 적극적인 역할 모델("하던 일을 멈추고 위를 쳐다보며 '맙소사, 무슨 일이야?'라고 말하며 통제실로 급히 들어가 '무슨 일이에요? 당신 괜찮아요? 도와 드릴게요!'라고 묻는")[11]과 함께 있을 경우, 도움의 평균 수준이 10점 만점에 9.05점까지 치솟았다.[12]

▪ 헌혈

심리학자인 웨스턴온타리오 대학교의 필립 러쉬튼J. Philippe Rushton과 옥스퍼드 대학교의 앤 캠벨Anne Campbell은 역할 모델과 헌혈의 관계를 조사하였다. 결과에 의하면, 모델이 먼저 가서 헌혈에 서명하는 것을 보았을 때 27명의 참가자 가운데 18명이 서명하였으며, 아울러 그들 중 9명은 서약을 실천하여 실제로 헌혈을 하였다. 놀랍게도 모델이 없는 경우에는 통제집단 참가자 중 누구도 헌혈을 하지 않았다.[13]

따라서 이 연구와 그 외 다른 많은 연구는 일단은 도덕적 역할 모델이 우리의 행동을 향상시키는 데 큰 영향을 미칠 수 있다는 견해를 뒷받침해 주는 근거를 제공해 준다.[14]

이쯤에서 조심스럽게 마무리하자. 모델 전략에 대한 이러한 긍정적인 근거들에도 불구하고, 우리는 모델 전략이 어떻게 작동하는지 잘 알지 못한다. 예를 들면, 존경의 효과가 과연 얼마나 오랫동안 지속되는가? 내가 주교의 강렬한 용서 행위로 고무를 받고 그를 따라 하고자 할 경우, 이런 욕구가 몇 달 동안 내 안에 지속할까? 아니면 효과가 일시적일까? 그런 점에서 우리에게는 다시 종단적 연구가 필요하다. 우리는 현재 그런 자료들을 갖고 있지 않다.[15]

게다가, 누군가가 했던 바에 대한 감탄이나 존경의 효과가 그 특정한 행동 양식을 초월하여 영향을 미치는지에 대해서도 불확실하다. 다시 말해서, 나는 주교의 행동을 보고 고무된 이후 일반적으로 사람들을 용서하고자 하는 마음이 더 할까? 아니면 누군가가 먼저 나에게서 어떤 것을 훔치는 경우에만 제한적으로 영향을 미칠까? 사실, 역할 모델 효과는 본받을 만한 행동이 일어났던 상황이나 환경을 초월하여 일반화되지 않는다는 일부 증거가 있다.16 그건 미덕을 계발하는 일에는 별로 반갑지 않은 정보일 것이다. 왜냐하면 용서와 같은 미덕은 여러 가지 다양한 상황에 걸쳐 표현되는 것으로, 그중 많은 상황이 주교와 장 발장의 상황과 닮은 점이 거의 없기 때문이다.17

　마지막으로, 존경이나 감탄은 우리의 동기에 어떤 영향을 미치는가? 예컨대 내가 선한 사마리아 사람의 연민에 감동을 받은 이후 밖으로 나가 노숙자들의 임시 숙소에서 일한다면, 무엇이 나로 하여금 이런 행동을 하도록 추동하는가? 불행하게도, 내가 말할 수 있는 것은 우리가 심리 연구를 들여다보더라도 이에 대해서는 아무것도 모른다는 것이다.

　우리는 상상을 통해 몇 가지 대답을 이끌어 낼 수는 있을 것이다. 그 대답은 아래와 같은 이기심일지도 모른다.

누군가가 다른 사람을 도와줄 때 인정과 보상을 받는 것을 보면, 나 역시 그런 인정과 보상을 받고 싶어진다.

그 사람이 도와주는 모습을 보면, 나도 그런 행동을 해서 지난 과거의 죄책감을 덜고 싶다.

이와 달리, 아래와 같이 보다 도덕적으로 칭찬할 만한 동기일 수도 있다.

나도 더 좋은 사람이 되어, 그 사람처럼 다른 사람에게 더 잘하고 싶다.[18]

그 사람이 했던 것 같이, 나도 더 많은 자비와 사랑, 친절을 세상에 베풀고 싶다.[19]

그 사람이 했던 것 같이, 나도 사람들을 더 많이 도와주고 싶다.[20]

이런 것들은 내가 마더 테레사나 레오폴드 소차를 통해 경험했던 것과 매우 흡사해 보인다. 그렇긴 해도 심리 연구가 이를 뒷받침할 수 있다면 더욱 좋을 것이다.

도덕적 모델링 전략은 매력적인 점이 많다. 우리가 앞 장에서 제시한 기준을 적용해 본다면, 나는 이 전략이 우리가 검토하였던 이전 전략들보다 더 낫다고 생각한다. 하지만 그렇다고 하더라도, 이 전략 또한 여전히 더 많은 연구가 필요하다.

아직 단정적으로 말하기에는 이르다.

우리의 상황을 선택하기

여기에 품성의 괴리를 극복할 수 있는 또 다른 접근이 있는데, 아마도 여러분은 책을 읽으면서 이미 이 전략을 떠올렸을 것이다.21 그것은 우리가 올바른 행동을 하도록 고무시키는 상황을 적극적으로 **추구하는** 반면에 유혹과 함정으로 둘러싸인 상황을 의도적으로 **피하는** 것이다. 철학자 존 도리스John Doris가 제시하여 잘 알려진 예를 생각해 보자. 여러분의 배우자가 교외에 나가 있는 동안, 여러분은 추파를 던지는 동료로부터 외부와 차단된 곳에서 단둘이 저녁 식사를 하자는 초대를 받았다고 해보자.22 여러분은 자신의 품성이 곤란에 빠지지 않도록 해줄 것으로 믿는가? 품성의 힘을 신뢰해야 할까, 아니면 애당초 그런 위태로운 상황에 발을 들여놓지 않는 것이 더 나을까? 이런 의문에 대한 답은 명백하다.

우리의 상황을 선택하는 전략은 우리 자신보다 품성이 더 나은 사람을 적극적으로 찾는 것을 포함한다. 그 사람들은 우리가 이미 논의했던 바와 같이 도덕적 역할 모델로서 기여를 할 수 있다(그것은 전략들이 서로 경쟁하기보다는 서로 멋지게 보완할 수 있다는 것을 입증하는데 도움이 된다). 그뿐만 아니라, 주변에 품성이 더 나은 사람이 있다는 것은 우리를 유혹으로부터 보호하는 데 도움이 된다. 높은 도덕적 품성을 지닌 친구는 우리가 좋은 선택을 하고, 살면서 후회할 일들을 하지 않도록 고무할 수 있다. 바라건대, 시간이 지나면서 우리의 품성은 자연스럽게 우리가 이런 좋은 선택을 하고 긍정적인 상황을 추구하는 방향으로 형성될 것이다. 그럼으로써 역할 모델들이 주변에서 우리를 고무하지 않을 때도, 우리는 뭔가를 유혹하는 문제가 있는 상황에 더 맞닥뜨리지 않을 것이다.

물론, 그렇게 되기까지 여러분은 어려운 상황들을 피할 수는 없다.

추파를 던지는 동료는 여전히 주변에 있다. 그러나 여러분은 그 사람과 단둘이 만남을 갖기보다는 배우자나 다른 동료와 함께 만나는 습관을 형성할 수 있다. 이것은 경제학자들이 소위 '사전조치 전략'이라고 부르는 사례에 해당한다. 이런 종류의 전략은 여러분이 미래의 자신이 나쁜 상황에 빠져드는 것을 어렵게 하고 좋은 상황에 접근하는 것을 용이하게 하는 방향으로 나아갈 수 있게 해준다. 이 용어를 만들어 낸 노벨 경제학상 수상자인 토마스 셸링Thomas Schelling은 다음과 같이 말하고 있다.

우리를 포함한 많은 사람은 나름대로 마땅히 해야 하는 일을 하도록 하거나 해서는 안 되는 일을 하지 않도록 하는 비법을 몇 가지씩은 갖고 있다. 때때로 우리는 유혹을 피하기 위해 물건을 손이 닿지 않는 곳에 두기도 하고, 작은 보상을 약속하기도 하며, 신뢰할 만한 친구에게 우리의 체중이나 우리의 흡연을 감시할 권위를 양도하기도 한다. 우리는 침대에서 일어나지 않고서는 결코 끌 수 없도록 방 건너편에 알람시계를 놓아둔다. 늘 늦는 사람들은 스스로를 속이고자 시계를 몇 분 빠르게 설정해 놓는다.23

도덕적 도전과 관련해서도 우리는 이와 비슷한 일을 할 수 있다. 그렇게 함으로써 그러한 사전조치는 우리가 유혹에 빠지기 쉬운 상황을 회피하는 데 도움을 준다.

도덕적 역할 모델과 마찬가지로, 우리는 이 전략에 대해서도 다음과 같이 언급해야 한다고 생각한다. 만약 더 나은 사람이 되는 일에 관심이 있다면, 곧 우리는 좋은 영향력을 가진 긍정적인 상황에 우리 자신이 처하도록 노력해야 한다는 것이다. 누가 그렇지 않다고 주장하겠는가?

그래도 내가 걱정하는 것은 이러한 '우리의 상황 선택하기' 전략의 가치가 단지 제한적일 수밖에 없다는 것이다. 불행하게도, 우리를 흔드는 대부분의 영향은 우리가 많은 주의를 기울이는 것들과는 거리가 있다. 그런데 우리가 행동하는 방식에 차이를 만들어 낼 수 있는 여러 가지 변수를 모른다면, 결국 우리는 상황과 관련한 좋은 선택을 하기가 어렵다.

이런 지적은 매우 추상적으로 들릴 수 있다. 구체적으로 말하자면, 우리가 앞 장들에서 살펴보았던 바와 같이, 사람들이 행동하는 방식에 차이를 만들었던 환경적 영향들을 회상해 보자. 첫 번째는 화장실에서 나오는 것과 서류 전달을 도와주는 것이었다. 두 번째로는 쇼핑몰에서 미세스 필드 쿠키의 냄새와 잔돈 바꿔주기였다. 세 번째로는 권위 있는 인물과 함께 있는 것과 무고한 사람에게 해를 끼치는 것이었다. 이 밖에도 추가적인 연구를 통해 밝혀진 더운 날씨, 따뜻한 것을 만지기, 물티슈 사용하기, 화학 냄새가 나는 세제로 청소된 방 안에 있기, 잔디 깎는 기계 소리 등등 많은 요소가 더 있다.[24] 분명히 우리는 이런 환경적 변수들에 관하여 인식조차 하지 못하거나, 혹은 우리가 그런 것들을 인식한다고 하더라도, 우리는 보통 그것들이 어떤 차이를 만들 것으로 생각하지 않는다. 적어도 추파를 던지는 동료 같은 경우에서는 도덕적 위험이 도사리고 있다는 것을 인식할 수 있다. 그러나 물티슈를 사용하는 경우도 그럴까?

실제로 두 가지 우려 사항이 있다. 하나는 정보와 관련된 것이다. 우리는 주어진 상황에서 일어날 수 있는 우리의 도덕적 행동과 관련한 영향을 모두 인식하기는 어렵다. 그래서 우리가 최선을 다한다고 하더라도 우리의 선택은 여전히 종종 잘못될 수 있다. 예컨대 내가 쇼핑몰에 가면서 많은 생각을 했을지도 모르지만, 막상 거기 도착하면 그저 냄새의 희생양이 될 뿐이다. 게다가, 우리가 이런 영향에 관하여 더 많이 알면 알수록, 영향을 전부 정확하게 파악하는 것이 그만큼 더 어려워질 것이다. 나는 이처럼 정보의 홍수에 따른 문제를 충분히 예측할 수 있다.

다음으로, 내가 실제로 많이 우려하는 바는 우리가 일상생활에서 이런 영향 중 많은 것을 결코 회피하기가 어렵다는 것이다. 더운 날씨나 시끄러운 소리 혹은 기분 좋은 냄새와 관련하여 여러분이 어떻게 할 수가 없는 경우가 있을 것이다. 여러분은 세제로 닦은 창문에서 화학 냄새가 날 경우 방 밖으로 나갈 것인가? 이웃에서 잔디 깎는 소리가 시끄럽게 난다고 하여 어디에 숨을 것인가? 기온이 너무 오른다고 자동차로 뛰어갈 것인가? 여러분은 결코 이런 많은 요소를 하나하나 통제할 수가 없기 때문에 그런 요소와 관련하여 우리가 상황을 선택하는 문제를 이야기하는 것은 별로 의미가 없다.

내가 이 장의 두 번째 전략에 대해 긍정적인 까닭도 여기에 있다. 우리는 물론 긍정적인 상황을 찾아야 하며, 우리 앞에 놓인 도덕적 함정이 무엇인지를 분명하게 인식할 때 우리는 긍정적인 상황을 잘 모색할 수 있다. 그러나 나는 상황 인식의 한계에 대해서도 관심을 갖고 있다.

— 인간의 품성

그에 대해 말하기 전에, 우선 상황 인식과 관련한 한 가지 흥미로운 변수를 잠시 살펴보고자 한다. 뉴욕시립대학교의 심리학자 폴 워첼Paul Wachtel이 오래전에 지적했던 바와 같이, 우리는 보통 삶의 상황과 동떨어지지 않기 때문에 사전에 그런 상황 변수들을 점검할 수 있다. 우리는 자신의 상황 안에 존재하며, 우리가 **존재함으로써** 그런 상황에 영향을 미친다. 다시 말하면, 상황은 우리가 그에 미치는 영향과 무관하게 독립적으로 우리에게 다가오지 않는다.

> … 대인 관계 상황에서 어떤 한 사람의 행동을 오직 그 자신에게 제시된 자극의 관점에서만 이해하는 것은 단편적이고 잘못된 그림을 제공할 뿐이다. 대부분의 경우, 이러한 자극은 그 자신에 의해 만들어진다. 그런 자극은 그 자신의 행동에 대한 반응으로, 그가 누구인지, 그리고 그 자신이 통제할 수 없는 사건과 무관하게 발생하는 것이 아니라 그가 그런 자극이 일어나는 데 있어서 모종의 역할을 한 것이다.25

예를 들면, 파티에서 대화의 역동성은 그 대화에 내가 얼마나 기여하는지에 따라 매우 많은 영향을 받을 것이다. 그 상황에 관한 모든 이해는 파티에서 내가 스스로 야기한 것이 무엇인지를 모두 고려해야 한다.

만약 이것이 옳다면, 우리가 처하게 될 상황을 만드는 데 있어서 자신이 지닌 역할에 주의를 기울여야 한다. 어떻게 주의를 기울여야 한다는 것일까? 우리는 자신의 행동을 통해 우리의 환경을 어떻게 형성하고자 하는지를 선택함으로써 상황을 조성할 수 있다. 예컨대, 우리는 다음과 같은 질문들을 스스로 할 수 있을 것이다. 악수를 어떻게 할까? 내 자세는 어떤가? 눈을 마주치는 것이 좋을까? 내가 외향적 혹은 내향적인 사람이 되고자 노력해야 할까? 내가 주도해야 할까 아니면 그냥 따라가는 것이 좋을까? 뉴욕시립대학교 철학자인 하곱 사키시안Hagop Sarkissian은 자신의 책에서 다음과 같이 밝히고 있다. "우리는 상황이 주는 영향을 거의 알아채지 못하지만, 종종 친구의 친절한 미소, 낯선 사람의 장난기 섞인 윙크, 혹은 협조적인 동료의 의미 있는 악수는 우리의 태도를 완전히 변화시킬 수 있다. 그러한 사소한 행위들은 커다란 효과를 지닐 수 있다. 만약 우리가 그런 것을 염두에 둔다면, 우리는 … 우리 공동의 도덕적 목적을 향하여 서로를 격려하거나 고양할 수 있다."26 그러므로 도덕적 측면에서 긍정적인 단서를 의도적으로 선택하는 것은 다른 사람들에게서 긍정적인 반응을 불러일으키는 데 도움이 될 수 있다(그렇기 때문에 어떤 의미에서는 앞 장에서 말했던 것과 같은 방식으로 그들에게 '주의를 환기시키는' 것이다). 그것은 거꾸로 우리 자신에게 되돌아와 좋은 방향으로 영향을 미침으로써 각자 상대방을 강화시켜 줄 수 있다. 나는 이런 작용을 나의 어린 자녀들에게서도 발견하곤 하는데, 슬쩍 터치하는 간지럼이나 하이파이브는 어려운 상황을 누그러뜨리고 긍정적인 행동을 강화하는 데 큰 도움을 준다.

바라건대, 상황을 조성하는 데 있어서 우리가 하는 이런 역할이 결국에는 더 나은 품성을 형성하는 데 기여할 것이다. 그러나 나는 아직 이런 나의 주장을 검증해 주는 어떠한 연구도 접하지 못하였다. 그런 연구는 분명히 수행할 만한 가치가 있다. 우리는 그러한 경험적 연구들이 등장할 때까지는 여기에서 제시한 바와 같은 버전의 상황 선택하기 전략에 주목할 필요가 있을 것이다.

역할 모델 주시하기와 마찬가지로, 상황 선택하기 전략 또한 우리가 바로 앞 장의 시작 부분에 제시하였던 기준을 모두 충족시키는 것은 아니다. 그렇지만 그런 전략들이 사람을 유덕한 존재로 만드는 데 도움이 되는 유일한 방식이라고 단언하지 않는 한, 우리는 그 전략들이 품성의 간극을 극복하는 데 도움이 될 만한 것을 내포하고 있다는 점에 동의할 수 있다고 생각한다.

우리 자신을
알기

오래전, 가장 영향력 있는 서구 철학자 중 한 사람은 품성 발달과 관련하여 다음과 같이 말하였다.

> 또한 우리는 자신이 알지 못하는 동안 어떤 일에 쉽게 빠지는지를 검토해야 한다. 이는 사람마다 서로 다른 목적을 향하는 자연적 성향을 지니고 있기 때문인데, 우리는 스스로 추구하는 쾌락이나 고통으로부터 자신의 성향을 알 수 있을 것이다. 우리는 반대 방향으로 자신을 끌어내려야 한다. 왜냐하면, 그래야만 우리가 구부러진 나무를 곧게 펴는 것처럼 중간 상태에 도달할 수 있기 때문이다.27

아리스토텔레스가 한 이 말은 우리가 '우리 자신을 알기' 전략이라고 부르고자 하는 내용의 핵심을 찌르고 있다. 우리 자신의 '성향', 혹은 내가 자신의 욕구라고 부르고자 하는 성향을 아는 것이 중요하다. 앞 장들에서 보았던 것처럼, 욕구는 때로는 무의식적이다. 그래서 우리가 욕구에 대해 알게 되면 매우 놀랄 수 있다. 다음은 책의 앞부분에서 제시되었던 의식적 욕구와 무의식적 욕구의 사례들이다.

나는 남을 도와주면 죄책감을 덜 느낄 것이므로 도와주고 싶다.
나는 남을 도와주면 기분이 좋아질 것이므로 도와주고 싶다.
나는 나를 바라보고 있는 사람들로부터 내가 도와주는 일을 인정받지 못할 가능성이 있어 도와주고 싶지 않다.
나는 다른 사람들 앞에서 수치스러운 일을 당하는 것을 피하고자 거짓말을 하고 싶다.
나는 어떤 상황에서 다른 사람에게 피해를 주기 위해 거짓말을 하고 싶다.
나는 개인적인 실패와 당혹감을 피하고자 부정행위를 하고 싶다.
나는 발각되거나 나의 잘못에 대해 처벌을 받는 것을 피하고자 부정행위를 하고 싶다.

이런 욕구들은 우리의 행동에 커다란 차이를 만들 수 있기 때문에, 우리가 좀 더 나은 사람이 되고자 한다면 우선 먼저 그런 욕구를 잘 알아야 한다. 우리가 일단 욕구의 존재를 인정하면, 욕구가 주어진 상황에서 우리에게 어떤 영향을 미치고 있는지에 관하여 좀 더 유념할 수 있으며, 최선을 다해서 그러한 욕구를 보상하거나, 바로잡거나, 균형을 잡아줄 수 있다.

여기 욕구를 보상하거나 바로잡아주는 과정이 실제로 어떻게 진행되는지를 보여주는 사례가 있다. 옆방에서 누군가가 비명을 지르며 도움을 요청한다. 그러나 우리는 누구도 반응을 보이지 않는다는 것을 알게 된다. 우리도 망설이고 있음을 발견한다. 그러나 그때 우리의 마음속에서 무언가가 불현듯 떠오른다. 방관자 효과의 심리와 쑥스러운 상황에 놓이는 것에 대한 두려움이 집단 환경에서 얼마나 영향을 미치는지에 대해 배웠던 기억이 되살아난다. 그래서 우리는 우리가 해야 할 옳은 일이 무엇인지 생각하려고 노력하며, 곤경에 처한 누군가를 돕는 것은 우리가 망신을 당할지의 여부보다 더 중요하다는 것을 깨닫게 된다. 이런 생각이 우리 마음속에서 주도적 위치를 차지할 때, 우리는 처음 느꼈던 망설임을 극복할 수 있고, 그럼으로써 결국에는 남을 돕고자 시도한다.28

나는 우리가 이와 같은 방향에서 욕구를 조정하는 일이 자주 일어나길 희망한다. 우리가 자신의 욕구에 관하여 더 잘 알게 되면 — 특히 주로 무의식적인 욕구 — 방관자 효과의 심리나 쑥스러운 상황에 놓이는 것에 대한 두려움에서 나오는 그러한 욕구가 우리를 도덕성이 요구하는 것과 다른 방향으로 유도하려 할 때, 우리는 그것을 바로잡을 수 있다. 시간이 지나면서 우리는 차츰 유덕한 사람이 되는 방향으로 실질적인 진보를 이루어 나갈 수 있을 것이다.

이를 뒷받침해 주는 어떤 자료를 제시할 수 있는가? 내가 아는 것은 다음과 같은 소수의 연구뿐이다.

▪ 방관자 효과에 관하여 교육하기

1970년대에 나온 두 가지 연구에서, 몬태나 대학교의 심리학자 아서 비면Arthur Beaman과 그의 동료들은 우선 먼저 다수의 대학생들에게 집단에 소속될 경우 곤경에 처한 사람을 돕는 행위가 제한을 받게 되는 효과(방관자 효과)에 관하여 가르쳤다. 그 이후 이 학생들은 개별적으로 (연출된) 비상사태를 목격하였다. 한 경우에서는 어떤 사람이 자전거 사고를 당한다. 그리고 다른 경우에서는 한 남자가 벽에 기대에 누워 있다. 연출된 상황의 일부로서 한 낯선 사람은 무관심하게 아무런 행동을 하고 있지 않을 때, 그 교육을 받았던 대학생들의 67%가 도움을 주었다. 이를 방관자 효과에 관한 강의에 참가하지 않았던 또 다른 집단의 학생들과 비교해 보면, 그들의 27%만이 도움을 주었다. 이것은 매우 큰 차이다. 또한 흥미로운 것은 비면이 그 강의 이후 2주가 지난 다음 변화를 준 비상사태를 연출하여 또다시 그 연구를 수행했다는 것이다. 방관자 효과 강의에 참가하였었던 42.5%의 학생들이 도왔던 반면에, 강의에 참가하지 않았던 학생들은 25%만이 도왔다.[29]

▪ 도움에 관하여 학습하기

2000년대에 나온 연구 중 그리 중요하지는 않지만 여전히 흥미로운 한 연구가 있다. 공군 사관학교의 스티븐 사무엘스Steven Samuels와 윌리엄 케이스비어William Casebeer는 생도들이 과정을 끝마친 2년 후에 사회 심리학

수업을 통해 그들과 재회하였다. 연구자들이 재회한 학생들에게 "도움을 주는 행동에 관하여 학습했던 것이 만약 여러분이 그런 학습을 받지 않았다면 도와야 할지 어떨지 잘 판단이 서지 않는 상황에서 여러분이 행동하는 데 도움이 되었는가?"라고 물었을 때, 72%의 학생들이 그렇다고 대답하였다.[30]

분명히 이 이상의 연구를 볼 수 있다면 더 좋을 것이다.

그런 연구들이 등장하기 전이라도, 우리는 이와 같은 '우리 자신을 알기' 전략을 좀 더 깊이 발달시킬 필요가 있다. 이전의 '상황을 선택하기' 전략과 달리, 이 전략은 문제가 있는 모든 상황과 그런 상황의 영향으로부터 회피하고자 하는 것이 아니다. 이 전략의 목적은 앞으로 우리가 어쩔 수 없이 처할 그런 상황들에 관하여 더 많이 인식하고, 그에 어떻게 반응해야 하는지를 더 많이 생각하도록 하는 데 있다. 그럼으로써 산책하는 도중에 자전거가 충돌하는 것 같은 소리를 들을 때, 여러분은 쑥스러운 상황에 몰릴까 봐 옆길로 새거나, '다른 누군가가 도와주겠지'라고 생각하고 그냥 지나치는 행동을 하지 않을 것이다. 여러분은 아무런 행동을 취하지 않는 방관자를 무시하고 자전거를 탔던 사람을 살펴보아야 한다는 인식을 할 것이다.

혹은 누군가가 사무실 바닥에 서류를 떨어뜨린다. 여러분은 지금 상태에서는 아무 행동도 하지 않을지 모른다. 그러나 이제 여러분은 스스로 다음과 같이 물을 수 있다. '나는 아무런 도움을 주지 않아야 할 어떠한 타당한 이유를 갖고 있는가?' 아마도 여러분을 망설이게 하는 것은 무의식적인 어떤 것, 예컨대 자신을 쑥스럽게 만들지 않고자 하는 욕구 같은 것일 수 있다. 그런 경우에, 여러분은 무슨 일이 일어났는지를 인지하고도 좀 더 낫게 행동하지 않은 것에 대해 자신을 꾸짖는다. 그다음에 이런 일이 일어나면, 여러분은 앞서 일어난 사건을 기억하고 재빨리 망설임을 극복할 수 있게 된다. 더 나아가, 이러한 자기반성은 여러분이 도움을 주지 않도록 유도하고 있는 무의식적인 영향을 극복하는 데 익숙해지는 길로 인도할 수 있다.

여기에 중요한 또 하나의 예가 있다. 여러분의 상사나 임대주인 혹은 선발된 대표가 여러분에게 여러분 자신의 개인적 도덕성과 직접적으로 상충하는 어떤 일을 하라는 압력을 가한다고 가정해 보라. 밀그램의 실험 결과가 떠오를 수 있다. 그래서 여러분은 잠시 멈추고 이 사람의 요구를 실행하는 것이 정당한지를 매우 주의 깊게 따져보려고 노력할 것이다.

한 발짝 뒤로 물러서서 이 전략을 생각해 보자. 우리는 품성의 괴리를 극복하기 위한 이 전략에 대해 어떻게 말해야 할까? 이론상으로는 매우 그럴듯하게 들린다. 어쨌든 유덕한 사람이 되는 데에 관심이 있는 사람이라면 자신이 갖고 있는 문제적 욕구의 영향을 경계하기 위해 욕구에 관해 더 많이 아는 것에 반대할 이유가 있겠는가?31

그러나 이 장을 마무리하기 전에, 우리가 유의해야 할 세 가지 사항에 대해 언급해야겠다. 첫째, 이미 지적한 바와 같이, 이런 생각을 검증한 연구가 거의 없다는 것이다. 나는 이런 사실이 매우 놀라울 뿐이며, 왜 이런 주제가 그동안 소홀히 취급되어 왔는지 잘 모르겠다. 분명한 것은 '자신을 알기' 전략이 많은 상황에서 다양한 욕구를 대상으로 그 효과를 얼마나 잘 발휘하는지에 대해 광범위하게 검증하는 연구들이 더 많이 수행될 필요가 있다. 다시 한번 말하지만, 아직은 초기 단계에 있을 뿐이다.

두 번째로 유의해야 할 사항은 우리가 앞 절에서 검토하였던 바와 동일하다. 다시 말하자면, 우리가 보통의 평범한 사람들에게 너무 많은 것을 요구하고 있지는 않느냐는 것이다. 도덕적 삶의 영역에는 예컨대 도와주기, 해 끼치기, 거짓말하기, 부정행위하기, 훔치기 등등 여러 가지 많은 영역이 존재한다는 것을 명심할 필요가 있다. '우리 자신을 알기' 전략으로 이 모든 영역을 아우르기 위해서는 항상 스마트폰을 손에 쥐고 있어야 하는지도 모른다. 스마트폰에는 끊임없이 얻어낼 수 있는 **엄청난 양의 정보**가 존재하기 때문이다! 우선, 나는 내 마음속에 있는 수백 가지의 무의식적 욕구와 그 욕구가 주변 환경에 따라 어떻게 나를 형편없이 (혹은 매우 잘!) 행동하도록 이끌고 있는지를 알 필요가 있다. 그런 후, 내가 어떤 시험에 들거나, 누군가에게 해를 끼치도록 요구를 받거나, 한 아이가 울고 있는 것을 목격할 때, 어떤 욕구가 나에게 도덕성이 요구하는 것과는 다른 영향을 미치고 있지는 않는지에 대해 주의를 기울여야 한다. 그리고 이런 과정은 너무 느려서도 안 된다. 만약 주의를 기울여야 할 상황이 비상사태이거나 입주자 협회나 학부모회에서 옳은 일을 옹호할 수 있는 기회일지라도, 내가 너무 지체할 경우 그 순간은 지나가버릴 것이다. 그래서 나는 나 자신에 관한 신뢰할 만한 정보, 그 정보를 저장할 좋은 방안, 그 정보를 정확하게 상기해 내고 올

바르게 실제 상황에 적용할 수 있는 능력, 이 모든 것을 빠르게 처리할 수 있는 기능을 갖출 필요가 있다. 문제는 과연 이것이 우리에게 현실성이 있는 것인지, 아니면 너무 많은 것을 요구하고 있는 것은 아닌지의 여부이다.

정확하게 말하면, 어쩌면 이것은 '우리 자신을 알기' 전략에 대한 잘못된 생각일 수 있다. 우리는 방관자 효과에 관하여 배우고 그 지식을 구현하려는 노력을 이제 막 시작해야 할 것이다. 그런 다음 부정행위와 자신을 정직한 사람으로 생각하고 그 지식을 구현하려고 하는 우리의 욕구에 대해 배워야 할 것이다. 그런 다음 수십 년에 걸쳐 우리 삶의 과정과 더불어 기타 여러 가지를 배워야 할 것이다. 다시 말해, 이제 막 작은 발걸음을 내디뎌야 할 것이다.

이것은 더 다루기 쉬운 (또한 건전한!) 방법인 것 같다. 그러나 마지막으로 나에게는 아직 유의해야 할 한 가지 사항이 더 남아 있다. 나는 이 전략이 우리 삶의 질에 어떤 영향을 미칠지가 궁금하다. 만약 우리가 무의식적인 욕구의 부정적인 영향에 희생양이 되지 않기 위해 항상 자신과 상황을 관리하고, 감독한다면 어떻게 될까? 그럴 경우 그러한 철저한 자기관리가 우리의 삶의 즐거움을 앗아가 버리지는 않을까? 유덕한 사람이 되고자 하는 노력은 너무 힘들어서 차라리 벗어 던져버리고 싶은 무거운 짐이 되는 것은 아닐까? 안타깝게도 현재 나는 이런 질문에 대한 답을 갖고 있지 못하다.

최종적인 생각

나는 최종적인 생각 두 가지를 여러분과 공유하고 싶다. 첫째는 미덕을 함양하고 품성의 괴리를 극복할 수 있는 유망한 전략에는 오로지 한 가지만 있을 수 있다는 잘못된 생각을 바로잡을 필요가 있다는 것이다. 만약 내가 이런 인상을 풍겼다면, 당장 바로 잡혀야 할 것이다.

분명히 앞의 두 장에 소개된 전략들은 **모두** 나름의 가치를 지니고 있다. 다시 말해, 최고의 접근은 다음의 모든 것 — 자신을 알기, 우리의 상황을 선택하기, 도덕적 역할 모델을 존경하기, 주의를 환기하기, 필요에 따라 미덕 꼬리표를 사려 깊게 활용하기, 일부러 무언가를 하려 하지 않고 그냥 일상생활이 흘러가는 대로 두기 — 이 상호 연관된 매우 복합적이고 다면적인 것으로 보인다. 또한 내가 전혀 언급하지 않았지만 의심의 여지없이 매우 중요한 다른 전략들도 있을 것이다. 든든한 가족, 도덕적으로 지원하는 학교 환경, 안전한 지역사회가 우선 떠오른다. 품성 발달에 대한 세련된 접근은 이런 모든 요소와 그 외 다른 것들을 함께 고려해야 할 것이다.

그뿐만 아니라, 그 접근은 보다 더 나은 사람이 되기를 바라는 사람들을 압도하지 않는 가운데 이 모든 전략을 고려해야 할 것이다. 우리는 이미 이 전략 중 그저 하나일 뿐인데도 이와 함께 올 수 있는 정보 과잉의 위험을 지적한 바 있다. 다양한 전략의 혼합체에 또 다른 요소들을 추가하면 문제가 더욱 악화될 수 있을 것 같기도 하다.

여기서 그건 제쳐놓자. 이제 우리가 품성 발달에 대한 설득력 있고,

세련된 접근에 도달할 수 있다고 가정해 보자. 그러나 그 자체만으로는 쓸모가 없을 것이다. 우리는 우리가 바라는 모든 전략을 개발하고, 그 것들을 값비싼 워크북이나 재미있는 자기 도움 안내서, 혹은 무료 팟캐스트에 그럴듯하게 포장할 수는 있다. 하지만 우리 성인들이 의욕적으로 시작하거나 차세대 아이들을 훈련시키려고 하지 않는 한, 이 모든 노력은 아무 소용도 없을 것이다. 그렇게 하고자 하는 의욕이 없다면, 누구라도 품성 계발이라는 힘든 일을 지속하기가 어려울 것이다.

우리는 어떻게 하면 사람들이 유덕한 사람이 되고자 하는 일에 관심을 갖고, 그럼으로써 그들이 이 전략을 기꺼이 활용하고자 하게 할 수 있을까?[32] 어떻게 해야 그저 단기간에 그치는 것이 아니라, 장기적으로 유덕한 품성을 계발하는 일에 관심을 유지하게 할 수 있을까?

2장에서 나는 왜 유덕한 사람이 되는 것이 중요한지에 대해 몇 가지 이유를 제시하였다. 나는 그런 이유가 설득력이 있다고 믿는다. 그러나 그 이유는 주로 우리의 가슴보다는 머리에 호소했다는 점에 유의할 필요가 있다. 예외는 내가 우리 내부에 정서적으로 강력한 것을 촉발시킬 힘을 가진 유덕한 삶을 그린 묘사였다.

우리가 유덕한 사람이 되기 위해서는 감정의 도움이 절실히 필요하다. 머리만으로는 보다 나은 사람이 되고자 하는 일을 지속해서 유지하기가 어렵다. 우리는 미덕에 관하여 깊은 관심을 보이는 가슴도 필요하다. 어떻게 하면 그런 일이 일어날 수 있을까? 그 문제는 매우 시급하다. 그런데 불행하게도, 심리 연구에 관한 한 그 문제는 대체로 미개척 상태로 남아 있다.

1　나는 또한 8장과 9장에서 품성의 괴리를 극복할 수 있는 모든 전략, 혹은 심지어 모든 유망한 전략을 고찰하고자 했던 것은 아니라는 점을 분명히 밝히고자 한다. 이것은 그 자체만으로도 책 전체가 필요한 거대한 주제이다. 예컨대, 우리는 행동 조건화, 치료, 미덕과 악덕에 관한 명상 연구와 관련이 있는 접근들도 고찰해야 한다. 나는 훨씬 더 많은 논의가 필요하다는 것을 전적으로 인정한다.

2　누가복음 10: 30~37. NIV 번역.

3　http://www.online-literature.com/victor_hugo/les_miserables/26/. (검색: 2016. 8.19.)

4　Epictetus(1983): 33. 12~13.

5　이야기와 도덕성 발달의 관련성에 대한 한 심리학자의 흥미로운 논의는 다음을 볼 것. Vitz(1990). 비츠에 따르면, "실제로 그들이 도덕적으로 도전적인 상황에 놓이지 않는 한, 아동들에게 도덕적 삶을 안내하는 매우 효과적인 방법은 도덕적으로 도전적인 이야기들을 듣고, 읽고, 보게 하는 것이다"(1990: 716). 1960년대에 인종차별 폐지 운동과 관련한 성경 이야기의 역할에 대해서는 다음을 볼 것. Coles(1986).

6　마더 테레사와 그녀의 행동이 우리가 사람들을 새로운 방식에서 보는 데 어떻게 도움을 줄 수 있는지에 대한 더 많은 것은 다음을 볼 것. Muggeridge(1971).

7　Murdoch(1971): 34.

8　마지막 두 단락의 아이디어에 대해 라이언 웨스트Ryan West에게 감사한다. 역할 모델과 견습 제도에 대한 더 상세한 내용은 다음을 볼 것. Willard(1998).

9　도와주기에 초점을 둔 초기의 연구에 대한 검토는 다음을 볼 것. Krebs(1970): 267~277.

10　Wilson & Petruska(1984): 462.

11　Wilson & Petruska(1984): 461.

12　Wilson & Petruska(1984): 464.

13　Rushton & Campbell(1977): 303. 인정하건대 두 연구에서 이런 차이는 넓은 의미에서 '역할 모델'에 기인한다. 그들은 마땅히 해야 할 옳은 일에 모범을 보였으며, 그것이 많은 참가자에게 긍정적인 영향을 미쳤다. 그러나 그들은 이 참가자들에게는 완전히 낯선 사람들이었다.

14　Bryan & Test(1967); Rosenhan & White(1967); White(1972); Mischel & Mischel(1976): 188. 191~192, 202~203; Rushton & Campbell(1977): 298.

15　그러나 주교를 따라 하고자 하는 욕구가 오랫동안 지속되지 않는다고 하더라도, 어떤 다른 효과가 존재할 수도 있을지 모른다. 예컨대, 그 주교는 범법자를 생각하는 극적으로 새로운 (용서하는) 방식을 보여줌으로써 나의 도덕적 상상력을 새롭게 형성시킬 수 있다. 그리고 그런 생각은 내 마음속에서 '굳어진다'. 이런 제안에 대해 다시 한번 라이언 웨스트Ryan West에게 감사한다.

16　Grusec, Saas-Kortsaak, and Simutis(1978); Grusec & Redler(1980): 529.

17　여기에서는 도제 제도 개념이 도움이 될 수 있다. 우리의 실제 삶에서의 역할 모델들로부터 배우고 암암리에 그들의 도덕적 품성을 따름으로써, 희망컨대 우리는 배운 바를 새로운 상황

에 적용할 수 있다.

18 이 선택을 제안하는 일부 심리학자에 대해서는 다음을 볼 것. Haidt(2000): 2~3; 2003a: 282; Aquino & Freeman(2009): 385; Algoe & Haidt(2009): 108, 116, 119, 123; Aquino 외(2011): 704.

19 Haidt(2003a): 284.

20 이 선택을 제안하는 일부 심리학자에 대해서는 다음을 볼 것. Haidt(2000): 2~3; 2003a: 282, 285; Aquino & Freeman(2009): 385, Algoe & Haidt(2009): 116, 119, 123; Aquino 외(2011): 704, 709. 한 참가자가 말했던 바와 같이, "나는 나의 할머니처럼 되고 싶고, 그와 똑같은 선량한 의지와 큰마음을 갖고 싶은 욕구를 느꼈다. 나는 돕고 싶었다!"(Algoe & Haidt, 2009: 112).

21 이 장의 2, 3, 4절의 자료는 Miller(2016a)로부터 발췌한 것임.

22 Doris(2002): 147. 덕을 발달시키는지의 여부에 관한 상황 선택과 관련한 논의는 다음을 볼 것. Doris(1998): 517; 2002; Merritt(2000); Merritt 외(2010): 389~391; Slingerland(2011): 414~415.

23 Schelling(1978): 290. 이런 비법 중의 일부는 내가 지금 자신을 환기시키는 일종의 주의 환기의 형식처럼 보이기도 한다.

24 이런 특수한 영향에 대해서는 다음을 볼 것. Miller(2013): 2장에서 6장.

25 Wachtel 1973: 330. 또한 다음을 볼 것. Bowers 1973: 329; Funder 2008: 575.

26 Sarkissian(2010): 12. 그가 저술에서 밝히고 있듯이, "상황이 전개되는 방식에 영향을 미치는 것은 그 사람으로부터 발생하는 단서를 염두에 두는 것에서 시작한다."(9). 그러나 이것이 더 나은 도덕적 품성을 증진하는지의 여부는 더 지켜보아야 한다.

27 Aristotle(1985): 1109b2~8.

28 비슷한 예에 대해서는 다음을 볼 것. Mele & Shepherd(2013): 80.

29 Beaman 외(1978): 407~408, 410.

30 Samuels & Casebeer(2005): 80.

31 이 전략에 관한 관련된 논의는 특히 다음을 볼 것. Samuels & Casebeer(2005); Mele & Shepherd(2013).

32 적어도, 우리 쪽에서 어느 정도 주도권을 요구하는 것 중 예컨대, '일부러 무언가를 하려 하지 않기' 전략은 우리가 유덕한 사람이 되는 일에 관하여 관심을 가질 것을 요구하지 않는다. 그러나 '우리 자신을 알기' 전략은 필요로 한다.

10장

종교적 전통의 전략들

앞에서 보았듯이, 우리가 실제로 지니고 있는 품성과 마 땅히 되어야 하는 유덕한 사람의 괴리를 극복하는 데 도움을 주는 몇 가지 유망한 전략들이 있어 보인다. 그러나 그 전략들은 정말 얼마나 유망할까? 우리는 이에 대해 단순히 잘 알지 못하거나, 적어도 심리학 자들이 우리에게 말해줄 만큼 충분한 연구가 아직은 이루어지지 않은 상태이다. 그리고 미덕에 이르는 길에는 장애가 매우 많다는 것을 잊어 서는 안 된다. 때로는 그런 장애가 공기 중의 음식 냄새나 방 안에 있는 사람들의 숫자에 따른 영향 같이 우리가 매우 감지하기 힘든 것일 수 도 있다.

나는 이제 이 마지막 장에서 우리가 품성을 계발하는 데 도움이 될 수 있는 또 다른 보완적인 접근이 있는지를 고려해 보는 것도 현명한 일이라고 생각한다. 특히, 지금까지 우리는 세속적인 전략에 대해서만 살펴보았다. 그러나 현대인의 다수는 어떤 면에서 종교적이다. 그렇기 때문에 품성의 괴리 문제를 다루는 데 있어서 종교적 전통 내에서 발견될 수 있는 자원의 일부를 간략하게나마 검토해 보는 것도 가치가 있다.

좀 더 정확히 말하면, 여기에서는 하나의 종교적 전통에 관해서 검토해 보고자 한다. 이렇게 한정된 겨우 한 개의 장에서 불교와 유교, 도교와 유대교, 힌두교와 이슬람교, 그 외 모든 나머지 세계 주요 종교를 검토하는 것은 불가능한 일이다. 그래서 나는 그중 한 가지 기독교를 선택하여 기독교인들이 자신의 품성을 개선하기 위해 전통적으로 해왔던 것에 대해 보다 상세하게 살펴보고자 한다.

시작부터 분명히 밝히고 넘어가자. 기독교에 초점을 맞추긴 하지만, 기독교가 다른 종교보다 더 설득력이 있다고 주장하는 것은 결코 아니며, 내가 사람들을 기독교로 전향시키고자 하는 것은 더더욱 아니다. 내가 기독교에 초점을 맞추는 까닭은 다음과 같다.

1. 기독교는 세계에서 가장 큰 종교이다.
2. 이 책의 독자들이 기독교인인지의 여부와 상관없이 기독교는 독자들에게 가장 친숙한 종교일 것이다.
3. 기독교는 미덕과 품성 계발을 매우 강조하며, 품성을 개선시키는 것을 목표로 하는 오랜 역사의 교리와 관례를 갖추고 있다.
4. 품성 계발과 관련한 기독교의 사상 중 많은 것은 다른 세계 주요 종교들과 유사점을 갖고 있어, 우리가 종교 간에 따른 논의를 쉽게 조정할

수 있다. 그런고로 바라건대 기독교 이외의 다른 종교의 신자들은 이 장에 별다른 거부감을 느끼지 않을 것이다.

여기에서는 특히 다음 세 가지 초점이 기독교와 관련한 논의에서 강조될 것이다. 그것은 기독교의 의식 절차와 관례의 중요성, 기독교적 품성 계발의 사회적 차원, 성령의 도움이다.

이 장은 종교와 무관한 독자들도 읽어볼 만한 타당한 이유가 있다. 일단, 내 생각에 우리가 다른 세계관으로 들어가서 그런 세계관을 가진 사람들은 과연 세상을 어떻게 바라보는지 좀 더 잘 이해하려고 노력하는 것도 의미가 있다고 본다. 다른 사람의 세계관을 이해한다는 것은 이해, 존중, 관용을 증진하는 데 있어서 매우 유용하다. 그뿐만 아니라, 지금은 여기에서 이를 살펴볼 수 있는 충분한 여유가 없지만, 금식이나 고백 성사와 같은 기독교 관례의 세속적 버전은 어떤 모습일지, 그런 관례는 종교적 기반과는 별도로 장려할 만한 가치가 있는지에 관하여 생각해 보는 것도 분명히 가치가 있다.

먼저, 논의를 위한 장을 마련하는 차원에서 기독교와 품성에 관한 배경부터 이야기해 보자.

기독교와 품성

기독교 관점에서 보면, 하나님은 미덕에 관심이 있기 때문에 우리가 미덕을 갖춘 사람이 되는 것은 하나님에게 있어 매우 중요한 것이 분명하다. 성서에서 다음과 같은 구절을 볼 수 있다.

바로 이러한 이유로, 너희가 더욱 힘써서 너희 믿음에 덕을, 덕에 지식을, 지식에 절제를, 절제에 인내를, 인내에 경건을, 경건에 형제 우애를, 형제 우애에 사랑을 더하라.[1]

그러므로 너희는 하나님이 택하사, 거룩하고 사랑받는 자처럼 긍휼과 자비와 겸손과 온유와 오래 참음을 옷 입어라. 누가 누구에게 불만이 있거든 서로 용납하여 피차 용서하라. 주께서 너희를 용서하신 것 같이 너희도 그리하라. 이 모든 것 위에 사랑을 더하라, 이는 온전하게 매는 띠니라.[2]

… 무엇에든지 참되며, 무엇에든지 경건하며, 무엇에든지 옳으며, 무엇에든지 정결하며, 무엇에든지 사랑받을 만하며, 무엇에든지 칭찬받을 만하며 — 무엇이 덕이 되거나 칭찬할 만한 것이라면 — 이것들을 생각하라.[3]

그러나 동시에, 신약 성서는 우리가 선한 사람이 되는 것과 관련하여 꽤 나쁜 일을 하고 있음을 분명히 한다.

의인은 없나니, 하나도 없다.[4]

내가 원하는 바 선은 행하지 아니하고, 도리어 원하지 아니하는바, 악을 행하는 도다.[5]

선을 행하기를 원하는 나에게 악이 함께 있는 것이로다. 내 속사람으로는 하나님의 법을 즐거워하되, 내 지체 속에서 한 다른 법이 내 마음의 법과 싸워 내 지체 속에 있는 죄의 법으로 나를 사로잡는 것을 본다.[6]

— 인간의 품성

마음에는 원이로되, 육신이 약하도다.7

사실, 신약 성서에 의해 개요가 드러난 인간 품성의 실태는 우리가 이 책에서 보아왔던 심리학의 연구 결과와 아주 잘 들어맞는 것 같다.8

그러므로 기독교 역시 품성의 괴리를 단언한다. 그것은 세속적 관점과는 다른 방식으로 기독교 안에서 매우 특별한 의미를 갖는다. 하나님은 전지전능하고, 우리의 품성과 매우 친숙하며, 진실로 우리 자신보다 우리의 품성을 더 잘 안다.

> 하나님의 말씀은 … 마음의 생각과 뜻을 판단하신다. 지으신 것이 하나도 그 앞에 나타나지 않음이 없다. 우리의 결산을 받으실 이의 눈앞에 만물이 벌거벗은 것 같이 드러나느니라.9
>
> 하나님은 어둠 속에 감추어진 것을 밝혀내고 사람들의 마음속 생각을 드러내실 것이다. 그때 각 사람에게 하나님으로부터 칭찬이 있으리라.10

기독교에 따르면, 우리의 품성은 어느 날 하나님 앞에 그대로 드러날 것이며, 그럼으로써 우리는 그에 따른 책임을 지게 될 것이다.

이것은 기독교인에게 더 나은 사람이 되고자 노력하는 추가적인 이기적 동기를 낳는다. 아마도 대부분 사람은 자신의 품성 결함과 관련하여 평가받고 처벌받는 것을 원하지 않을 것이다. 또한 우리의 결점을 직시하는 데에서 오는, 특히 우리를 창조했다고 하는 완전한 존재 앞에서 올 수 있는 수치심, 당혹감, 죄책감을 경험하고 싶지도 않을 것이다.

그러나 기독교 관점에서 볼 때 그것만이 더 나은 사람이 되고자 하는 유일한 동기의 원천은 아니다. 사실 그런 동기는 특별히 좋거나 칭찬할 만한 종류의 것도 아니다. 왜냐하면 그 동기는 결국 우리 자신을 염려하고 우리가 처벌, 죄책감, 혹은 쑥스러움을 피하고자 하는 순전히 이기적인 것이기 때문이다.11

기독교인의 삶에는 좀 더 복합적인 동기가 있다. 여기에 기독교인이 더 나은 사람이 되고자 하는 데 동기를 부여하는 세 가지의 이유가 있는데, 그것들은 주로 우리와는 관계가 없다.

1) 하나님은 완전한 사랑, 완전한 정의, 완전한 정직의 특질을 소유한다. 기독교인은 그러한 하나님을 사랑하고, 신뢰하고, 숭배해야 한다. 부분적으로, 그것은 하나님의 완전한 품성을 사랑하는 것을 의미한다. 하나님의 완전한 품성을 사랑하는 데 있어서, 기독교인은 신의 도움 없이는 불가능하다는 것을 인정하는 가운데 하나님의 완전한 품성을 기독교인으로서 자신의 삶에 구현하고자 노력해야 한다. 그래서 하나님의 품성은 기독교인이 그 과정에서 이익을 얻는지의 여부와 관계없이, 기독교인에게 더 나은 사람이 되고자 노력하는 동기를 제공한다.

2) 기독교의 관점에서 볼 때, 예수는 더할 나위 없이 덕망 높은 품성을 소유한 완전한 사람이었다. 기독교인은 자신의 삶이 예수를 닮고자 해야 한다. 그래서 예수의 품성은 기독교인이 그 과정에서 이익을 얻는지의 여부와 관계없이 기독교인에게 더 나은 사람이 되고자 노력하는 동기

— 인간의 품성

를 제공한다.12

3) 감사 또한 강력한 동기 요인이 될 수 있다. 기독교인으로서 세상을 보면, 우주의 창조, 자기 자신의 존재, 하나님으로부터 받는 사랑 등 감사해야 할 것이 무척 많다. 용서 — 하나님이 우리 중의 하나가 되고, 죽고, 인간의 죄와 잘못을 용서하여 다시 살아날 것이라는 것 — 에 대한 무한한 감사 또한 존재한다. 이것은 기독교인이 그 과정에서 이익을 얻는지의 여부와 관계없이, 더 나은 사람이 되고자 하는 동기를 제공할 수 있다.

이 세 가지 이유는 서로 밀접하게 연관되어 있다. 기독교적 관점에서 예수는 완전한 인간이자 완전한 신이다. 예수의 더할 나위 없는 덕망 높은 품성 또한 신의 덕망 높은 품성이었으며, 그는 신으로서 인간의 죄를 용서할 수 있었다.

그런 점에서 전체적으로 볼 때 기독교인에게는 하나님 앞에서 처벌받을 것이 두려워 선한 품성을 계발하고자 하는 이기적인 이유와 함께 자신의 품성이 신의 품성에 예상보다 훨씬 미치지 못한다는 사실에 관심을 갖는 이기적이지 않은 강력한 이유 또한 존재한다. 이것은 기독교인이 자신의 품성이 예수의 품성에 훨씬 못 미치는 것을 신경 써야 하는 강력한 이유가 된다. 이에 대해 기독교인은 어떻게 해야 한다는 것인가? 기독교인은 품성의 간극을 극복하기 위해 어떤 단계를 밟아가고자 노력해야 할까?

분명히 말할 수 있는 것은 기독교인의 의지에서 나오는 어떠한 정서적 지지도 없이 단순한 '머리의 지식'만으로는 결코 충분하지 않다는 것이다. 우리는 예수의 삶과 가르침에 관한 모든 종류의 사실을 알고 있을지도 모른다. 예컨대, 예수의 가르침이 우리가 삶을 살아야 하는 방식이라는 것을 머리로는 인식할 수 있을 것이다. 그러나 바울이 말하는 바와 같이,

나는 내 지체 안에 있는 다른 법이 내 마음의 법과 싸우는 것을 본다.13

따라서 기독교인은 예수가 말하는 바를 아는 것뿐만 아니라 오히려 무엇을 해야 할지를 알고 자신의 의지를 그러한 새로운 방향으로 향하게 할 필요가 있다. 다시 말해서, 머리와 가슴 전부가 예수를 따르는 방향으로 습관화될 필요가 있다. 그러면 은유적으로 말해서 다리는 실제 활동을 확실하게 수행할 것이다.

이것은 분명히 적어도 기독교적 틀 안에서는, 다마스쿠스로 가는 길 위에서 있었던 바울의 개종14과 같은 거의 드문 예외를 제외하고는, 하룻밤 사이에 일어나지 않는다. 오히려 대부분 기독교인의 여정은 많은 장애와 방해로 인하여 앞으로 나아가기가 쉽지 않다. 그것은 곧바른 직선의 과정도 아니다. 어떤 기독교인은 더 나은 사람이 되는 길을 향하여 나아가기보다, 오히려 수년 동안 그 품성이 퇴보할지도 모른다. 기독교인이라고 하여 삶의 종말에 이르면 미덕을 갖춘 사람이 된다는 보장이 없다. 기독교인은 여전히 먼 길을 가야 할지도 모른다. 기독교인

— 인간의 품성

이 잘못된 방식으로 품성 계발을 시작했다면, 기독교를 믿지 않는 누군가가 정직하거나 연민 어린 품성을 계발하는 데 있어서 그 기독교인이 이룬 것보다 도리어 더 많은 진전을 이룰지도 모른다.15

마음속에 이런 배경을 간직하고, 우리가 이 장에서 살펴볼 기독교적 관점에서 품성 계발을 증진할 수 있는 세 가지 방안 중 첫 번째 방안으로 돌아가 보자.

기독교의
의식과 관례

일부 의식과 관례는 애초부터 기독교인 삶의 핵심에 자리해 오고 있다. 여기에는 기도, 성서 읽기, 성인들의 삶을 관조하기, 금식, 죄 고해성사, 자선 베풀기, 교회에 십일조 납부하기, 곤경에 처한 사람들을 도와주기 등이 포함된다.

분명히 이런 의식과 관례의 **주된** 목적이 더 나은 사람이 되는 데에 있는 것은 아닐 것이다. 궁극적으로 기독교인이 하나님을 더 잘 숭배하거나 하나님께 영광을 돌리기 위한 데 목적이 있을 것이다. 그러나 그러한 관례에 관여하는 과정에서, 기독교인은 **아울러** 자신의 품성에 유익한 영향을 미칠 수 있는 구체적인 단계를 밟게 된다.

이는 전부 추상적으로 들린다. 품성 개선에 도움이 되는 그런 단계가 구체적으로 어떻게 작동하는지 예를 들어 살펴보자. 기도를 생각해 보자. 기독교인은 전형적으로 두 사람 중 한 사람 — 하나님이나 예수

(어떤 사람들은 목록에 성모 마리아와 성인들을 추가하고자 하겠지만, 여기에서는 고려하지 않고자 한다) — 에게 기도를 한다. 기독교인은 무엇에 대해 기도하는가? 그들은 전통적인 기도문을 사용하는데, 그 가운데 가장 유명한 것은 주기도문이다.[16]

하늘에 계신 우리 아버지여,

이름이 거룩히 여김을 받으시오며,

나라가 임하시오며,

뜻이 하늘에서 이루어진 것 같이

땅에서도 이루어지이다.

오늘 우리에게 일용할 양식을 주시옵고,

우리가 우리에게 죄지은 자를 사하여 준 것 같이

우리 죄를 사하여 주시옵고,

우리를 시험에 들게 하지 마시옵고,

다만 악에서 구하시옵소서.

나라와 권세와 영광이

아버지께 영원히 있사옵나이다.

아멘.

다른 때에 기독교인은 자신의 개인적인 삶을 반영하는 자신만의 기도문을 만들 수 있을 것이다. 예를 들면, 기독교인은 다음과 같이 기도할 수 있다.

내 아들을 질병으로부터 구해주신 하나님께 감사드립니다. 우리는 아들이 이겨내지 못할 것이라고 생각했습니다.

사라를 내 삶에 안겨주신 하나님을 찬미합니다. 그 아이는 정말 믿기 어려운 축복입니다.

이 말들은 감사를 표현하는 방식이라는 것에 주목하라.

또는 기독교인은 똑같은 기도에서도 다음과 같이 말할 수 있다.

우리는 오늘 밤 기도하기 위해 당신 앞에 왔습니다, 예수님. 산불로 영향을 받았던 노스캐롤라이나 사람들을 도와주십시오. 주님, 우리는 자신의 집을 잃으면 어떨지 상상할 수가 없습니다. 하지만 우리는 당신께서 이 사람들을 위로하고 그들이 가능한 한 빨리 회복하는 길을 찾도록 도와주시길 기도합니다.

예수님, 금전적으로 어려움을 겪고 있는 내 이웃을 도와주십시오. 만약 그것이 당신의 뜻이라면, 그가 직장을 찾도록 도와주십시오. 그에게 문이 열리도록 도와주시고 가능성이 있는 고용주들이 그의 많은 재능을 알아볼 수 있도록 도와주시옵소서.

우리는 여기에서도 공통점을 발견한다. 이런 기도는 모두 다른 사람의 고통에 대한 연민의 표현이며, 또한 우리가 사는 세상의 문제를 해결하지 못하는 우리의 무능력에 대한 겸손의 표현이다.

이제 품성 형성과 관련하여 논의해 보자. 인정하건대, 이런 기도의 일차적인 목적이 기독교인인 자신의 품성을 개선하고자 하는 데 있는 것은 아니다. 그 목적은 하나님께 감사드리는 데 있다. 또는 곤경에 처한 누군가를 도와달라고 하나님에게 요청하는 것이다. 보통은 그렇다. 그렇지만 수년 혹은 수십 년 동안 매일 이런 기도를 할 경우 어떤 효과가 나타날지 상상해 보라. 내가 보기에 그 기도가 그 사람의 품성에 유익한 영향을 미칠 거라고 생각하는 것은 어렵지 않아 보인다. 예컨대, 위의 사례들에서 볼 때, 기독교인인 자신에게서 감사, 연민, 겸손의 미덕이 모두 강화될 수 있을 것이다. "우리가 우리에게 죄지은 자를 사하여준 것 같이, 우리 죄를 사하여 주시옵소서."라고 매일 기도함으로써, 기독교인은 일반적으로 좀 더 용서하는 사람이 될 수 있다.[17]

여기에 또 다른 의식인 고해성사가 있다. 신부에게 보다 공식적으로 하든, 아니면 동료 기독교인, 배우자, 혹은 소규모 신도들의 집단에서 비공식적으로 하든, 기독교인은 고해성사를 통해 자신의 죄를 드러낸다. 또는 그야말로 하나님에게 직접 죄를 고백하기도 한다. 기독교적 관점에서 볼 때, 여기에서도 주된 목적이 덕망을 갖춘 사람이 되는 데 있는 것은 아니지만, 품성에 미치는 긍정적인 효과가 고해성사를 하는 과정에서 어떻게 일어날지를 예상하는 것은 역시 어렵지 않다. 거짓말이나 절도, 혹은 외도를 인정하는 것은 커다란 **용기**가 필요하다. 우리는 흔히 우리의 가장 깊숙한 곳에 들어 있는 비밀이나 비행이 다른 사람, 특히 우리가 좋아하길 바라고 우리를 칭송하는 사람들 앞에 드러나는 것을 두려워한다. 고백성사는 다른 사람들과 개인적 정보를 깊게 공유함으로써 그들에게서 우리의 **신뢰**를 강화시킬 수 있는바, 그것은 또 다른 미덕이다. 우리가 저질렀던 비행을 인정하기 위해서는 **겸손**해야 한다. 다른 사람들이 우리를 용서하고, 우리가 하나님의 용서를 경험할 때, 우리는 더 **용서**를 베풀 수 있다. 기독교인은 용서받는 것에 감사한다. 바라건대, 잘못을 고백하는 것은 기독교인이 똑같은 잘못을 미래에 반복하지 않도록 할 것이다. 기독교인은 죄를 직시하고 고백함으로써 죄를 더욱 싫어하고 그럼으로써 자신의 삶을 변화시키고자 하는 결심을 강화할 수 있다. 보다 덕망 있는 사람이 된다는 것은 도덕적이지 않은 일을 그만둔다는 것을 의미한다.[18]

세 번째로 십일조의 관례를 생각해 보자. 그것은 기독교인이 자기 수입의 일정 비율을 떼어 교회나 자선단체에 기부하는 것을 말한다. 전통적인 비율은 10%이지만, 이 비율은 여기에서 중요하지 않다. 중요한 것은 십일조가 기독교인으로서 금전적뿐만 아니라 동기적인 측면에서도 매달 그렇게 많은 돈을 내야 하냐는 유혹과 투쟁해야 하는 어려운 약속이라는 것이다. 그러나 다른 관례들과 마찬가지로 시간이 흐르면서 매달 십일조를 내는 행동은 일상이 되고, 제2의 천성이 되며, 무의식적인 의례가 될 수 있다. 유혹과 투쟁은 약화되고, 그러면서 **관후의 미덕**은 강화된다. 교회를 향해서가 아니라, 곤경에 처한 사람들을 향해서.

기독교의 관례들이 품성 계발에 미치는 영향은 매우 분명하며, 우리는 그런 영향이 금식(절제와 자제), 성서 읽기(믿음, 이해, 지혜, 자제), 예배(겸손, 사랑, 믿음, 감사)와 같은 다른 경우에서도 어떻게 적용될 수 있는지를 이해할 수 있다. 만약 모든 일이 순조롭게 풀린다면, 기독교적 관점에서 볼 때, 기독교인은 자신이 그것을 인지하는지의 여부와 관계없이 결국 자신의 관심을 보다 더 나은 길(머리 부분)로 향하게 하고 자신의 동기를 그에 따라 반응하도록(가슴 부분) 방향을 전환할 것이다. 다시 말해서, 기독교인이 말하는 바와 같이, 머리와 가슴이 유덕한 방식으로 조정된다.[19]

흥미롭게도, 이러한 의식과 관례가 앞의 두 장의 품성 계발 전략들을 대체하는 것으로 보이지는 않는다. 기독교인은 의식과 관례에 여러 가지 추가적인 자원을 더하면서 품성 계발 전략들이 제공할 수 있는 것의 많은 부분을 받아들였다. 예를 들면, 일반 교회에는 십자가 같이 주의를 환기시키는 것들로 가득 차 있다. 한동안 많은 기독교인은 자신의 역할 모델이 무엇을 할 것인지를 회상하고자 WWJD(예수님이라면 무엇을 하실까)가 새겨진 팔찌를 착용하였다(그리고 오늘날에도 많은 기독교인은 여전히 십자가가 있는 목걸이를 하고 있다). 기독교인 개개인은 신약 성서에서 '성인'이라고 불리기도 한다(물론, 기독교인이 항상 성인처럼 행동하기 때문은 아니다).[20] 성서는 기독교인에게 미덕의 꼬리표를 붙여줌으로써 미덕이 기독교인의 정체성 일부가 되게 한다. 내가 보기에 기독교인은 우리가 앞에서 보았던 전략들을 무시할 이유가 전혀 없으며, 오히려 지속해서 그런 전략들을 강화하는 방법을 모색할 필요가 있다.

마지막으로, 위에서 언급한 의식과 관례는 기독교에 국한된 것이 아니라 다른 세계 주요 종교들에서도 발견할 수 있다. 기독교인만이 보다 높은 존재에게 기도하거나, 자신의 죄를 고백하거나, 십일조를 납부하는 것은 결코 아니다. 이 장에서는 기독교에 특별히 초점을 두고 있지

만, 그 요점은 보다 일반적으로 적용될 수 있다.21

기독교적
품성 계발의
사회적 차원

여러 가지 의식과 관례 외에도 기독교적 관점에서 품성 계발과 관련하여 말할 수 있는 것들이 더 있다. 사실, 내가 지금까지 그렸던 그림은 중요한 측면에서 상당히 편향되어 있다. 나는 기독교인이 각각 혼자서 품성의 괴리를 극복하는 것처럼 말했다. 기독교인은 반드시 옳은 방식으로 각자 무언가를 해야 할 필요가 있으며, 그럼으로써 시간이 지나면서(그리고 하나님의 도움으로) 점차 더 나은 사람으로 거듭날 것이다.

그렇다. 그렇게 할 수도 있을 것이며, 실제로 기독교적 품성과 관련한 가장 유명한 가르침들 가운데 일부는 매우 고독한 삶을 살았던 사람들로부터 나왔다. 특히 극적인 사례는 서기 388년경에 어디에선가 태어났던 기둥 수도자들의 시조인 성 시메온 스타일러스St. Simeon Stylites이다. 다음은 그의 행적에 관한 묘사이다.

시메온은 그 꼭대기에 자그마한 연단이 있는 기둥을 세우고, 죽음이 그를 해방할 때까지 그 위를 자신의 거처로 삼기로 하였다. 처음에는 그 기둥이 9피트 정도의 높이였으나, 그 뒤에 다른 기둥들로 대체되었으며, 마지막에는 지면으로부터 높이가 50피트 이상에 이르렀다.22

비바람을 막는 시설도 없었다. 침대도 없었다. 편의시설이라고는 아무것도 없었다. 기둥 위에 그저 달랑 연단만 있었다. 오직 그에게 생존에 필요한 음식을 제공해 주는 지역 주민과 그의 제자들만 있었을 뿐이었다. 시메온은 그곳에 36년간 머물렀다. 믿기 어려운 일이다.

나는 시메온과 같은 사람을 결코 폄하하고 싶은 생각이 전혀 없다. 그가 했던 일에 수반된 자제력과 수련법은 오늘날 우리의 서구 문화에서는 거의 상상도 할 수 없는 일이며, 내가 앞으로 인생을 살면서 알게 될 그 어떤 일보다 더 대단하다. 그러나 그러한 격리 생활은 기독교 전통에서는 규칙이라기보다는 예외에 속한다. 사실, 시메온도 다른 사람들과 함께 생활하는 중요성을 인정하였다. 우리는 다음을 통해 그 사실을 알 수 있다.

시메온은 기둥 중 가장 높았던 기둥 위에서도 그의 동료들과 교류하는 것을 중단하지 않았다. 방문자들은 그 옆으로 항상 세울 수 있었던 사다리를 통해 올라갈 수 있었다. 그리고 그가 지금도 여전히 그 일부가 남아 있는 편지를 썼고, 제자들을 가르쳤으며, 또한 그 아래에 모인 사람들에게 연설을 했다는 것을 우리는 알고 있다.[23]

다시 말하면, 시메온은 한 몸, 즉 교회의 일부로서 동료 기독교인들과 함께 항상 기독교 관례에 관여해 왔다.

기독교인이 기도할 때, 그들은 보통 다른 사람들과 함께한다. 기독교인 가족들은 저녁 식탁에서 축복의 기도를 올린다. 기독교인은 교회나 작은 집단에서 기도해 달라고 부탁한다. 그들은 함께 주기도문을 암송

한다.

기독교인은 자신의 죄를 하나님에게 고백한다. 아울러 그들은 흔히 동료 신자들에게, 혹은 신부, 목사, 배우자, 신뢰하는 친구에게 고백한다. 혹은 그들은 봉사의 일환으로 함께 고백성사를 한다.

기독교인은 십일조를 내거나 보다 일반적으로는 기부를 할 때, 헌금 접시가 지나가는 공적인 장에서 여러 신자들과 한 몸이 될 수 있다.

예배를 할 때, 기독교인은 수십 명, 수백 명, 혹은 심지어 수천 명의 사람들이 하나가 되어 한목소리로 기도하고, 노래하며, 웃는다.

이러한 사회적 차원이 중요한 까닭은 무엇일까? 여러 가지 이유가 있다. 여기에서는 그 가운데 몇 가지를 제시해 본다. 내 생각에 가장 중요한 것은 **지지**이다. 기독교인은 자신이 하나님을 사랑하고 자신처럼 이웃을 사랑하는 데 헌신한다고 말한 수백 만 명의 동료 신자들과 같은 공동체라는 것을 알게 된다. 달리 말하면, 기독교인은 혼자가 아니다. 조언이 필요할 경우, 의지할 사람들이 있다. 어려운 시기에 봉착할 경우, 기독교인은 난관을 혼자 극복할 필요가 없다. 그 사람은 자신을 위해 기도하고, 조언을 공유하고, 음식을 제공해 주고, 아마 심지어는 금전적 지원도 제공해 줄 수 있는 사람들이 곁에 있다. 기독교인은 죄악으로 괴로울 때 목사나 신부 또는 동료 기독교인에게 다가가 교회에서 그 죄를 드러내고, 하나님에게 용서를 구하며, 하나님의 도움으로 죄를 근절할 수 있는 계획을 세울 수 있다.24

이것은 기독교에서 사회적 차원이 품성 계발에 왜 중요한지에 대한 또 다른 이유를 부각시켜 준다. 그것은 커다란 위안의 원천이 될 수 있다는 것이다. 많은 기독교인에게 있어서 다른 무엇보다 더 나은 사람이 되고자 하는 길 위에 함께 노력하고 있는 사람이 많이 있다는 것을 지각하는 것은 위안이 된다. 더욱이 그것이 어느 기독교인에게도 쉬운 길이 아니며, 모든 사람이 개인적, 집단적으로 노력해야 하는 것임을 아는 것은 큰 위안이 될 수 있다.

고난을 겪을 때 기독교 공동체에 소속되어 있으면, 그 사람은 그 공동체를 통해서 기독교인이 일상의 삶에서 따라야 할 영적 모범을 보여주는 많은 **역할 모델**을 만날 수 있다. 이것은 앞 장에서 살펴본 바와 같이 자신의 삶에 미덕의 귀감이 있다는 것이 얼마나 중요한지를 떠올리게 한다. 기독교 전통에는 다른 종교 전통들과 마찬가지로 분명히 그런 위대한 귀감이 매우 많이 존재한다. 그 귀감은 완벽한 역할 모델인 예수로부터 시작한다. 구약 성서의 인물들뿐만 아니라 예수의 초기 제자들과 추종자들 역시 귀감이다. 그들은 아시시의 성 프란체스코St. Francis 와 같이 성인이나 다른 영적 지도자의 형식으로 역사를 통해 전해져오고 있다. 귀감은 오늘날에도 마더 테레사, C.S. 루이스, 그리고 교황 요한 바오로 2세와 같은 사람들로 이어지고 있다. 가까이로는, 특히 성스러운 신도나 영적으로 깊은 친척이나 친구가 역할 모델이 될 수 있을 것이다.

따라서 기독교인에게 있어서 역할 모델은 단순히 텔레비전에서 보거나 인터넷에서 읽는 어떤 누군가가 되어야 할 필요가 없다. 역할 모델은 그들의 삶에 있는 개인적 인물, 예컨대 이상적으로 다른 기독교인들을 기꺼이 **제자**로 삼는 종교적 멘토로 기여하는 사람도 될 수 있다.

이러한 개인적 모델은 함께 기도하고, 성서를 함께 읽고, 서로 책임을 지며, 보다 일반적으로는 자신의 삶을 함께 공유하는 형식을 취할 수 있을 것이다. 그러한 환경에서 그 사람은 죄를 고백하고 점차 더 나은 사람으로 나아갈 수 있다.

　적어도 기독교적 관점에서 볼 때, 이러한 모든 사회적 차원은 품성의 괴리를 극복하는 데 있어서 실질적인 차이를 만들어 낼 수 있다. 물론 많은 다른 사회적 차원이 존재하지만, 다른 내용으로 넘어가기 전에 여기에서 한 가지만 더 언급하고자 한다. 그것은 **교회권징**Church Discipline 이다. 일부 기독교인은 이를 논의하는 것에 대해 부끄러워하지만, 내내 신약 성서 그 자체로 되돌아가는 주제이기도 하다. 기독교에는 동료 기독교인 가운데 잘못을 저지른 사람을 다루기 위한 지침이 있다. 예수는 다음과 같이 말했다.

> 네 형제가 죄를 범하거든, 가서 너와 그 사람과만 상대하여 권고하라. 만
> 일 들으면, 너는 네 형제를 얻은 것이다. 만일 듣지 않거든, 한두 사람을
> 데리고 가서, "두세 증인의 입으로 말마다 확증하게 하라." 만일 그들의
> 말도 듣지 않거든, 교회에 말하라. 그리고 만일 교회의 말도 듣지 않거든,
> 그를 이방인과 세리와 같이 여기라.25

　만약 애정 어린 방식에서 행해질 경우, 이런 권징은 그 기독교인의 인생에서 무언가 잘못된 것에 대해 그의 눈을 뜨게 하는 데 도움이 될 수 있다. 그때 교회권징은 하나님이 그 사람을 자신의 곁으로 더 가까이 데려오는 데 사용할 수 있는 꼭 필요한 모닝콜 역할을 할 수 있다.

결국에, 그 기독교인의 품성은 이러한 교회권징의 과정으로 인해 훨씬 더 나아질 수 있다.[26]

분명히 이것은 기독교적 관점의 품성을 형성하는 데 있어서 다른 사람들이 어떤 역할을 할 수 있는지에 관한 훨씬 더 큰 논의 가운데 극히 일부일 뿐이다. 또한 우리는 이 절에서 논의된 여러 요점이 다른 세계적 종교에서도 마찬가지로 적용된다는 점을 유념해야 한다. 예컨대 공동체에서의 예배, 역할 모델, 권징은 오직 기독교에만 있는 것이 아니다.[27]

이런 주장을 뒷받침하는 경험적 근거가 있는가?

종교적 의식과 관례가 개인으로 수행되든 집단으로 수행되든 관계없이, 우리는 종교적 의식과 관례가 품성 계발에 큰 영향을 미칠 수 있는 다양한 방식을 검토하고 있다. 물론 이는 기독교인의 세계관에 따른 것이다. 하지만 그런 관례가 **실제로** 기독교인의 품성 계발에 영향을 미친다는 확실한 증거가 있는가?

그 대답은 분명히 '예'일 것이다. 대부분의 기독교인은 그 증거로 자신의 삶이나 자신이 아는 사람들의 삶을 들 것이다. 또한 그들은 2천년 이상 지난 기독교 성인들의 삶을 그 예로 지적할지도 모른다. 그러나 우리가 경험적 척도를 근거의 기준으로 본다면, 그 대답은 많이 우울해진다.

이것은 놀라운 일이 아니다. 우리가 품성 계발과 관련한 기독교 관례의 영향을 실제로 검증하고자 한다면, 최근에 개종한 기독교인 집단과 통제 집단으로서 비종교인들을 함께 실험 집단으로 구성하는 것이 이상적일 것이다. 우리는 그들의 품성에 관하여 초기 기준 평가를 수행 ― 두 집단 구성원 각자의 정직, 연민, 겸손 등에 관하여 잘 읽어내려고 노력 ― 할 수 있을 것이다. 그런 다음, 수개월 혹은 수년이 지난 후, 동일한 참가자들을 대상으로 주기적으로 똑같은 품성 평가를 반복할 수 있을 것이다. 연구가 끝날 무렵, 우리는 두 집단의 각 개인에게 느 정도의 진보가 일어났는지 전후 비교를 통하여 알 수 있을 것이다.

그러나 이것은 어디까지나 이상적인 구상일 뿐이다. 앞 장에서 지적했던 바와 같이, 수년 동안 사람들을 추적하는 연구는 심리학에서 찾아보기 매우 힘들다. 그런 연구는 많은 비용이 들고, 일부 참가자들이 연구에서 빠져나거나 다른 곳으로 이사를 가버리기 때문에 그렇게 긴 기간 동안 사람들을 추적하는 것이 어렵고, 연구자가 출판과 발표 등을 통해 그 분야에서 전문성을 발휘하는 데 시간상 별 도움이 되지 않기 때문이다. 더욱이 품성 평가는 매우 정교하게 수행될 필요가 있다. 그저 단순히 참가자들에게 그들의 정직이나 겸손의 수준에 관하여 묻는 질문을 담은 설문지에 답하라고 하는 것은 별 의미가 없다. 그리고 수많은 교란 변수가 존재한다. 기독교에는 많은 분파와 교파가 있다. 비종교인인 참가자 중 일부는 성장 과정에서 종교적인 훈육을 받았으나 이후 종교로부터 멀어진 경우도 있을 수 있다. 직장에서 해고당하고,

결혼하거나 이혼한 것과 같이 중요한 다른 삶의 변화들은 또 어떤가? 이런 종류의 연구는 정말이지 너무 복잡하다.

그래서 나는 우리가 최고의 심리 측정 도구를 사용하여 종단적 연구를 수행한다고 하더라도 이런 종교적 관례의 효과에 관한 풍부한 자료를 얻을 수 있을지 의문스럽다. 하지만 그래도 뭔가가 있다.

최근 몇 년 동안 심리학자, 사회학자, 경제학자, 그리고 그 외 분야의 연구자들은 각기 다른 종교성의 척도 — 예배의 참여 빈도, 혹은 기도의 빈도와 같은 — 와 여러 가지 중요한 사회적 재화 — 교육과 범죄 예방과 같은 — 간의 관계를 밝힌 수십 편의 연구를 수행하였다. 똑같은 사람들을 수년간 추적하는 대신에, 연구자들은 사람들에게 그들의 종교 생활과 연구자가 관심을 갖는 몇 가지 행동에 관하여 질문을 하였다. 여기에 그들이 발견하였던 연구 결과가 있다.[28]

■ 범죄 예방

사회학자인 텍사스 대학교 샌안토니오 캠퍼스의 크리스토퍼 엘리슨 Christopher Ellison과 웨스턴 워싱턴 대학교의 크리스틴 앤더슨 Kristin Anderson 은 가정 내 폭력이 일주일에 한 번 혹은 그 이상 종교 예배에 참여하는 남성들에 비해 교회에 나가지 않는 남성 조사 참여자들에게서 60.7%가 더 높은 것을 발견하였다. 그들의 관계 파트너들에게 직접 물었을 때, 가정 내 폭력의 비율이 교회에 나가지 않는 사람들의 집단에서 여전히 48.7% 높은 것으로 나타났다.

여성들에 의해 이루어진 폭력의 경우, 그 비율이 교회에 나가지 않는 집단에서 44.2% 더 높았다. 가정 내 폭력에 관한 질문을 받은 사람이 관계 파트너였을 때에도 교회에 나가지 않는 집단에서 34.8%가 더 높았다.29

더 넓게 볼 경우, 또 다른 연구는 종교적 참가와 43가지의 서로 다른 범죄율에서의 감소가 관계가 있다고 하였다.30 경제학자들 또한 다양한 종교성 척도와 지역 범죄의 감소 간에 의미 있는 관계가 있다고 말하였다.31

■ 교육

또 다른 사회학자들인 텍사스 대학교 오스틴 캠퍼스의 마크 레네루스 Mark Regnerus와 노스캐롤라이나 대학교 채플 힐 캠퍼스의 글렌 엘더Glen Elder는 다양한 종교성 척도와 7학년에서 12학년 학생들이 궤도에 머물러 있는지 여부의 관련성을 조사하였다.32 '궤도'의 개념은 평균 평점, 숙제의 완성, 교사들과의 친밀 관계, 퇴학, 정학, 무단결석의 종합체로서 특별히 학문적으로 정의되었다. 그들은 예배 참가와 궤도에 머물러 있는 것 간의 상관관계를 발견하였는데, 이 관계는 특히 빈곤 비율이 높은 이웃들에게서 두드러지게 나타났다. 이에 그들은 다음과 같이 기술하였다. "빈곤의 정도가 이웃들에게서 증가하면서, 예배 참가와 궤도상의 변화 간의 관계가 좀 더 긍정적으로 변했다."33

또 다른 연구는 종교적 관여가 "후속적으로(2년 후) 더 높은 수업 참여율뿐만 아니라 부모의 더 높은 교육적 기대, 부모와의 학교생활에 관한 더 광범한 대화, 더 높아진 수학 학점, 과제에 더 많은 시간 투입, 성공적인 학위 이수 등과 연관이 있다"34라고 보고하였다. 이와 유사한 결과를 보여주는 연구가 더 있다.35

■ 건강 혜택

우리는 종교성 척도가 자살률의 감소,[36] 낮은 약물 남용,[37] 보건 의료 활용의 증가,[38] 흡연의 감소,[39] 알코올 남용의 감소,[40] 더 건강한 생활양식,[41] 정신건강의 증진,[42] 심지어 사망률[43]과 의미 있게 연관된다는 것을 알 수 있다.

이런 경향 중 한 가지만 좀 더 상세히 밝힌다면, 시나이 도시 건강 연구소의 모린 라인들 벤자민스Maureen Reindl Benjamins와 그녀의 동료들은 1,070명의 장로교 여성 교인 가운데 75%가 지난 2년 동안 유방 전용 X선 촬영을 한 사실을 알았다. 당시의 국가 평균은 똑같은 연령 집단에서 56%인 것으로 나타났다. 또한 벤자민스는 매주 종교 예배에 참여하는 것을 변수로 하여 연구한 결과, 규칙적으로 참여하는 사람들은 자주 참여하지 않는 사람들보다 유방 전용 X선 촬영을 거의 2배 정도 더 한 것을 발견하였다.[44]

■ 주관적 안녕감

크리스토퍼 엘리슨Christopher Ellison은 종교적 확신(한 사람의 종교적 신념에 대한 확신의 정도)과 관련한 연구를 하였다. 그는 종교적 확신이 기독교인의 삶의 만족과 직접적으로 연관된다는 것을 발견하였다. 그것은 다음과 같은 여러 차원을 가지고 있다. 여러분은 자신의 공동체 생활, 비업무 활동이나 취미, 가정생활, 우정, 건강에 얼마나 만족하고 있는가? 이에 대해 기독교인들이 스스로 판단하고 보고한 결과에 따르면, 종교적 확신은 이러한 여러 차원에서 개인적으로 행복이 증대하고 스트레스가 감소하는

것과 긍정적인 관계가 있었다.45

혼인 여부, 근로 현황, 교육이 우리의 삶이 얼마나 잘 유지되고 있다고 생각하는지에 많은 역할을 하는 것과 마찬가지로, 다른 연구들은 종교 또한 이에 많은 역할을 한다고 보고한다.46 종교성 또한 가정생활, 금전, 우정, 건강과 관련하여 한 사람의 만족 경향성을 예견해 준다.47 다른 연구들은 사회적 지지48의 증가, 결혼 만족 및 적응49과 연관성이 있음을 발견하였다.

■ 자선

전 시러큐스 대학교 경영학 교수였던 아서 브룩스Arthur Brooks는 자선적 기부에 관한 몇 가지 놀라운 자료를 보고하였다.50 규칙적으로 예배에 참여하는 사람들은 더 기부하는 것으로 나타났다(66%에 비해 91%). 자원봉사와 관련해서, 그들은 거의 참석하지 않거나 아예 참석하지 않는 사람들을 능가하였다(44%에 비해 67%). 특히 2000년에 수행한 연구에 따르면, 규칙적으로 참여하는 사람들은 매년 3.5배 더 많은 돈을 기부하고 있다(2,210달러 대 642달러). 그리고 그들은 2배 이상 더 자원봉사를 하였다(12번 대 5.8번). 브룩스는 기도하는 빈도, 영적 강렬함, 참여율과 관계없이 단순히 신자들의 일원이 되는 것과 같은 다른 척도로 바꾸었을 때도 똑같은 양상이 유지된다는 것을 발견하였다. 그 양상은 또한 다음과 같은 다른 자선 형태에서도 유지되었다. "2002년에, 종교인들은 세속인들보다 헌혈하는 데, 노숙자들에게 음식과 돈을 주는 데, 출납원의 실수로 잘못 지급된 돈을 돌려주는 데, 불운한 사람들에게 동정을 표현하는 데 훨씬 더 적극적이고 또한 많이 참여하는 것으로 나타났다. … 종교인들은 한 달에 최소한 한 번 노숙자를 돕는 일에 참여할 가능성이 세속인들보다 57% 더 높았다."[51]

여기에 연구 결과가 한 가지 더 있다. 근본주의자, 복음주의교회신자, 주류, 진보적 개신교도의 20%는 지난 2년 동안 가난한 자들에 초점을 맞추는 기관에 적절한 때에 '많은' 돈을 내놓았다고 말했다. 이와 대조적으로, 종교인이 아닌 참가자들의 9.5%만이 그렇게 하였다고 말했다.[52]

2002년 청년과 종교에 대한 전국적 연구 보고서는 광범위한 이 모든 결과를 요약할 수 있는 하나의 방안을 제공해 준다. 그 보고서는 2,478명의 12학년 학생들이 그들이 직면하는 많은 문제에 대해 말했던 것을 연구하였으며, 많은 다른 결과 중에서 다음과 같은 것을 발견하였다.[53]

	매주 종교 예배에 참여	종교 없음
흡연을 규칙적으로 피했다	88.1%	73.2%
지난 12개월 동안 마약을 팔지 않았다	93.3%	81.6%
지난 12개월 동안 중독성 마약을 하지 않았다	80.2%	62.9%
운전 딱지를 받지 않았다	71.9%	63.0%
지난 12개월 동안 경찰과 문제를 빚지 않았다	93.6%	86.3%
지난 12개월 동안 결코 가게 물건을 훔치지 않았다	76.3%	65.9%
지난 학년에 결코 학교를 빠지지 않았다	47.8%	31.0%
결코 정학당하거나 퇴학당하지 않았다	82.2%	70.9%

지역사회 봉사나 자원봉사를 결코 하지 않았다	13.1%	37.8%
학생자치회에 결코 참여하지 않았다	71.6%	84.5%
매일 규칙적인 운동이나 연습을 하지 않았다	51.4%	66.4%

종교가 학생들에게 얼마나 중요한지 또는 그들이 청년종교단체에서 보낸 기간이 어느 정도인지로 전환해도 동일한 양상이 유지된다.

나는 계속해서 나열할 수 있다. 즉, 이와 유사한 연관성을 보여주는 **수백** 편의 연구가 있다.54 그러나 그들 모두는 똑같은 한계를 공유하고 있으며, 그에 대해 솔직해지는 것은 중요하다. 이 연구들은 그저 단순 상관관계를 밝힌 것으로, 우리 모두는 그런 상관관계가 곧 인과관계는 아니라는 것을 안다. 그래서 우리는 이런 연구 결과만을 보고 무엇이 무엇을 유발하는지 알지 못한다. 그 사람은 애초에 범죄 행위 비율이 낮고, 기부 행위 비율이 높으며 건강 문제가 없는 사람, 종교를 선호하는 사람일지도 모른다. 만약 그렇다면, 그땐 이런 연구가 이 장의 관심사에 별다른 도움이 되지 않는다.

나는 우리가 오늘날 구할 수 있는 현존하는 경험적 연구들을 활용하여 인과적 문제를 풀어갈 수 있는 방법을 알지 못한다. 그래서 나는 만약 종교적 관례가 이런 행동에 어떤 인과적 영향을 미치지 않았다면 충격을 받을 것이라는 나의 개인적 의견을 표명할 수 있을 뿐이다. 또한 거꾸로 만약 그런 행동이 종교적 관례에 어떤 영향을 미치지 않았다면 충격을 받을 것이다. 나는 **양방향**에서 인과 화살이 날아가는 것으로 생각하기 때문이다.

한 가지 예로, 규칙적으로 예배에 참가하는 사람들은 자선단체에 기부할 가능성이 25% 더 높다는 연구결과를 보자.[55] 다시 기독교의 경우에 초점을 맞춘다면, 만약 교회가 내내 자선을 강조하지만 기부금을 늘리는 데 어떤 영향을 미치지 않았다면 난 충격을 받을 것이다. 그 주제에 대해 설교가 자주 행해진다. 헌금 접시가 예배를 볼 때마다 지나간다. 신약 성서에 수많은 구절이 기부의 중요성을 강조한다.

> 범사에 여러분에게 모본을 보여준 바와 같이, 수고하여 약한 사람들을 돕고, 또 주 예수께서 친히 말씀하신바, "주는 것이 받는 것보다 복이 있다." 하심을 기억하여야 할지니라.[56]

역할 모델이 자선 단체에 기부하는 것을 본다. 교회는 보통 가치 있는 이유를 위해 기부금을 늘리고자 해마다 여러 차례 모금행사를 벌인다.

심리적으로 볼 때, 우선 이런 일들은 그러한 영역에서 생활하는 기독교인에게 도덕적으로 기대되는 바를 되풀이하여 떠올리는 효과를 발휘할 것으로 보인다. 의미 있는 기부는 일반적인 것이지, 예외가 아니다. 둘째, 이런 영향은 이러한 도덕적 기대를 기독교인에게 **가장 중요한 것**으로 만드는 효과를 발휘할 수 있다. 우리가 6장에서 명예 제도와 십계명이 부정행위를 억제할 수 있다는 것을 보았던 것과 유사하게, 다른 사람을 돕는 일이 중요하다는 것을 이렇게 현실적으로 회상시켜 주는 일은 기독교인을 고무하여 실제로 기부를 실천할 수 있도록 할 수 있다.

종교적 관례가 위에서 검토했던 다른 좋은 결과를 초래하는 데 도움이 될 수 있는 것과 관련하여 유사한 심리적 이야기를 할 수 있다. 나는 많은 기독교인이 그런 이야기들이 설득력이 있음을 인정할 것으로 본다. 그러나 그것들이 실제로 일어나고 있는 일에 대한 정확한 설명인지 그리고 그럼으로써 우리가 지적했던 상관관계를 설명하는지의 여부는 지켜봐야 한다.

그런데 이 모든 것이 도대체 **품성**과 어떤 관련이 있다는 것인가? 우리는 여기에서 좀 더 유의할 필요가 있다. 종교인이 되는 것과 많은 좋은 일, 예컨대 건강, 기부, 범죄의 감소와 같은 일들과의 긍정적인 관계 ― 그것이 어느 정도 인관관계로 보인다고 할지라도 ― 를 발견하는 것은 별개의 일이다. 종교인이 되는 것과 **덕망** 있는 사람이 되는 것 사이의 긍정적인 관계를 발견하는 것은 다른 문제라는 것이다.

자선단체에 기부하는 것을 예로 들어 논의해 보자. 종교 신자들이 수표를 발행하거나 헌금 접시가 주변으로 지나갈 때 **동기**의 수준에서 어떤 일이 일어나고 있을까? (어떤) 종교적 관례는 다른 사람들에 대한 진정한 연민의 감정을 불러일으키고, 이런 연민 어린 동기는 거꾸로 기부를 증가시키는 데 도움이 될 수 있을 것이다. 그러나 오히려 기부의 증가가 종교와 연관된 어떤 이기적 동기, 예컨대 사후의 보상에 대한 욕망 때문일 수도 있을 것이다. 그런 경우에는 종교적 의식과 관례가 연민 어린 품성에 중요하게 기여한다는 생각을 지지하기가 어려워질 것이다.

내 추측에 따른다면, 진실은 그 중간쯤 어딘가에 있을 것으로 보인다. 신앙심이 있다고 보고하는 모든 사람의 동기에 대해 이를 일반화시켜 말하기는 어렵다. 그들이 특히 행동을 잘 할 경우, 그것은 그들의 종교적 관례들이 그들을 더 나은 사람으로 형성시켰기 때문일 가능성이 있다. 그러나 아쉽게도 우리에게는 종교 신자들이 어떤 동기에서 종교 활동을 하는지를 정확하게 단정 지을 수 있는 자료가 거의 없다.57

후반부 몇 개의 장에서 했던 말을 반복하자면, 우리는 몇 가지 흥미롭고 시사적인 예비 결과를 갖고 있지만, 아직은 더 많은 자료가 등장할 때까지 유의해야 한다. 풍부한 경험적 연구가 뒷받침하지 않는 한, 품성 계발에 관한 종교적 의식과 관례의 효과에 대한 결론은 아직 확실치 않다.58

기독교(그리고 다른 종교들)로 인한 해악은 어떤가?

잠깐, 여러분은 위와 같이 말할 수도 있을 것이다. 바로 앞의 마지막 주의의 말에도 불구하고, 이 장에서 나는 전반적으로 종교와 품성에 대해 너무 지나치게 장밋빛 그림을 그려왔다. 수 세기를 통하여 종교의 이름으로 행해져왔던 모든 해악은 어떤가? 그동안 겪어왔던 모든 박해, 편협함, 증오는 어떤가? 종교가 무장테러단체 ISIS 구성원들의 품성을 더 낮게 형성하는 데 무슨 도움을 주었는가? 종교는 종교 재판, 십자군 전쟁, 혹은 세일럼 마녀재판 *역주: 1692년 미국 매사추세츠주 세일럼 빌이 자행되는 동안 인간의 도덕적 품성을 과연 어떻게 개선했는가?

여기에서 걱정되는 것은 종교적 신념과 관례가 전반적으로 선보다는 해악을 더 많이 저지르는 경향이 있다고 단정해 버리는 것이다. 그렇지만 종교에 의해 고무되어 다른 사람들에게 해악을 끼쳤다는 점과 신자 자신의 품성에 악영향을 미쳤다는 점 두 가지는 전부 사실이다.

이건 매우 심각한 문제라고 생각한다. 하지만 유효한 대답도 있다. 그런 대답을 마련하는 과정에서, 나는 이 장에서 언급된 접근방식을 보다 세심하게 다듬을 수 있을 것이다.

다시 기독교에 초점을 맞추자. 우린 지난 2천 년 동안 소위 말하는 '기독교인'이 예수의 이름으로 끔찍한 잔혹 행위를 저질러 왔다는 것을 부정하기는 어렵다. 오늘날 모든 기독교인은 이런 끔찍한 사실을 인정해야 하며, 모든 다른 세계의 주요 종교들도 마찬가지다. 세계 주요 종교는 모두 역사 속에 부끄러운 순간을 갖고 있다.

그러나 잔혹 행위를 저지른 것과 관련하여 보면, 세속적인 세계관 또한 더 나은 기록을 가진 것 같지는 않다. 우리 모두는 일부 무신론자들이 자신의 특정한 세계관에 기초하여 끔찍한 잔혹 행위를 저질러 왔다는 것을 알고 있다. 사실, 20세기는 대형 무덤, 강제노동수용소, 그리고 집단수용소들로 넘쳐났던, 주장하건대 인류 역사에서 가장 피비린내가 진동했고 또한 가장 끔찍했던 세기였다. 이런 잔혹 행위들은 이념적으로 나치즘, 스탈린주의, 모택동주의와 같은 세속적 세계관으로 거슬러 올라갈 수 있다. 여기에 일부 이런 지도자에 의해 초래된 대학살의 실상을 보여주는 개략적 추정치가 있다.

모택동	4천 5백만 명 인명 손실[59]
스탈린	2천 만 명 인명 손실[60]
히틀러	1천 8백만 명 인명 손실[61]
폴 포트	1백 70만 명 인명 손실[62]

우리는 이 놀라운 수치들을 어떻게 생각해야 할까?

현재 우리의 논의와 관련해 보면, 결국 이러한 수치는 우리 모두가 도덕적 비난을 받을 만한 세속적 세계관이 존재한다는 것에 동의해야 한다는 것을 웅변적으로 보여준다. 무신론자는 자신을 선동하거나 이용하는 어떤 누구에 대해서도 반대하는 일에 종교 신자들과 힘을 합쳐야 한다. 예컨대, 모든 사람은 강제수용소와 나치 집단수용소를 생기게 했던 그런 세속적 이념에서는 수용할 만한 것이 없다는 것에 동의해야 한다.

그 대신, 무신론자의 입장에서 보면, 오직 **합리적인** 세속적 사고의 견해만을 진지하게 고려해야 할 것이다. 합리적인 견해는 세속적 사고가 품성에 어떤 영향을 미칠 수 있는지를 반드시 조사하고 검토한다. 스탈린주의, 나치즘, 모택동주의는 그런 합리적인 견해와는 거리가 멀다.

이것은 지극히 타당한 말이다. 그러나 다음 말에 주목해 보라. 종교적 신념을 가진 사람에 대해서도 정확히 똑같은 말을 할 수 있다는 것이다. 예컨대, 기독교의 경우에도 우리의 도덕적 비난을 받을 만한 문제가 있는 해석이 있을 수 있다. 여기에서 무신론자들 역시 그런 해석이 확산되지 않도록 하는 일에 신자들과 함께 힘을 합쳐야 한다. 말하자면, 중세에 종교 재판을 생기게 했던 이념은 합리적이지 않으며, 그렇기 때문에 우리가 좀 더 덕망 있는 사람이 되는 데 도움을 주는 것과 관련하여 생각할 때 그런 이념을 수용해서는 안 된다.

그런고로 어떤 종교 신자도 자신이 믿는 종교의 모든 형식이 품성 계발로 이끌 것이라고 생각해서는 안 된다. 기독교인을 예로 든다면, 기독교 신자는 성서를 바탕으로 교육, 건강, 자선, 자원봉사, 그리고 앞 절에서 언급되었던 광범위하게 받아들여지고 있는 여러 중요한 사회적 재화, 예컨대 범죄 예방, 주관적 안녕감, 자선 활동 등을 기리는 그런 기독교적 관점을 지지해야 할 것이다. 그와 동시에, 기독교 신자는 극단적인 관점과 관례를 적극적으로 비판하는 데 있어서 다른 기독교인들과 힘을 합쳐야 할 것이다. 그렇게 되면 종교 재판, 십자군 전쟁, 세일럼 마녀재판과 같은 것은 이런 논의에 설 자리가 없어질 것이다. 그런 비합리적인 이념들은 모두 기독교의 핵심 사상과 네 자신처럼 네 이웃을 사랑하라는 ─ 여기에서 네 '이웃'은 모든 사람을 망라하는 것 ─ 기독교의 서약과도 상반된다. 이는 다른 세계적 종교에도 그대로 적용될 수 있을 것이다.

기독교적
품성 계발에 대한
최종적인 한 가지 생각

기독교와 품성 계발에 대하여 제기된 여러 요점은 다른 세계 주요 종교들에도 마찬가지로 적용된다. 이 마지막 절에서, 나는 한 가지 생각을 짧게 언급하고자 한다. 그것은 하나님 자신이 성령의 형식으로 품성 계발에 작용하고 있다는 것이다.

이 생각은 품성 계발을 거꾸로 향하게 한다. 하나님은 사람들이 자신의 품성을 향상하는 데 있어서 모든 방식을 그에게 맡겨 놓는 것이 아니라, 하나님 스스로 중요한 방식으로 개입하고 그 과정에 적극적으로 기여할 수 있다. 이것은 우리가 이 책에서는 아직 보지 못했던 담대한 생각이다.

우선 기독교의 이런 측면에 익숙하지 않을 수 있는 독자들을 위해 성령에 대한 배경적 설명을 간략히 하고자 한다. 전통적인 기독교적 사고에서는 성령이 하나님 아버지와 하나님 아들과 함께 삼위일체의 세 번째를 구성한다. 삼위일체의 세 사람 모두 권력, 지식, 사랑에서 완전히 신성하고, 동등한 것으로, 또한 서로 다른 역할과 책임을 지닌 것으로 알려지고 있다. 예를 들면, 아버지 하나님은 궁극적인 창조자이다. 그 아들은 구세주이며, 예수 그리스도의 이름으로 우리 중 하나가 된다. 그는 죄를 용서하고 결국 인간을 심판할 것이다.

성령의 역할은 예수의 죽음과 부활 이후 더욱 천명되기 시작하였던 것으로 알려지고 있다. 그것은 기독교 신자들과 함께 있도록 보내졌다.

예수는 다음과 같이 말한다.

> 너희가 나를 사랑하면, 내 계명을 지킬 것이다. 내가 아버지께 구하겠다.
> 그리하면 아버지께서 다른 보혜사를 너희에게 보내서서, 영원히 너희와
> 함께 계시게 하실 것이다. 그는 진리의 영이시다. 세상은 그를 보지도 못
> 하고 알지도 못하므로, 그를 맞아들일 수가 없다. 그러나 너희는 그를 안
> 다. 그가 너희와 함께 계시고, 또 너희 안에 계실 것이기 때문이다.63

더 구체적으로 말하면, 기독교 사상에서 성령의 중심적인 역할 중의
하나는 **신성화**로 알려진 과정을 수행하는 것이다.

대체로, 신성화는 누군가가 예수의 추종자가 된 이후의 기간 동안과
관련이 있다. 그것은 신자가 완벽한 그 자신의 형태로 변화되어가는 과
정을 말한다.

사람들은 하나님이 태초에 인간을 특별히 **유덕한** 방식으로 설계하였
다고 생각하고 있다. 그러나 우리는 이 책 전반에서 보여주는 사례들처
럼 그 기준에 훨씬 못 미치고 있다. 기독교에서 신성화의 과정은 신이
인간을 설계하였던 애초의 모습을 천천히, 점진적으로 재건해 나가는
과정이다.

우리의 목적을 위한 핵심적인 아이디어는 기독교적 개념의 신성화
란 기독교인들이 스스로 하고자 하는 대로 할 수 있게 그들에게 맡겨진
어떤 것이 아니라는 것이다. 그것은 혼자서 하는 과정이 아니다. 또한
그것은 교회에서 동료 신자들의 도움(비록 그것은 중요하긴 하지만) 이상

을 내포한다. 철학자 윌리엄 올스턴_{William Alston}은 신성화에 대해 다음과 같이 말한다. "하나님이 신자 안에서 그가 애초에 바라는 사람, 하나님과 영원한 사랑의 교감을 나눌 수 있는 사람으로 변모시키기 위해 역사한다는 것은 누구에게나 인정되고 있다."[64]

비로소 이제 우리는 핵심 아이디어에 이르렀다. 기독교적 개념에서 볼 때, 신자가 품성 변화를 가져오게 할 수 있는 일이 많이 있다. 우리는 이미 기도와 십일조에 대해서 이야기하였다. 그 외에도, 하나님이 성령을 통해 신자에게서 품성의 변화를 가져오게 하는 일이 많이 있다.[65]

이런 점들은 서로 적절히 연관될 수 있다. 성령이 기독교인의 품성을 변화시킬 수 있는 한 가지 방식은 예컨대 기도와 같이 그 사람이 관여하는 **바로 그 의식과 관례를 통해서**이다. 기도는 그때 성령이 역사하도록 하는 하나의 방식이다. 사실, 성령이 그 기독교인에게 우선 먼저 기도에 관여하도록 자극을 주었을지도 모른다.

그때 기독교적 관점에서 부각되는 그림은 한 인간과 신이 선한 품성의 사람이 되도록 하는 길 위에서 서로 협력하고 있는 모습이다.

성령은 품성 변화에 정확히 어떻게 영향을 미칠까? 그것은 기독교 이론에서 매우 난해한 질문이다. 왜냐하면 그 대답이 현재의 삶을 사는 인간에게는 대부분 도저히 이해가 불가능하기 때문이다. 성령이 어떻게 역사하는지를 설명하고자 하는 여러 모델이 제안되어 왔다. 한 모델에 따르면, 빌립보서에 있는 다음의 구절이 제시하는 바와 같이, 하나님은 신자의 심리에서 직접적으로 변화를 일으킨다. "항상 복종하여 두렵고 떨림으로 너희 구원을 이루라. 너희 안에서 행하시는 이는 하나님이시니 자기의 기쁘신 뜻을 위하여 너희에게 소원을 두고 행하게 하시나니."66

다른 모델에 따르면, 하나님은 신성한 부름과 교감과 권고, 하나의 역할 모델로서의 하나님의 표상, 그의 사랑의 분명한 드러냄, 애정 어린 격려 등등을 사용하여 신자에게 더 나은 방향으로 영향을 미치도록 노력할 뿐이다. 요한복음에서 말하듯이, 성령이 "너희에게 모든 것을 가르치고 내가 너희에게 말한 모든 것을 생각하게 하리라."67

또 하나의 모델은 올스턴이 선호하는 것인데, 이 모델에서 신성화는 신성한 삶에 빠져들어 어느 정도 제한적으로 그에 참여하는 것을 포함한다.68 베드로후서에 성령 안에서의 삶을 통해 우리는 "신성한 품성에 참여"하게 된다는 구절이 있다.69

우리의 목적상, 우리는 성령이 어떻게 품성 변화에 영향을 미치는지를 추적하여 결론에 이르고자 애쓸 필요는 없다. 여기서 중요한 것은 오랜 역사의 기독교 가르침에 따른다면 성령이 **역사한**다는 것이다.

아울러, 그 과정은 수동적이지 않다. 그 과정은 마치 기독교인은 팔짱 끼고 뒤에 앉아 어떠한 기여를 하지 않아도 하나님이 그를 더 나은 사람으로 만들어준다는 것과는 거리가 멀다. 이미 언급했듯이, 그보다 그 그림은 기독교인과 성령이 그의 품성을 형성하는 데 어떤 면에서 서로 함께 작용하는 **협력적 활동**의 모습이다.70

마지막으로, 이 과정이 현생에서 완성될 것인지 혹은 거의 완성에 가까워지는지에 대해 결코 어떠한 시사도 없다는 점을 주목해 볼 만하다. 임종에 가까워진 기독교인이 여전히 믿음, 소망, 사랑, 정직, 용서, 기타 다른 모든 미덕으로 충만한, 덕망 있는 품성을 갖추기 위해 가야 할 길이 멀지도 모른다. 이것은 자연스럽게 신성화의 과정이 그의 생명을 초월하여 다음 세상으로 계속 이어질 수 있다는 생각으로 나아가게 한다.[71]

결론

　　　　이 장에서 나는 품성의 괴리를 극복하고 좀 더 덕망 있는 사람이 되는 데 있어서 기독교가 제공하는 다양한 자원을 간략하게 살펴보았다. 앞에서 말했던 바와 같이, 이 자원의 대부분은 다른 세계 주요 종교들로부터도 입수할 수 있다. 다만 자원 가운데 신성화 과정 동안 일어나는 성령의 내적 작용 형식은 유별나게 기독교적 특성이 강한 것에 속한다.

이 책의 마지막 세 개의 장에서, 우리는 품성 계발에 대한 매우 다양한 접근을 검토하였다. 그 가운데 어떤 것들은 내가 보기에 다른 것들보다 좀 더 유망한 것으로 보인다. 그러나 궁극적으로 그 모든 것은 훨씬 더 많은 연구가 필요하다. 이 접근들은 특히 경험적 연구의 관점에서 볼 때 품성 향상에 관한 우리의 생각을 여전히 충족시키지 못하고 있다.

앞으로 우리 마음의 가장 어두운 곳에 새로운 빛이 비치길 바란다. 그리고 우리에게 그 어둠을 더 나은 품성으로 바꾸라고 영감을 주길 바란다. 아울러 그렇게 하는 방법에 대한 더 큰 통찰력을 우리에게 제공해 주기를 바란다.

1 베드로후서 1: 5~7.

2 골로새서 3: 12~14.

3 빌립보서 4: 8.

4 로마서 3: 10.

5 로마서 7: 19.

6 로마서 7: 21~23.

7 마태복음 26: 41.

8 나는 이를 Miller(2016b)에서 좀 더 자세히 탐구하였다. 내가 이 책에서 전개해 왔던 인간의 품성보다 훨씬 더 암울한 모습으로 품성을 그린 사고의 흐름이 기독교 역사에 있다는 것을 기꺼이 인정한다. 그런 관점에 따른다면, 내 생각에 품성의 괴리는 심리 연구가 우리에게 말해주고자 하는 것보다 훨씬 더 넓어 보인다.

9 히브리서 4: 12~13.

10 고린도전서 4: 5. 우리는 구약 성서에서도 이와 유사한 다음의 구절을 발견한다. "만물보다 거짓되고 심히 부패한 것은 마음이라 누가 능히 이를 알리요? 나 여호와는 심장을 살피며 폐부를 시험하고 각각 그의 행위와 그의 행실대로 부응하나니"(예레미아 17: 9~10).

11 최종 심판에서 죄책감과 수치심을 피하고 싶어 하는 것이 순전히 이기적이지 않을 수 있는 방법이 있다. 죄책감과 수치심을 느끼는 것은 내가 뭔가 잘못된 일을 하였다는 징표일 것이며, 내가 진정으로 염려하는 것은 하나님이 보시기에 잘못된 일을 하지 않는 것이다. 내가 동기부여를 받는 것은 죄책감과 수치심의 감정을 억누르고자 하는 것이 아니라, 잘못된 행위들이 죄책감과 수치심으로 이끄는 그런 종류의 사람이 되는 것을 내가 궁극적으로 원치 않는 것이다. 그런 경우, 나는 우리가 훨씬 더 긍정적인 기독교적 관점의 동기를 지닐 수 있다고 생각한다.

12 나는 예수가 '기독교 관점에서 볼 때' 완전한 사람이었다는 것을 강조하고자 한다. 어떤 사람들은 돈 바꾸는 사람들의 상을 엎는 것을 미루어(마태복음 21: 12) 그가 실제로 완전한 사람이었는지에 대해 의심할지 모른다. 기독교인은 이와 같은 구절에 대해 할 말이 많겠지만, 여기에서는 이를 길게 논의할 여지가 없다.

13 로마서 7: 23.

14 사도행전 9: 3~9.

15 도움이 되는 논의는 다음을 볼 것. Lewis(1943): 제4권 제10장. 루이스는 다음과 같이 말한다. "기독교인 베이츠 양Miss Bates은 아마도 믿지 않는 딕 퍼킨Dick Firkin보다 더 말을 박하게 할 수도 있다. 그것 자체로 기독교가 작동하는지의 여부를 우리에게 말해주지는 않는다. 문제는 베이츠 양이 기독교인이 아니라면 그녀의 말씨가 어떻게 될 것인가 그리고 만약 딕이 기독교인이 된다면 그의 말씨가 어떻게 될 것인가이다"(163).

16 마태복음 6: 9~13.

17 이와 관련하여 할 말이 많다. 예를 들면, 기독교인 또한 하나께 자신의 삶에서 죄를 사하여 달라고, 자신을 더 나은 사람이 되도록 이끌어 달라고 기도하는데, 그것은 모두 품성 개선에 관한 것이다. 우리가 이 장 마지막 절에서 보게 되겠지만, 기독교인은 기도를 성령이 자신의

삶에 스며들어 자신을 적극적으로 변화시켜 주길 바라는, 일종의 성령에 대한 초대로 인식한다. 그래서 기도는 인간이 하나님에게 말을 하는 것만이 아니라 (더욱 중요한 것으로) 하나님 또한 이에 긴밀하게 관여하는 관례이다(기독교인이 결코 그것을 알아차리지 못한다고 하더라도).

18 그런데 정확하게 말하면, 기독교적 관점에서 보면 기도와 고백성사가 그 사람의 품성에 오히려 유해하게 왜곡된 방식으로 수행될 수 있는 몇 가지 방식이 있다. 예컨대 어떤 사람은 하나님에게 기도하고 자신의 죄를 고백함으로써 용서를 받을 수 있다면, 자신이 하고 싶을 때마다 그릇된 일을 할 수 있는 자유가 있다고 생각할지도 모른다. 물론, 신약성서와 기독교의 역사에는 이는 하나님이 기도와 고백성사를 의도한 방식이 아님을 분명하게 보여주는 많은 사례가 있다. 그런데도 만약 그것이 실제로 많은 기독교인이 하는 방식이라면, 그런 관례는 결과적으로 그들의 품성을 훼손시키는 것이다. 불행하게도, 나는 기도와 고백성사(다른 기독교 관례뿐만 아니라)가 특별히 도덕적 행동 및 품성 발달에 미치는 장기적 효과를 분명히 밝혀주는 데 도움이 될 만한 어떠한 경험적 증거를 알지 못한다. 이 문제와 관련하여서는 월터 시노트-암스트롱Walter Sinnott-Armstrong에게 감사한다.

19 이것은 모든 변화가 마치 기독교인 자신의 노력에 의해 일어나고 있는 것처럼 보이게 만든다는 점에서 자칫 왜곡된 생각을 줄 수 있다. 그러나 다음에 나오는 마지막 절에서 보게 되겠지만, 품성 변화에 관한 기독교적 이해에는 중심 역할을 하는 하나님이 내포되어 있다.

20 사도행전 9: 32, 빌립보서 1: 1.

21 많으나 전부는 아니다. 각주 17과 19에 따르면, 기도와 고백성사와 같은 관례는 기독교적 이해에서는 몇 가지 독특한 요소를 지니고 있다. 특히 기도하고, 십일조를 납부하고, 죄를 고백하며, 그와 비슷한 일들을 하는 것은 덕망이 있는 사람(혹은, 신학적 언어로 말한다면, 죄가 깨끗이 씻겨 정화된 사람)이 되는 데 충분하지 않을 것이다. 왜냐하면 우리는 우리 자신을 스스로 고칠 수 없기 때문이다. 그보다는 하나님이 그런 과정을 통해 적극적인 역할을 할 수 있으며, 하나님의 은총과 성령의 역사와 같은 기독교적 관념이 이런 논의에서 중심을 이룬다. 우리는 이 장의 마지막 부분에서 성령의 역사를 검토할 것이다. 나는 이런 주제들에 대한 논의에 대해 라이언 웨스트Ryan West에게 감사한다.

22 http://www.newadvent.org/cathen/13795a.htm. (검색: 2016.7.21.)

23 http://www.newadvent.org/cathen/13795a.htm. (검색: 2016.7.21.)

24 잠언 27: 17은 품성 형성에 관한 이러한 사회적 역할과 관련하여 자주 인용되는 구절이다. "철이 철을 날카롭게 하는 것 같이 사람이 그 친구의 얼굴을 빛나게 하느니라."

25 마태복음 18: 15~17. 또한 고린도전서 5: 1~13을 보라.

26 물론, 만약 징계를 받는 것이 누군가를 소외시키는 데 기여한다면, 그는 괴로움과 분개의 희생자가 될지 모르며, 기독교를 통해 더 이상 어떤 일을 해보고자 하지 않을지도 모른다. 기독교의 권징은 예컨대 세속에서 전문 의료진, 가족, 친구가 약물 중독으로 고통을 당하고 있는 사람에게 개입하는 것과 유사할 수 있다는 데에 주목할 가치가 있다. 궁극적인 목적은 회복에 있으며, 그 개입 — 당연히 그에 관계된 모든 사람에게는 불쾌한 경험 — 은 그 사람이 다른 사람들로부터 도움이 필요한 문제가 있다는 것을 인정할 수 있도록 설계된다.

27 앞에서 언급했던 바에 따라, 이러한 사회적 차원이 세속적인 것들과 얼마나 유사하게 보일 수 있고, 그것이 훌륭한 품성을 계발하는 데 얼마나 효과적일 것인가를 고려하는 것은 흥미로울 것이다. 그런 프로젝트는 다른 기회를 기다려야 하겠지만, 나는 이 장에서 품성 계발과 관련하여 오직 종교적 접근만이 적절하게 수행될 경우 효과가 있을 거라고 제안하는 것은 결코 아님을 강조하고자 한다.

28 경험적 연구 결과에 대한 요약은 다음을 볼 것. Miller(2012).

29 Ellison & Anderson(2001). 이와 유사한 결과에 관해서는 다음을 볼 것. Fergusson 외 (1986); Ellison 외(1999).

30 Evans 외(1995).

31 Lipford 외(1993); Hull & Bold(1995); Hull(2001).

32 Regnerus & Elder(2003).

33 Regnerus & Elder(2003): 644.

34 Regnerus & Elder(2003): 644; Muller & Ellison(2001).

35 Regnerus(2000); Elder & Conger(2000).

36 Stack(1983); Donahue(1995).

37 Gorsuch(1995); 국립 중독 및 약물 남용 센터(2001).

38 Schiller & Levin(1988); Benjamins & Brown(2004).

39 Koenig 외(1998); Gillum(2005).

40 Clarke 외(1990); Cochran(1993); Koenig 외(1994); Cochran 외(1998).

41 Hill 외(2007).

42 Larson 외(1992); Levin & Chatters(1998). 종교와 건강과의 긍정적인 관계에 관한 더 많은 자료는 다음을 볼 것. Koenig 외(2001).

43 Hummer 외(1999)는 20세 연령 자에 대한 미국 기대 수명 추정치가 이후 55.3년에서 종교 예배 참가에 따라 이후 62.9년으로 올라간다고 보고하였다. 아프리카계 미국인의 경우, 이후 46.4년에서 종교 예배 참가에 따라 이후 60.1년으로 올라갔다.

44 Benjamins, Trinitapoli, & Ellison(2006).

45 Ellison(1991).

46 Witter 외(1985).

47 Ellison 외(1989).

48 Ellison & George(1994).

49 Hansen(1987); Dudley & Koslinski(1990).

50 Brooks(2006).

51 Brooks(2006): 39.

52 Regnerus 외(1998); Hoge 외(1996).

53 Smith & Faris(2002).

54 그러나 몇몇 연구에서는 종교성과 어떤 좋은 결과 간의 관계가 항상 발견되는 것은 아니었다. 예를 들면, Brinkerhoff 외(1992)는 캐나다 참가자들을 대상으로 한 연구에서 가정 내 폭력의 비율에서 똑같은 차이를 발견하지 못하였다. 그리고 Fox 외(1998)는 로스앤젤레스 여성들을 연구하였지만, 유방암 촬영에서 유의미한 차이를 발견하지 못하였다. 또한, 이 연구의 대부분은 서구(그리고 특히 미국인) 참가자들을 대상으로 하였다. 미국인이 아닌 사람들, 또한 유대교, 기독교, 이슬람교 외의 종교를 대상으로 더 많은 연구가 수행될 필요가 있다.

55 Brooks(2006).

56 사도행전 20: 35.

57 이 주제와 관련된, 자선에 관한 아서 브룩스Arthur Brooks의 연구에 초점을 둔 논의에 대해서는 다음을 볼 것. Sinnot-Armstrong(2009): 44~52.

58 이것은 긍정적인 효과에 대한 다른 풍부한 원천적 증거들이 존재한다는 것과 양립할 수 있다는 것에 주목하라. 나는 이 책 전반에서 경험적 연구에 의존해 왔지만, 그렇다고 내가 사람들이 스스로 겪은 경험, 그들이 다른 종교 신자들의 삶에서 일어난 일을 보았던 것, 역사나 문헌이 우리에게 알려줄 수 있는 것 등의 기여를 모두 경시한다는 것은 결코 아니다.

59 Dikötter(2010).

60 Conquest(2007).

61 미국 홀로코스트 기념박물관의 『홀로코스트 백과사전』, http://www.ushmn.org/wic/en/article.php?ModuleId=10008193. (검색: 2016.8.5.)

62 예일대학 캄보디아 대학살 프로그램, http://gsp.yale.edu/case-studies/cambodian-genocide-program. (검색: 2016.8.5.)

63 요한복음 14: 15~17.

64 Alton(1988): 128.

65 이것은 기독교인에게 있어서 신약 성서의 가르침으로, 이후에 초기 기독교 교회에 의해 지지되었으며 그 이래에 널리 행해진 기독교의 약속으로 유지되고 있다.

66 빌립보서 2: 12~13. 이 모델에 대한 논의는 다음을 볼 것. Alston(1988): 128.

67 요한복음 14: 26.

68 Alston(1988): 139.

69 베드로후서 1: 4. 이와 관련된 통찰과 깨달음의 개념뿐만 아니라 참여의 개념은 기독교 이론에서 품성을 형성하는 데 성령이 하는 역할과 관련하여 풍부하게 탐구될 수 있었다(그리고 탐구 되었다).

70 그 방정식의 인간적인 면에서 보면, 기독교인의 생활에서 실수는 여전히 항상 일어날 것이다. 그러나 바울에 따르면, "이제 그리스도 예수 안에 있는 자에게는 결코 정죄함이 없나니, 이는 그리스도 예수 안에 있는 생명의 성령의 법이 죄와 사망의 법에서 너를 해방하였음이라."(로마서 8: 1~2). 그래서 기독교인은 그 자신은 성령에 의해 도움을 받는다고 신뢰하고, 그 자신은 비난으로부터 자유롭다고 믿으며, 만약 그 자신이 실수를 한다고 해도, 하나님이 용서를 해준다고 확신함으로써 품성 계발을 향하여 노력할 수 있다. 더 나아가 성령의 추구를 고무할 수 있다. 마지막으로, 신성화의 문제와는 대조적으로, 나는 위의 것들이 모두 신학

적인 측면이 강한 관계로 이를 구원이나 정당화의 문제와 관련짓고 싶지는 않다. 구원이 하나님과의 인간의 협력을 내포하는지, 혹은 하나님의 은총 만으로만 이루어지는 것인지는 기독교 이론에서 커다란 논쟁을 초래하는 토론 거리인데(때로는 성령이 인간의 의지와는 관계없이 역사한다는 단동설 대 신인협력설 사이의 논쟁으로 이름 붙여진다), 그것은 여기에서 내가 다루어야 할 주제는 아니다.

71 그 과정이 사후에 어떻게 지속될 것인지에 관한 흥미로운 논의는 다음을 볼 것. Barnard(2007).

Adams, Robert. (2006). *A Theory of Virtue: Excellence in Being for the Good*. Oxford: Clarendon Press.

Alfano, Mark. (2013). *Character as Moral Fiction*. Cambridge: Cambridge University Press.

Algoe, S. and J. Haidt. (2009). "Witnessing Excellence in Action: The 'Other Praising' Emotions of Elevation, Gratitude, and Admiration." *Journal of Positive Psychology* 4: 105~127.

Alston, William. (1988). "The Indwelling of the Holy Spirit." In *Philosophy and the Christian Faith*. Ed. Thomas V. Morris. Notre Dame: University of Notre Dame Press, 121~150.

Anderson, C. (1987). "Temperature and Aggression: Effects on Quarterly, Yearly, and City Rates of Violent and Nonviolent Crime." *Journal of Personality and Social Psychology* 52: 1161~1173.

Anderson, C. and B. Bushman. (2002). "Human Aggression." *Annual Review of Psychology* 53: 27~51.

Apsler, R. (1975). "Effects of Embarrassment on Behavior Toward Others." *Journal of Personality and Social Psychology* 32: 145~153.

Aquino, K. and D. Freeman. (2009). "Moral Identity in Business Situations: A Social-Cognitive Framework for Understanding Moral Functioning." In *Personality, Identity, and Character: Explorations in Moral Psychology*. Darcia Narvaez and Daniel K. Lapsley. Cambridge: Cambridge University Press, 375~395.

Aquino, K., B. MeFerran, and M. Laven. (2011). "Moral Identity and the Experience of Moral Elevation in Response to Acts of Uncommon Goodness." *Journal of Personality and Social Psychology* 100: 703~718.

Aristotle. (1985). *Nicomachean Ethics*. Trans. T. Irwin. Indianapolis: Hackett Publishing Company.

Baier, Annette. (1990). "Why Honesty Is a Hard Virtue." In *Identity, Character, and Morality: Essays in Moral Philosophy*. Ed. O. Flanagan and A. Rorty. Cambridge: MIT Press, 259~282.

Barnard, Justin. (2007). "Purgatory and the Dilemma of Sanctification." *Faith and Philosophy* 24: 311~330.

Baron, R. (1997). "The Sweet Smell of... Helping: Effects of Pleasant Ambient Fragrance on Prosocial Behavior in Shopping Malls." *Personality and Social Psychology Bulletin* 23: 498~503.

Baron, R. and D. Richardson. (1994). *Human Aggression*, Second Edition. New York: Plenum Press.

Batson, C. (2011). *Altruism in Humans*. New York: Oxford University Press.

Batson, C., J. Batson, C. Griffitt, S. Barrientos, J. Brandt, P. Sprengelmeyer, and M. Bayly. (1989). "Negative-State Relief and the Empathy-Altruism Hypothesis." *Journal of Personality and Social Psychology* 56: 922~933.

Beaman, A., P. Barnes, B. Klentz, and B. McQuirk. (1978). "Increasing Helping Rates through Information Dissemination: Teaching Pays." *Personality and Social Psychology Bulletin* 4: 406~411.

Benjamins, M. and C. Brown. (2004). "Religion and Preventative Health Care Utilization among the Elderly." *Social Science and Medicine* 58: 109~119.

Benjamins, M., J. Trinitapoli, and C. Ellison. (2006). "Religious Attendance, Health Maintenance Beliefs, and Mammography Utilization: Findings from a Nationwide Survey of Presbyterian Women." *Journal for the Scientific Study of Religion* 45: 597~607.

Berkowitz, L. (1965). "Some Aspects of Observed Aggression." *Journal of Personality and Social Psychology* 2: 359~369.

Berkowitz, L. and A. LePage. (1967). "Weapons as Aggression-Eliciting Stimuli." *Journal of Personality and Social Psychology* 7: 202~207.

Bettencourt, B., A. Talley, A. Benjamin, and J. Valentine. (2006). "Personality and Aggressive Behavior under Provoking and Neutral Conditions: A Meta analytic Review." *Psychological Bulletin* 132: 751~777.

Bowers, K. (1973). "Situationism in Psychology: An Analysis and a Critique." *Psychological Review* 80: 307~336.

Brinkerhoff M., E. Grandin, and E. Lupri. (1992). "Religious Involvement and Spousal Violence: The Canadian Case." *Journal for the Scientific Study of Religion* 31: 15~31.

Brooks, Arthur. (2006). *Who Really Cares*. New York: Basic Books.

Brown, R. (1986). *Social Psychology*. Second Edition. New York: Macmillan.

Bryan, J. and M. Test. (1967). "Models and Helping: Naturalistic Studies in Aiding Behavior." *Journal of Personality and Social Psychology* 6: 400~407.

Burger, J. (2009). "Replicating Milgram: Would People Still Obey Today?" *American Psychologist* 64: 1~11.

Buschor, C., R. T. Proyer, and W. Ruch. (2013). "Self and Peer-Rated Character Strengths: How Do They Relate to Satisfaction with Life and Orientations to Happiness?" *Journal of Positive Psychology* 8: 116~127.

Bushman, B. and R. Baumeister. (1998). "Threatened Egotism, Narcissism, Self-Esteem, and Direct and Displaced Aggression: Does Self-Love or Self-Hate Lead to Violence?" *Journal of Personality and Social Psychology* 75: 219~229.

Cacioppo, J., R. Petty, and M. Losch. (1986). "Attributions of Responsibility for Helping and Doing Harm: Evidence for Confusion of Responsibility." *Journal of Personality and Social Psychology* 50: 100~105.

Cann, A. and J. Blackwelder. (1984). "Compliance and Mood: A Field

Investigation of the Impact of Embarrassment." *Journal of Psychology* 117: 221~226.

Caprara, G. (1987). "The Disposition-Situation Debate and Research on Aggression." *European Journal of Personality* 1: 1~16.

Carson, Thomas. (2010). *Lying and Deception: Theory and Practice.* Oxford: Oxford University Press.

Carson, Thomas. (2015). *Lincoln's Ethics.* Cambridge: Cambridge University Press.

Carver, C., R. Ganellen, W. Froming, and W. Chambers. (1983). "Modeling: An Analysis in Terms of Category Accessibility." *Journal of Experimental Social Psychology* 19: 403~421.

Chekroun, P. and M. Brauer. (2002). "The Bystander Effect and Social Control Behavior: The Effect of the Presence of Others on Peoples Reactions to Norm Violations." *European Journal of Social Psychology* 32: 853~867.

Clark, R. and L. Word. (1972). "Why Don't Bystanders Help? Because of Ambiguity?" *Journal of Personality and Social Psychology* 24: 392~400.

Clark, R. and L. Word. (1974). "Where Is the Apathetic Bystander? Situational Characteristics of the Emergency." *Journal of Personality and Social Psychology* 29: 279~287.

Clarke, L., L. Beeghley, and J. Cochran. (1990). "Religiosity, Social Class, and Alcohol Use: An Application of Reference Group

Theory." *Sociological Perspectives* 33: 201~218.

Cochran, John. (1993). "The Variable Effects of Religiosity and Denomination on Adolescent Self-Reported Alcohol Use by Beverage Type." *Journal of Drug Issues* 23: 479~491.

Cochran, J., L. Beeghley, and W. Bock. (1998). "Religiosity and Alcohol Behavior: An Exploration of Reference Group Theory." *Sociological Forum* 3: 256~276.

Coles, R. (1986). *The Moral Life of Children*. New York: Atlantic Monthly Press.

Confucius. (1979). *The Analects*. Trans. D. C. Lau. London: Penguin.

Conquest, Robert. (2007). *The Great Terror: A Reassessment*. 40th Anniversary Edition. New York: Oxford University Press.

Cornelissen, G., S. Dewitte, L. Warlop, and V. Yzerbyt. (2007). "Whatever People Say I Am, That's What I Am: Social Labeling as a Social Marketing Tool." *International Journal of Research in Marketing* 24: 278~288.

Corwin, Miles. (1982). "Icy Killer's Life Steeped in Violence." *LosAngeles Times*, May 16.

Cunningham, M., J. Steinberg, and R. Grev. (1980). "Wanting to and Having to Help: Separate Motivations for Positive Mood and Guilt-Induced Helping." *Journal of Personality and Social Psychology* 38: 181~192.

Darley, J. and B. Latané. (1968). "Bystander Intervention in Emergencies:

Diffusion of Responsibility." *Journal of Personality and Social Psychology* 8: 377~383.

DePaulo, B. (2004). "The Many Faces of Lies." In *The Social Psychology of Good and Evil*. Ed. A. Miller. New York: Guilford Press, 303~326.

DePaulo, B. and K. Bell. (1996). "Truth and Investment: Lies Are Told to Those Who Care." *Journal of Personality and Social Psychology* 71: 703~716.

DePaulo, B., D. Kashy, S. Kirkendol, M. Wyer, and J. Epstein. (1996). "Lying in Everyday Life." *Journal of Personality and Social Psychology* 70: 979~995.

DePaulo, B. and D. Kashy. (1998). "Everyday Lies in Close and Causal Relationships." *Journal of Personality and Social Psychology* 74: 63~79.

DePaulo, B., M. Ansfield, S. Kirkendol, and J. Boden. (2004). "Serious Lies." *Basic and Applied Social Psychology* 26: 147~167.

DeYoung, Rebecca. (2009). *Glittering Vices: A New Look at the Seven Deadly Sins and Their Remedies*. Grand Rapids: Brazos Press.

Diener, E. and M. Wallbom. (1976). "Effects of Self-Awareness on Antinormative Behavior." *Journal of Research in Personality* 10: 107~111.

Dikötter, Frank (2010). *Mao's Great Famine: The History of Chinas Most Devastating Catastrophe*. New York: Walker and Company.

Donahue, Michael. (1995). "Religion and the Well-Being of Adolescents." *Journal of Social Issues* 51: 145~160.

Donnerstein, E., M. Donnerstein, and G. Munger. (1975). "Helping Behavior as a Function of Pictorially Induced Moods." *Journal of Social Psychology* 97: 221~225.

Doris, John. (2002). *Lack of Character: Personality and Moral Behavior*. Cambridge: Cambridge University Press.

Dudley, M. and F. Kosinski. (1990). "Religiosity and Marital Satisfaction: A Research Note." *Review of Religious Research* 32: 78~86.

Edelmann, R., J. Childs, S. Harvey, I. Kellock, and C. Strain-Clark. (1984). "The Effect of Embarrassment on Helping." *Journal of Social Psychology* 124: 253~254.

Elder, G. and R. Conger. (2000). *Children of the Land: Adversity and Success in Rural America*. Chicago: University of Chicago Press.

Ellison, Christopher. (1991). "Religious Involvement and Subjective Well-Being." *Journal of Health and Social Behavior* 32: 80~99.

Ellison, C., D. Gay, and T. Glass. (1989). "Does Religious Commitment Contribute to Individual Life Satisfaction?" *Social Forces* 68: 100~123.

Ellison, C. and L. George. (1994). "Religious Involvement, Social Tics, and Social Support in a Southeastern Community." *Journal for the Scientific Study of Religion* 33: 46~61.

Ellison, C., J. Bartkowski, and K. Anderson. (1999). "Are There Religious Variations in Domestic Violence?" *Journal of Family Issues* 20: 87~113.

Ellison, C. and K. Anderson. (2001). "Religious Involvement and Domestic Violence Among U.S. Couples." *Journal for the Scientific Study of Religion* 40: 269~286.

Emmons, R. and M. McCullough. (2003). "Counting Blessings versus Burdens: An Experimental Investigation of Gratitude and Subjective Well-Being in Daily Life." *Journal of Personality and Social Psychology* 84: 377~389.

Epictetus. (1983). *The Handbook*. Trans. N. White. Indianapolis: Hackett.

Evans, T., F. Cullen, R. Dunaway, and V. Burton. (1995). "Religion and Crime Reexamined: The Impact of Religion, Secular Controls, and Social Ecology on Adult Criminality." *Criminology* 33: 195~217.

Faulkender, P., L. Range, M. Hamilton, M. Strehlow, S. Jackson, E. Blanchard, and P. Dean. (1994). "The Case of the Stolen Psychology Test: An Analysis of an Actual Cheating Incident." *Ethics and Behavior* 4: 209~217.

Fergusson, D., L. Horwood, K. Kershaw, and F. Shannon. (1986), "Factors Associated with Reports of Wife Assault in New Zealand." *Journal of Marriage and the Family* 48: 407~412.

Fleeson, W (2001). "Toward a Structure- and Process-Integrated View of Personality: Traits as Density Distributions of States." *Journal of Personality and Social Psychology* 80: 1011~1027.

Foss, R. and N. Crenshaw. (1978). "Risk of Embarrassment and Helping." *Social Behavior and Personality* 6: 243~245.

Fox, S., K. Pitkin, C. Paul, S. Carson, and N. Duan. (1998). "Breast Cancer Screening Adherence: Does Church Attendance Matter?" *Health Education and Behavior* 25: 742~758.

Funder, D. (2008). "Persons, Situations, and Person-Situation Interactions." In *Handbook of Personality: Theory and Research*. Third Edition. Ed. O. John., R. Robins, and L. Pervin. New York: Guilford Press, 568~580.

Gallardo-Pujol, D., E. Orekhova, V. Benet-Martinez, and M. Slater. (2015). "Taking Evil into the Lab: Exploring the Frontiers of Morality and Individual Differences." In *Character: New Directions from Philosophy, Psychology, and Theology*. Ed. Christian B. Miller, R. Michael Furr, Angela Knobel, and William Fleeson. New York: Oxford University Press, 652~670.

Geen, R. (2001). *Human Aggression*. Second Edition. Buckingham: Open University Press.

Gillath, O., A. Sesko, P. Shaver, and D. Chun. (2010). "Attachment, Authenticity, and Honesty: Dispositional and Experimentally Induced Security Can Reduce Self- and Other-Deception." *Journal of Personality and Social Psychology* 98: 841~855.

Gillum, R. (2005). "Frequency of Attendance at Religious Services and Cigarette Smoking in American Women and Men: The Third National Health and Nutrition Examination Survey." *Preventive Medicine* 41: 607~613.

Gino, F., S. Ayal, and D. Ariely. (2009). "Contagion and Differentiation in Unethical Behavior: The Effect of One Bad Apple on the Barrel." *Psychological Science* 20: 393~398.

Gino, F. and J. Margolis. (2011). "Bringing Ethics into Focus: How Regulatory Focus and Risk Preferences Influence (Un)ethical Behavior." *Organizational Behavior and Human Decision Processes* 115: 145~156.

Giumetti, G. and P. Markey. (2007). "Violent Video Games and Anger as Predictors of Aggression." *Journal of Research in Personality* 41: 1234~1243.

Gonzales, M., J. Pederson, D. Manning, and D. Wetter. (1990). "Pardon My Gaffe: Effects of Sex, Status, and Consequence Severity on Accounts." *Journal of Personality and Social Psychology* 58: 610~621.

Goodwin, Geoffrey, Jared Piazza, and Paul Rozin. (2015). "Understanding the Importance and Perceived Structure of Moral Character." In *Character: New Directions from Philosophy, Psychology, and Theology.* Ed. Christian Miller, R. Michael Furr, Angela Knobel, and William Fleeson. New York: Oxford University Press, 100~126.

Gordon, A. and A. Miller. (2000). "Perspective Differences in the Construal of Lies: Is Deception in the Eye of the Beholder?" *Personality and Social Psychology Bulletin* 26: 46~55.

Gorsuch, R. (1995). "Religious Aspects of Substance Abuse and Recovery." *Journal of Social Issues* 51: 65~83.

Gottlieb, J. and C. Carver. (1980). "Anticipation of Future Interaction and the Bystander Effect." *Journal of Experimental Social Psychology* 16: 253~260.

Grüne-Yanoff, Till. (2012). "Old Wine in New Casks: Libertarian Paternalism Still Violates Liberal Principles." *Social Choice and Welfare* 38: 635~645.

Grusec, J., L. Kuczynski, J. Rushton, and Z. Simutis. (1978). "Modeling, Direct Instruction, and Attributions: Effects on Altruism." *Developmental Psychology* 14: 51~57.

Grusec, J., P. Saas-Kortsaak, and Z. Simutis. (1978). "The Role of Example and Moral Exhortation in the Training of Altruism." *Child Development* 49: 920~923.

Grusec, J. and E. Redler. (1980). "Attribution, Reinforcement, and Altruism: A Developmental Analysis." *Developmental Psychology* 16: 525~534.

Haidt, Jonathan. (2000). "The Positive Emotion of Elevation." *Prevention and Treatment* 3: 1~5.

Haidt, Jonathan. (2003). "Elevation and the Positive Psychology of Morality." In *Flourishing: Positive Psychology and the Life Well-Lived.* Ed. C. Keyes and J. Haidt. Washington: American Psychological Association, 275~289.

Haines, V., G. Diekhoff E. LaBeff and R. Clark. (1986). "College Cheating: Immaturity, Lack of Commitment, and the Neutralizing Attitude." *Research in Higher Education* 25: 342~354.

Hansen, G. (1987). "The Effect of Religiosity on Factors Predicting Marital Adjustment." *Social Psychology Quarterly* 50: 264~269.

Hansen, P. (2016). "The Definition of Nudge and Libertarian Paternalism: Does the Hand Fit the Glove?" *European Journal of Risk Regulation* 7: 155~174.

Hansen, P. and A. Jespersen. (2013). "Nudge and the Manipulation of Choice: A Framework for the Responsible Use of the Nudge Approach to Behaviour Change in Public Policy." *European Journal of Risk Regulation* 4: 3~28.

Hausman, Daniel and Brynn Welch. (2010). "To Nudge or Not to Nudge." *Journal of Political Philosophy* 18: 123~136.

Herndon, William and Jesse Weik. (1949). *Herndon's Life of Lincoln: The History and Personal Recollections of Abraham Lincoln as Originally Written by William H. Herndon and Jesse W. Weik.* Cleveland: World Publishing Company.

Higgins, S., C. Wong, G. Badger, D. Haug Ogden, and R. Dantona. (2000). "Contingent Reinforcement Increases Cocaine Abstinence during Outpatient Treatment and 1 Year of Follow-Up." *Journal of Consulting and Clinical Psychology* 68: 64~72.

Hill, T., C. Ellison, A. Burdette, and M. Musick. (2007). "Religious Involvement and Healthy Lifestyles: Evidence from the Survey of Texas Adults." *Annals of Behavioral Medicine* 34: 217~222.

Hoge, D., C. Zech, P. McNamara, and M. Donahue. (1996). *Money*

Matters: Personal Giving in American Churches. Louisville: Westminster John Knox.

Hope, Sara. (2015). "Can Text Messages Make People Kinder?" In *Character: New Directions from Philosophy, Psychology, and Theology.* Ed. Christian B. Miller, R. Michael Furr, Angela Knobel, and William Fleeson. New York: Oxford University Press, 412~442.

Hull, B. (2000). "Religion Still Matters." *Journal of Economics* 26: 35~48.

Hull, B. and F. Bold. (1995). "Preaching Matters: Replication and Extension." *Journal of Economic Behavior and Organization* 27: 143~149.

Hummer, R., R. Rogers, C. Nam, and C. Ellison. (1999). "Religious Involvement and U.S. Adult Mortality." *Demography* 36: 273~285.

Hursthouse, Rosalind. (1999). *On Virtue Ethics.* Oxford: Oxford University Press.

Jensen, R. and S. Moore. (1977). "The Effect of Attribute Statements on Cooperativeness and Competitiveness in School-Age Boys." *Child Development* 48: 305~307.

Kallbekken, S. (2013). "'Nudging' Hotel Guests to Reduce Food Waste as a Win-Win Environmental Measure." *Economics Letters* 119: 325~327.

Kant, Immanuel. (1996). *Practical Philosophy.* Trans. Mary Gregor. Cambridge: Cambridge University Press.

Karakashian, L., M. Walter, A. Christopher et al. (2006). "Fear of

Negative Evaluation Affects Helping Behavior: The Bystander Effect Revisited." *North American Journal of Psychology* 8: 13~32.

Kashy, D. and B. DePaulo. (1996). "Who Lies?" *Journal of Personality and Social Psychology* 70: 1037~1051.

Kidder, Tracy. (2009). *Mountains beyond Mountains: The Quest of Dr. Paul Farmer, a Man Who Would Cure the World.* New York: Random House.

Klein, H., N. Levenburg, M. McKendall, and W. Mothersell. (2007). "Cheating during the College Years: How Do Business Students Compare?" *Journal of Business Ethics* 72: 197~206.

Koenig, H., L. George, H. Cohen, et al. (1998). "The Relationship between Religious Activities and Cigarette Smoking in Older Adults." *Journal of Gerontology: Medical Sciences* 53: M426~M434.

Koenig, H., L. George, K. Meador, D. Blazer, and S. Ford. (1994). "The Relationship between Religion and Alcoholism in a Sample of Community Dwelling Adults." *Hospital and Community Psychiatry* 45: 225~231.

Koenig, H., M. McCullough, and D. Larson. (2001). *The Handbook of Religion and Health.* New York: Oxford University Press.

Konečni, V. (1972). "Some Effects of Guile on Compliance: A Field Replication." *Journal of Personality and Social Psychology* 23: 30~32.

Krahé, B. (2001). *The Social Psychology of Aggression.* Philadelphia: Taylor and Francis.

Kraut, R. (1973). "Effects of Social Labeling on Giving to Charity." *Journal of Experimental Social Psychology* 9: 551~562.

Krebs, D. (1970). "Altruism: An Examination of the Concept and a Review of the Literature." *Psychological Bulletin* 73: 258~302.

Larson, D., K. Sherrill, J. Lyons, F. Craigie, S. Thielman, M. Greenwold, and S. Larson. (1992). "Associations between Dimensions of Religious Commitment and Mental Health Reported in the *American Journal of Psychiatry* and the *Archives of General Psychiatry*, 1978-1989." *American Journal of Psychiatry* 149: 557~559.

Latané, B. and J. Dabbs. (1977). "Social Inhibition of Helping Yourself: Bystander Response to a Cheeseburger." *Personality and Social Psychology Bulletin* 3: 575~578.

Latané, B. and J. Darley. (1968). "Group Inhibition of Bystander Intervention in Emergencies." *Journal of Personality and Social Psychology* 10: 215~221.

Latané, B. and J. Darley. (1970). *The Unresponsive Bystander: Why Doesn't He Help?* New York: Appleton-Century-Crofts.

Latané, B. and J. Rodin. (1969). "A Lady in Distress: Inhibiting Effects of Friends and Strangers on Bystander Intervention." *Journal of Experimental Social Psychology* 5: 189~202.

Latané, B., K. Williams, and S. Harkins. (1979). "Many Hands Make Light Work: The Causes and Consequences of Social Loafing." *Journal of Personality and Social Psychology* 37: 822~832.

Latané, B., S. Nida, and D. Wilson. (1981). "The Effects of Group Size on Helping Behavior." In *Altruism and Helping Behavior: Social Personality, and Developmental Perspectives.* Ed. J. Rushton and R. Sorrentino. Hillsdale, NJ: Lawrence Erlbaum, 287~313.

Latané, B. and S. Nida. (1981). "Ten Years of Research on Group Size and Helping." *Psychological Bulletin* 89: 308~324.

Levin, J. and L. Chatters. (1998). "Research on Religion and Mental Health: A Review of Empirical Findings and Theoretical Issues." In *Handbook of Religion and Mental Health.* Ed. H. Koenig. San Diego: Academic Press, 33~50.

Lewis, C. S. (1943). *Mere Christianity.* New York: Collier Books.

Lindsey, L. (2005). "Anticipated Guilt as Behavioral Motivation: An Examination of Appeals to Help Unknown Others through Bone Marrow Donation." *Human Communication Research* 31: 453~481.

Lipford, J., R. McCormick, and R. Tollison. (1993). "Preaching Matters." *Journal of Economic Behavior and Organization* 21: 235~250.

Lycan, William and George Schlesinger. (1989). "You Bet Your Life: Pascal's Wager Defended." In *Reason and Responsibility: Readings in Some Basic Problems of Philosophy Seventh Edition.* Ed. Joel Feinberg. Belmont, CA: Wadsworth, 82~90.

Marshall, Robert. (2013). *In the Sewers of Lvov: The Last Sanctuary from the Holocaust.* London: Bloomsbury Reader.

Mazar, N., O. Amir, and D. Ariely. (2008). "The Dishonesty of Honest

People: A Theory of Self-Concept Maintenance." *Journal of Marketing Research* 45: 633~644.

McCabe, D., and L. Treviño. (1993). "Academic Dishonesty: Honor Codes and Other Contextual Influences." *Journal of Higher Education* 64: 522~538.

McCabe, D., L. Treviño, and K. Butterfield. (2001). "Cheating in Academic Institutions: A Decade of Research." *Ethics and Behavior* 11: 219~232.

McCabe, D., K. Butterfield, and L. Treviño. (2006). "Academic Dishonesty in Graduate Business Programs: Prevalence, Causes, and Proposed Action." *Academy of Management Learning and Education* 5: 294~305.

McClure, J. B. (ed.). (1879). *Anecdotes of Abraham Lincoln and Lincoln's Stories*. Chicago: Rhodes and McClure.

McCullough, M., R. Emmons, and J. Tsang. (2002). "The Grateful Disposition: A Conceptual and Empirical Topography." *Journal of Personality and Social Psychology* 82: 112~127.

Mead, N., R. Baumeister, F. Gino, M. Schweitzer, and D. Ariely. (2009). "Too Tired to Tell the Truth: Self-Control Resource Depletion and Dishonesty." *Journal of Experimental Social Psychology* 45: 594~597.

Meeus, W. and Q. Raaijmakers. (1986). "Administrative Obedience: Carrying Out Orders to Use Psychological-Administrative Violence." *European Journal of Social Psychology* 16: 311~324.

Mele, Alfred and Joshua Shepard. (2013). "Situationism and Agency."

Journal of Practical Ethics 1: 62~83.

Merritt, Maria. (2000). "Virtue Ethics and Situationist Personality Psychology." *Ethical Theory and Moral Practice* 3: 365~383.

Merritt, Maria, John Doris, and Gilbert Harman. (2010). "Character." In *The Moral Psychology Handbook*. Ed. J. Doris and the Moral Psychology Research Group. Oxford: Oxford University Press, 355~401.

Milgram, S. (1963). "Behavioral Study of Obedience." *Journal of Abnormal and Social Psychology* 67: 371~378.

Milgram, S. (1974). *Obedience to Authority*. New York: Harper & Row.

Millar, K. and A. Tesser. (1988). "Deceptive Behavior in Social Relationships: A Consequence of Violated Expectations." *Journal of Psychology* 122: 263~273.

Miller, Christian. (2012). "Atheism and the Benefits of Theistic Belief." In *Oxford Studies in Philosophy of Religion*. Ed. Jonathan Kvanvig. Volume 4. Oxford: Oxford University Press, 97~125.

Miller, Christian. (2013). *Moral Character: An Empirical Theory*. Oxford: Oxford University Press.

Miller, Christian. (2014). *Character and Moral Psychology*. Oxford: Oxford University Press.

Miller, Christian. (2016a). "Virtue Cultivation in Light of Situationism." In *Developing the Virtues: Integrating Perspectives*. Ed. Julia Annas, Darcia Narvaez, and Nancy Snow. New York: Oxford University

Press, 157~183.

Miller, Christian. (2016b). "Should Christians Be Worried about Situationist Claims in Psychology and Philosophy?" *Faith and Philosophy* 33: 48~73.

Miller, D. and C. McFarland. (1991). "When Social Comparison Goes Awry: The Case of Pluralistic Ignorance." In *Social Comparison: Contemporary Theory and Research*. Ed. Jerry Suls and Thomas Ashby Wills. Hillsdale, NJ: Lawrence Erlbaum, 287~313.

Miller, R. (1996). *Embarrassment: Poise and Peril in Everyday Life*. New York: Guilford Press.

Miller, R., P. Brickman, and D. Bolen. (1975). "Attribution versus Persuasion as a Means for Modifying Behavior." *Journal of Personality and Social Psychology* 31: 430~441.

Mills, R. and J. Grusec. (1989). "Cognitive, Affective, and Behavioral Consequences of Praising Altruism." *Merrill-Palmer Quarterly* 35: 299~326.

Mischel, W. and H. Mischel. (1976). "A Cognitive Social-Learning Approach to Morality and Self-Regulation." In *Moral Development and Behavior: Theory, Research, and Social Issues*. Ed. T. Lickona. New York: Holt, Rinehart, and Winston, 84~107.

Muggeridge, Malcolm. (1971). *Something Beautiful for God: Mother Teresa of Calcutta*. London: Harper and Row.

Muller, C. and C. Ellison. (2001). "Religious Involvement, Social

Capital, and Adolescents' Academic Process: Evidence from the National Longitudinal Study of 1988." *Sociological Focus* 34: 155~183.

Murdoch, Iris. (1971). *The Sovereignty of the Good*. New York: Schocken Books.

National Center on Addiction and Substance Abuse. (2001). *So Help Me God: Substance Abuse, Religion and Spirituality*. New York: Columbia University.

Park, N., C. Peterson, and M. Seligman. (2004). "Strengths of Character and Well-Being." *Journal of Social and Clinical Psychology* 23: 603~619.

Park, N., and C. Peterson. (2008). "Positive Psychology and Character Strengths: Application co Strengths-Based School Counseling." *Professional School Counseling* 12: 85~92.

Peterson, C., J. Stephens, N. Park, F. Lee, and M. Seligman. (2010). "Strengths of Character and Work." In *Oxford Handbook of Positive Psychology and Work*. Ed. P. Linley, S. Harrington, and N. Garcea. New York: Oxford University Press, 221~231.

Petty, R., K. Williams, S. Harkins, and B. Latané. (1977a). "Social Inhibition of Helping Yourself: Bystander Response to a Cheeseburger." *Personality and Social Psychology Bulletin* 3: 575~578.

Petty, R., S. Harkins, K. Williams, and B. Latané. (1977b). "The Effects of Group Size on Cognitive Effort and Evaluation." *Personality and Social Psychology Bulletin* 3: 579~582.

Plato. (1968). *The Republic of Plato*. Trans. Allan Bloom. New York: Basic Books.

Prentice, D. and D. Miller. (1996). "Pluralistic Ignorance and the Perpetuation of Social Norms by Unwitting Actors." In *Advances in Experimental Social Psychology*. Ed. M. Zanna. Volume 28. San Diego: Academic Press, 161~209.

Proyer, R. T., F. Gander, T. Wyss, and W. Ruch. (2011). "The Relation of Character Strengths to Past, Present, and Future Life Satisfaction among German-Speaking Women." *Applied Psychology: Health and Well-Being* 3: 370~384.

Regan, D., M. Williams, and S. Sparling. (1972). "Voluntary Expiation of Guilt: A Field Experiment." *Journal of Personality and Social Psychology* 24: 42~45.

Regnerus, Mark. (2000). "Shaping Schooling Success: Religious Socialization and Educational Outcomes in Urban Public Schools." *Journal for the Scientific Study of Religion* 39: 363~370.

Regnerus, M. and G. Elder. (2003). "Staying on Track in School: Religious Influences in High- and Low-Risk Settings." *Journal for the Scientific Study of Religion* 42: 633~649.

Regnerus, M., C. Smith, and D. Sikkink. (1998). "Who Gives to the Poor? The Influence of Religious Tradition and Political Location on the Personal Generosity of Americans Toward the Poor." *Journal for the Scientific Study of Religion* 37: 481~493.

Rick, S. and G. Loewenstein. (2008). "Commentaries and Rejoinder to 'The Dishonesty of Honest People.'" *Journal of Marketing Research* 45: 645~653.

Roberts, B. (2009). "Back to the Future: Personality and Assessment and Personality Development." *Journal of Research in Personality* 43: 137~145.

Rokovski, C. and E. Levy. (2007). "Academic Dishonesty: Perceptions of Business Students." *College Student Journal* 41: 466~481.

Rosenhan, D. and G. White. (1967). "Observation and Rehearsal as Determinants of Prosocial Behavior." *Journal of Personality and Social Psychology* 5: 424~431.

Ross, A. and J. Braband. (1973). "Effect of Increased Responsibility on Bystander Intervention: II. The Cue Value of a Blind Person." *Journal of Personality and Social Psychology* 25: 254~258.

Rota, Michael. (2016). *Taking Pascal's Wager: Faith, Evidence and the Abundant Life*. Downer's Grove: IVP Academic.

Rothschild, Alonzo. (1917). *"Honest Abe": A Study in Integrity Based on the Early Life of Abraham Lincoln*. Boston: Houghton Mifflin.

Rushton, J. and A. Campbell. (1977). "Modeling, Vicarious Reinforcement and Extraversion on Blood Donating in Adults: Immediate and Long-Term Effects." *European Journal of Social Psychology* 7: 297~306.

Samuels, Steven and William Casebeer. (2005). "A Social Psychological View of Morality: Why Knowledge of Situational Influences on

— 인간의 품성

Behaviour Can Improve Character Development Practices." *Journal of Moral Education* 34: 73~87.

Sarkissian, Hagop. (2010). "Minor Tweaks, Major Payoffs: The Problem and Promise of Situationism in Moral Philosophy." *Philosophers' Imprint* 10: 1~15.

Schelling, Thomas. (1978). "Economics, or the Art of Self-Management." *American Economic Review* 68: 290~294.

Schiller, P. and J. Levin. (1988). "Is There a Religious Factor in Health Care Utilization? A Review." *Social Science and Medicine* 27: 1369~1379.

Schwartz, S. and A. Gottlieb. (1980). "Bystander Anonymity and Reactions to Emergencies." *Journal of Personality and Social Psychology* 39: 418~430.

Shimai, S., K. Otake, N. Park, C. Peterson, and M. Seligman. (2006). "Convergence of Character Strengths in American and Japanese Young Adults." *Journal of Happiness Studies* 7: 311~322.

Shu, L., F. Gino, and M. Bazerman. (2011). "Dishonest Deed, Clear Conscience: When Cheating Leads to Moral Disengagement and Motivated Forgetting." *Personality and Social Psychology Bulletin* 37: 330~349.

Sinnott-Armstrong, Walter. (2009). *Morality Without God?* New York: Oxford University Press.

Slingerland, Edward. (2011). "The Situationist Critique and Early

Confucian Virtue Ethics." *Ethics* 121: 390~419.

Smith, C. and R. Faris. (2002). *Religion and American Adolescent Delinquency, Risk Behaviors and Constructive Social Activities.* Chapel Hill, NC: National Study of Youth and Religion.

Sorensen, Roy. (2007). "Bald-Faced Lies! Lying without the Intent to Deceive." *Pacific Philosophical Quarterly* 88: 251~264.

Sosik, J. J., W. Gentry, and J. Chun. (2012). "The Value of Virtue in the Upper Echelons: A Multisource Examination of Executive Character Strengths and Performance." *Leadership Quarterly* 23: 367~382.

Stack, S. (1983). "The Effect of the Decline in Institutionalized Religion on Suicide, 1954-1978." *Journal for the Scientific Study of Religion* 22: 239~252.

Stevens, A. Walter. (1998). *A Reporter's Lincoln.* Ed. Michael Burlingame. Lincoln: University of Nebraska Press.

Strenta, A. and W. Dejong. (1981). "The Effect of a Prosocial Label on Helping Behavior." *Social Psychology Quarterly* 44: 142~147.

Taylor, Gabriele. (2008). *Deadly Vices.* Oxford: Oxford University Press.

Thaler, Richard and Cass Sunstein. (2008). *Nudge: Improving Decisions about Health, Wealth, and Happiness.* New Haven: Yale University Press.

Thorkildsen, T., C. Golant, and L. Richesin. (2007). "Reaping What We Sow: Cheating as a Mechanism of Moral Engagement." In

Psychology of Academic Cheating. Ed. E. Anderman and T. Murdock. Amsterdam: Elsevier Academic Press, 171~202.

Tice, D. and R. Baumeister. (1985). "Masculinity Inhibits Helping in Emergencies: Personality Does Predict the Bystander Effect." *Journal of Personality and Social Psychology* 49: 420~428.

Vitz, P. (1990). "The Use of Stories in Moral Development: New Psychological Reasons for an Old Education Model." *American Psychologist* 45: 709~720.

Vohs, K. and J. Schooler. (2008). "The Value of Believing in Free Will: Encouraging a Belief in Determinism Increases Cheating." *Psychological Science* 19: 49~54.

Wachtel, P. (1973). "Psychodynamics, Behavior Therapy, and the Implacable Experimenter: An Inquiry into the Consistency of Personality." *Journal of Abnormal Psychology* 82: 324~334.

Wagner, L. and W. Ruch. (2015). "Good Character at School: Positive Classroom Behavior Mediates the Link between Character Strengths and School Achievement." *Frontiers in Psychology*, doi: 10.3389/fpsyg.2015.00610.

Weyant, J. (1978). "Effects of Mood States, Costs, and Benefits on Helping." *Journal of Personality and Social Psychology* 36: 1169~1176.

White, G. (1972). "Immediate and Deferred Effects of Model Observation and Guided and Unguided Rehearsal on Donating and Stealing." *Journal of Personality and Social Psychology* 21: 139~148.

Willard, Dallas. (1998). *The Divine Conspiracy: Recovering Our Hidden Life in God*. San Francisco: Harper.

Wilson, J. and R. Petruska. (1984). "Motivation, Model Attributes, and Prosocial Behavior." *Journal of Personality and Social Psychology* 46: 458~468.

Witter, R., W. Stock, M. Okun, and M. Haring. (1985). "Religion and Subjective Well-Being in Adulthood: A Quantitative Synthesis." *Review of Religious Research* 26: 332~342.

Zhong, C., V. Bohns, and F. Gino. (2010). "Good Lamps Are the Best Police: Darkness Increases Dishonesty and Self-Interested Behavior." *Psychological Science* 21: 311~314.

Zimbardo, P. (2007). *The Lucifer Effect: Understanding How Good People Turn Evil*. New York: Random House.

(ㅇ)

— 인간의 품성

인간의 품성: 우리는 얼마나 선량한가?

© 글로벌콘텐츠, 2021

1판 1쇄 인쇄__2021년 5월 20일
1판 1쇄 발행__2021년 5월 30일

지은이__CHRISTIAN B. MILLER
옮긴이__김태훈

펴낸이__홍정표

펴낸곳__글로벌콘텐츠
　　　　　등록__제25100-2008-000024호

공급처__(주)글로벌콘텐츠출판그룹
　　　　　대표_홍정표　**이사_**김미미　**편집_**하선연 권군오 홍명지　**기획·마케팅__**홍혜진 이종훈
　　　　　주소__서울특별시 강동구 풍성로 87-6(성내동)　**전화__**02) 488-3280　**팩스__**02) 488-3281
　　　　　홈페이지__http://www.gcbook.co.kr　**이메일__**edit@gcbook.co.kr

값 18,000원
ISBN 979-11-5852-327-5　03190